摆脱社交恐惧

用高级防御摘下心灵面具

靳宁宁 著

电子工业出版社
Publishing House of Electronics Industry
北京·BEIJING

未经许可，不得以任何方式复制或抄袭本书之部分或全部内容。
版权所有，侵权必究。

图书在版编目（CIP）数据

摆脱社交恐惧：用高级防御摘下心灵面具 / 靳宁宁著. —北京：电子工业出版社，2022.1

ISBN 978-7-121-42325-3

Ⅰ. ①摆… Ⅱ. ①靳… Ⅲ. ①心理交往－通俗读物 Ⅳ. ①C912.11-49

中国版本图书馆 CIP 数据核字（2021）第 229024 号

责任编辑：胡　南　杨雅琳　　特约编辑：田学清
印　　刷：天津千鹤文化传播有限公司
装　　订：天津千鹤文化传播有限公司
出版发行：电子工业出版社
　　　　　北京市海淀区万寿路 173 信箱　　　　邮编：100036
开　　本：880×1230　　1/32　　印张：12.125　　字数：240.9 千字
版　　次：2022 年 1 月第 1 版
印　　次：2023 年 5 月第 2 次印刷
定　　价：69.00 元

凡所购买电子工业出版社图书有缺损问题，请向购买书店调换。若书店售缺，请与本社发行部联系，联系及邮购电话：（010）88254888，88258888。

质量投诉请发邮件至 zlts@phei.com.cn，盗版侵权举报请发邮件至 dbqq@phei.com.cn。

本书咨询联系方式：（010）88254210，influence@phei.com.cn，微信号：yingxianglibook。

前言
Preface

心理学有种说法：无论我们选择什么样的职业，或多或少都有我们潜意识的推动，也就是说与我们内在的某些部分有关。我现在想要编写这样一本书，自然也与我的内在有着千丝万缕的关联。

在我最早的记忆里包含着我焦虑的部分。印象最深刻的场景之一是：玩耍后回到家中，在没有任何心理准备的情况下看到一屋子的陌生人，这些人都是父亲生意上的伙伴，一瞬间我愣在了那里，之后就被父亲训斥"怎么不跟叔叔们打招呼，这么没礼貌！"我感到面红耳赤，手足无措，最糟糕的是我发现满屋子的人都停下了交谈而在看着我笑。这不是嘲笑，但对一个满手泥巴的敏感小孩来说，依然太过冲击，让我倍感窘迫。这样的场景在我的记忆里不胜枚举，也许焦虑从那时就已经开始。

直到今天，在某些时刻某些场景下，我仍然会感到焦虑和恐惧，但一切都在可掌控的范围内。这个过程中我走过很多弯路，学过很多理论，也尝试过很多复杂但效果欠佳的方式，同时，我的来访者也和我一起验证了很多有效的策略，正因如此，我才能够编写这本书。

裴熙是我职业生涯中咨询的第一位社交困难者。他是一名外科医生，医术精湛，待人谦和有礼。在手术台上，他果断冷静，意志坚定。为了实现自己的理想，帮助更多病人，他不得不经常置身于最不舒服的环境——各种学术会议、应酬中，他的烦恼就是从这些地方开始的。在所有的会议中他听得都很认真，高度专注，却几乎从不开口。

在咨询中他这样描述："我真的很害怕发言环节。不是不想说，而是不知道该怎么说合适。我看其他人不论医术高低，至少说话的时候都是大大方方、自信坦然的样子。而我则需要给自己做几百遍心理建设，甚至会把想说的话在内心演练很多遍。等我好不容易可以张口的时候，却发现这个发言环节已经结束了。总是这样！"

人们的沟通渠道越来越多样化，纠结却也越来越多——"该怎么回复信息才显得得体？""这条信息发到工作群合适吗？领导看到会怎么想我？""他只回了一个表情是什么意思？"多元化的沟通让我们无数次怀疑是否是自己哪里出了问题，而面对面沟通时的焦虑只会让这种自我怀疑雪上加霜。和裴熙类似，你可能也体会过那种"说话是如此心累"的感觉。而保持沉默、隐藏自己同样会带来挫败感，你可能会想"其实这个理论我也知道""这个问题不是我的错",但是一想到要把这些内心的想法说出来,又会全身紧绷,头脑一片空白。

类似裴熙的经历在日常生活中很普遍,这就是大家常说的"社交恐惧"。有社交恐惧的人总会感觉自己被关注,在人群中很突兀,很扎眼,会有想要躲起来的冲动,因为会尴尬,会恐惧,会焦虑……他们有时能找到"合理"的理由完全避开这些场合,有时不得不出席,也会尽量让自己缩在角落里保持沉默,或者专注地盯着地板,或者假装记笔记、回复信息,总之"我很忙,没空说话"。他们一直在担心自己会不小心出丑,会招致嘲笑或者严厉的批评。无论在什么样公开的社交场合,他们或多或少地坚信自己在某些方面是不如别人的,而且总会被人发现。这些症状你听着可能很熟悉,你在某些时刻是否也像裴熙一样倍感焦虑?

社交恐惧者最常使用的缓解焦虑的方式是逃避,这能让他们马上从高压状态下"活过来",但伴随而来的是几乎不可避免的羞愧、自责、失望或挫败。而逃避的反面——压抑和忍耐则需要他们"度秒如年"地参与走亲访友、朋友婚宴以及工作会议中。他们宁愿坐在最不起眼的角落被人忽视也不愿拿着酒杯到处虚与委蛇,焦虑地等待着整场活动的结束,甚至等不到结束,他们就会感到烦躁、胃胀甚至胃痛、头晕,还有因为长时间保持社交微笑而引起的脸部酸胀。这种状态会让他们宁愿在之后的几十年里独自躲在房间，与手机为伍，也不愿再次出现在众人面前，现在的很多青少年已经出现了这种倾向。

改变是社交恐惧者不断在寻找的出路，在这个过程中，认识并且意识到自身的防御机制起着至关重要的作用。防御机制不只是改善社交恐惧的工具，同时还是心理动力学咨询的核心工作之一，它帮助咨询师评估和了解来访者对各种环境的适应能力。可以说，防御是人们了解自身的主要途径之一，它能够帮助人们捕捉、感受和解决自身冲突。

与追求及时行乐的本能欲望不同，防御是一种维护内心安全、抵御痛苦与危险的保护程序。因此，防御总是涉及两种核心成分：危险与保护。所以触发防御的一定是某种让人感觉危险并很可能让人痛苦的信号，比如焦虑、恐惧、内疚或羞耻感，等等。

总的来说，这是一本借用心理学专业知识解读大家日常人际交往困境的书籍，尽量摒弃了复杂的学术理论，所以即使不曾接触过心理学专业知识的读者也能够读懂此书。我努力使用一种清晰而简明的风格来写作，当一些专业名词无法避免地被使用时，我均通过脚注做出了解释。

本书包含大量的案例，咨询中互动的案例均节选自真实的咨询片段，但对于其中涉及来访者姓名、日期、地点和职业等个人信息的部分，在不影响阅读和理解的情况下均进行了改编和适当的模糊处理,以保护来访者的隐私。

本书共包含 8 章。

第 1、2 章理论结合案例,明确了什么是社交恐惧。其中,第 1 章首先对人们口语中的"社交恐惧"(简称:社恐)、"性格内向"以及心理领域的"社交恐惧症"三者进行了区分,一概而论只会让改善社交恐惧的针对性变得混乱。第 1 章最后呈现了《焦虑自评量表》,以供大家了解自身的焦虑程度。第 2 章则用较为完整的咨询案例详细呈现了一位来访者在职场中的人际冲突、社交回避、防御及其潜藏的创伤,以帮助读者对探索自我内心的方式有一个初步概念。

第 3、4、5 章着重探讨了防御机制以及防御机制在社交恐惧背后发挥的作用。其中,第 3 章在回顾防御机制这一概念的历史与发展的基础上,探讨了社交恐惧中的防御以及社交恐惧本身作为防御的心理意义,并介绍了识别和捕捉防御的练习方式。第 4 章主要介绍了 3 种最基础的防御:分裂、压抑和隔离。其他形式更加复杂的防御均是以这 3 种防御之一为基础发展起来的,且这 3 种防御是判断一个人防御机制适应性高低的主要依据。第 5 章在承接前两章的基础上,使用咨询案例呈现了来访者在关系中的回避和拖延,并展示了来访者在这个过程中使用的各种防御,以及防御机制被启动的潜在动机。

第 6、7 章详细介绍了十种常用防御。其中第 6 章列举了十种在人际关系中较多被使用的防御机制，并对它们的适应性进行了分类，以供读者觉察自身的防御类型及适应性高低。在第6章最后还提供了《防御方式问卷（DSQ）》，以供读者大致了解自身的防御机制类型。第7章使用咨询案例还原了来访者在人际交往中的各种困难，同时也展示了通过防御机制来改善人际状况的详细经过，让读者在相似的经历中感受成长的魅力。

第8章则介绍了改善人际状况的"防御手术"三步法及其注意事项。我们完全可以通过简单易操作的方式与自身冲突和解，让社交变得轻松起来。

在本书撰写过程中，我要特别感谢电子工业出版社的李楚妍女士、21世纪出版公司主编王彦先生，没有他们一直以来的职业精神、敬业的工作态度和宝贵的写作建议，就不会有本书的顺利出版。最后，感谢我的家人，在我需要进行咨询和写作的每一个夜晚和清晨，他们尽全力为我营造了良好的工作环境，尤其是我先生的精神支持和鼓励，让我在写作的旅程中不再感觉艰难和孤单！

在此，我也想向鼓足勇气阅读此书的每一位读者表达最真挚的欣赏：生活总有那么多的不易，黎明前总是特别黑暗，在此有幸与诸位相遇，我愿见证诸位化茧成蝶，浴火重生！

目录
Contents

第 1 章　社交恐惧：越帮越忙的原始保护 / 1

　　1.1　我只想一个人静静地待着 / 3

　　1.2　人际关系总是如此让人担心 / 27

　　1.3　我心中的世界就是真实的 / 33

　　1.4　我总有办法让自己好受一些 / 46

第 2 章　自动运转：恐惧的应激反应 / 64

　　2.1　一键激活心理防御 / 64

　　2.2　拒人千里，非我所愿 / 78

　　2.3　有意保护，无意防御 / 93

　　2.4　自我防御，自我保护 / 98

第 3 章　心理防御：社交恐惧的源泉 / 121

　　3.1　坚不可破的心灵防御 / 121

　　3.2　防御机制的演化 / 127

3.3　守护心灵的卫士 / 136

　　3.4　防御机制的弊端 / 139

第 4 章　关于"不"的假象：社交恐惧的表现 / 149

　　4.1　我们总是爱说"不" / 149

　　4.2　分裂：社交恐惧与交流渴望 / 170

　　4.3　压抑：关起来就不见了 / 178

　　4.4　隔离：我没有什么感觉 / 187

第 5 章　过度防御：借痛苦掩盖痛苦 / 193

　　5.1　过于僵化的防御 / 193

　　5.2　自我欺骗的防御骗局 / 207

　　5.3　过于幼稚的防御 / 221

　　5.4　过于复杂的防御 / 235

第 6 章　多重博弈：坚固又沉重的心灵铠甲防御 / 243

　　6.1　一级防御：婴儿式的自恋防御 / 243

　　6.2　二级防御：少年般的不成熟防御 / 258

　　6.3　三级防御：成人式的成熟防御 / 267

　　6.4　评估你的防御系统 / 275

第 7 章　直面困境：突破不良防御群的桎梏 / 287

  7.1　灰暗的世界，打开抑郁者的枷锁 / 287

  7.2　失控的生活，穿越愤怒者的围栏 / 300

  7.3　可怕的未来，安抚偏执者的恐惧 / 316

  7.4　悲惨的人生，破解回避者的壁垒 / 327

第 8 章　定位资源，打破社交恐惧 / 345

  8.1　谨慎些，鱼目混珠的敌友 / 345

  8.2　意识化，认识你的敌友 / 354

  8.3　勇敢点，直面你的敌人 / 362

  8.4　合作化，构建成熟的防御系统 / 369

第 1 章

社交恐惧：越帮越忙的原始保护

> 渴望有意义的独处时间并不是神经症[①]；
> 相反，不能建设性地独处，才是神经症的信号。
> ——凯伦·霍妮

近些年来，社交成为一个热点话题进入我们的视野。当我们需要与人沟通一件事情时，我们会更愿意选择哪种方式呢？

[①] 神经症是一组精神障碍的总称，主要是指人们由于内心紊乱，产生了一系列冲突，但冲突本身并没有什么，可怕的是处在神经症中的人无法妥当地处理冲突，这会导致他们内在头脑、外在生活、工作都一片混乱，他们将无法自由地掌控生活。神经症人格的背后是焦虑，其根源在于人际关系。神经症患者常会挖空心思去掩盖冲突，制造出一种虚假繁荣的和平景象，但最终往往适得其反。

当面沟通？电话语音？微信文字？邮件？或者干脆不沟通？通常来说，当面沟通或者电话语音最为快捷，但是越来越多的人却连连摆手"还是不要了"……

很多人调侃自己有"手机阴影"，最怕突然听到手机铃声响，甚至为此常年将手机调为震动或者静音。渐渐地，一种名为"社交恐惧症"的病理学名称悄然流行起来。在这个信息大爆炸的时代，这些人大多在网络上通过段子、脱口秀、漫画等喜剧形式来表达自己有多排斥人群、不愿意社交的"苦衷"，这也恰巧印证了罗洛·梅[①]所提到的"苦中作乐幽默"。这种幽默在人们焦虑的时候会特别涌现，就和所有的幽默一样，它可以使人与焦虑保持一段舒适的距离。

对于这一现象，有相当一部分人认为："我想要自己安静地待一会儿有错吗？""我远离人群，是为了减少无效社交，这是提高生活质量的重要方式！""我就是这样性格的人，一个人待着挺好""我又不求什么，干嘛非要跟半生不熟的人没完没了地尬聊，有这时间还不如为自己做点儿有意义的事"……很多人乐于给自己贴上"社交恐惧"（社恐）的标签，貌似这样才可以

[①] 罗洛·梅（Rollo May，1909—1994）被称为美国存在心理学之父，也是人本主义心理学的杰出代表。

更加"理直气壮"地坚持自己的"格格不入"。

当然，任何观点都有其对立面，有一部分人在讨论如何回避社交，就有另一部分人认为："人际交往是生活的基本组成部分，连这个都不要了，当代人都怎么了？""这是一种逃避，只是社交恐惧的借口而已""不是不想社交，而是不能社交吧"……

有人为此远离城市，搬进深山独自生活，宣称回归自然；也有人为此豪掷千金学习社交技能、沟通技巧、语言艺术等课程……也许阅读到这里，你已经有了想要支持的阵营，此时的"站队"也决定了你接下来将从本书中感知和体验到什么。我将与你一起，从心理学的角度对这个议题展开深度剖析，去为"被贴标签"的人们撕掉标签的束缚，也为真正有社交困扰的人们寻找出路。

1.1 我只想一个人静静地待着

安静既是一种孤独，也是一种"解脱"。对于那些真正体会过"安静到让人发疯"的孤独者来说，告诉别人自己向往安静、享受孤独是非常虚伪的。实际上，他们渴望回归人群，哪怕是收到一位陌生人的善意微笑，呼吸一丝属于人间的烟火气息都会令他们感到无比欣喜。但是让这些人承认自己排斥安静、憎恨孤独又同样是困难的,因为承认这些意味着深深的渴望和需要——渴望别人的关注,需要与别人建立关系,也等于变相承认在这之前并没有人满足自己的这些渴望和需要。同时,这还间接证明了他们人生的某些方面是非常失败的,这种失败里包裹着不断滋生的羞耻和绝望感,所以他们会内心淌血但嘴角飞扬地对这个世界说:"我只想一个人静静地待着,这没什么不好。"

案例:雨婷[①]到底做错了什么?

雨婷是一个25岁的安静姑娘,她不喜欢争辩,害怕冲突,逃避发言,在被人误解时,会更加地沉默和回避。有人评价雨婷太高冷,也有人觉得她太佛系,在一个本应充满活力的年纪,她却把自己变成了一个无趣的"小老太太"。

雨婷在面对这些评价时,再次呈现了她的典型模式:沉默和回避。其实雨婷内心也在苦笑,也在懊恼,为何自己总是张不开嘴,连为自己辩解都做不到!

因为很少奋力争取,她错过了一些很好的工作机会;

---

① 为保护来访者隐私,本书案例中提及的所有人物都使用了化名,且背景信息均已经经过处理,但不影响阅读和本书专业性的呈现。

因为被人误解，她失去了一些珍贵的朋友；也因为沉默，她错过了一些爱她的优秀男孩。为此她遗憾不已，但是在关键时刻，她的表情和嘴巴总像是被定格了一般，不受自己的控制。她讨厌那一刻的沉默和安静，但是她无力改变。经过长时间的挣扎，她终于鼓足勇气进入了心理咨询中心。

在心理咨询的过程中，雨婷从开始的紧张无措、头脑空白和长时间的沉默，到后来能够逐步回忆起一些很重要的往事，她才终于开始理解现在的自己。

小学时期，雨婷在一个满是教师子弟的班级中读书，各科教师几乎都是同学的父母。但是雨婷既没有当教师的父母，也没有特别优异的成绩，所以在这个班级中并不出彩。但是她总是乖乖的，从不惹事。在一次课程中，她前排的同学回头跟她说话，她并没有回复，但是班主任以为两人都不遵守课堂纪律，因此罚他们两人站了整节课。

雨婷在此之前从未被当众惩罚过，对此她很委屈也很气愤。在班主任下课离开后，雨婷重重地摔了课本，并且嘴里嘀咕着："凭什么罚我！"而这一幕恰巧被班主任的女儿兼同班同学看到了，她猜测雨婷肯定是因为被罚站而心中不平，所以在小声咒骂她妈妈（班主任），于是她把这个猜测添油加醋地告诉了班主任。班主任听到这一消息后生气不已，认为现在的小孩子很没有教养，一点儿都不懂得尊师重道。

在接下来的自习课上，班主任回到教室，先是铺垫了很长一段思想品德教育，然后点名雨婷课后咒骂她这件事，表示很伤心和难过，讲着讲着就哭了起来。在后半节自习课中，班主任就坐在讲台上默默地掉眼泪，所有的孩子都不安地沉默着。

雨婷从最开始的感到震惊、无措，到后来的感到羞愧，小小年纪的她只是懵懂地觉得虽然她没有咒骂班主任，但似乎还是她做错了什么才惹得班主任如此伤心，而且她能感到全班同学都在注视着她。

雨婷承受了极大的压力，最后不得不走到讲台旁，哭着向班主任道歉。班主任没有回应她，而是继续"伤心欲绝"，一站一坐的两人就这样哭泣着僵持到下课。在落针可闻的自习课堂上，每一次抽泣都会被无限放大，雨婷觉得那是她有生以来最漫长的一节自习课。

雨婷的这段经历看似普通，但对于还没有能力分清事件边界的孩子们来说，这种经历无疑会对他们产生错误的指引：你是事件的参与者,对方生气或者伤心了,就是你的错!随之而来的是重重的压力和深深的内疚,就像雨婷经历的那节自习课的梦魇一样难以摆脱。

从那以后,雨婷再未向任何人提起此事,因为她觉得这是自己人生的污点,每每想起都羞愧不已,她甚至强迫自己"忘记"这件难堪的往事。也是从那时起,雨婷变得越来越安静,少说少错,不说才能不错,辩解是没有意义的,因为所有人都会认为那次事件就是她的错,包括雨婷自己。

对于雨婷来说,讲台成了禁地,被人注视成了刑罚,退缩和不争辩则成了她的社交底色。但是渐渐长大的雨婷却误以为自己性格天生如此,自己天生缺乏勇气,而且她始终坚信事实也是如此,所以常常自我谴责。即使在心理咨询中谈起这件事,雨婷依然感到很羞愧,担心心理咨询师会嘲笑自己。

> 心理咨询师静静地听完这段经历,向雨婷提出了第一个问题:"你做错了什么呢?"

雨婷明显一愣,显然她之前回忆这件事时,心理几乎都聚焦在了羞愧的感受上,并且自动认为这就是自己的错,这是一个毋庸置疑的前提。但是突然被如此提问,她茫然了一会儿才恢复思考，并怯怯地回答："我把班主任气哭了。"

心理咨询师继续温和且好奇地问："你做错了什么把班主任气哭了呢？"

雨婷这一次沉默了好久，并喃喃自语："是啊，我做错了什么呢？"

渐渐地，她泪如雨下，开始号啕大哭。情绪慢慢平复后，她仿佛幼年的小雨婷一样，委屈巴巴地抽泣着问心理咨询师："我明明没有做错什么，为什么我要羞愧，我要承受这些呢？"

心理咨询师没有快速地回答她，而是与她一起感受这种委屈，雨婷有些气愤地继续发问："它怎么就变成我人生的污点了呢？"声音由小渐大，显然雨婷已经清楚地认识到了自己社交模式中的一个预设误区。

据《光明日报》报道，在他们发起的一项网络调查中，参与投票的 2532 名网友中仅有 69 人认为自己没有社交问题，剩余 97%的参与者均存在回避或恐惧社交的现象！这是一个惊人的统计结果！

看到这个统计结果，我在惊讶的同时，不禁产生了一个疑问：到底怎么样才算是回避或恐惧社交呢？一个人在社交中做了什么、达到什么标准才会被认为是在回避或恐惧社交？是自评还是他评？有没有其他可能的影响因素？比如一些自卑的个体，不论你调研什么，他们都认为自己属于不够好的那一组；而过度自恋的人，则认为自己哪方面都不错，他们都认为自己应该属于没有问题的那一组。

因此，在我们分析社交恐惧之前，统一社交恐惧的标准是非常有必要的，不然就会陷入大家自说自话但实际又完全不在一个频道的境地。为此，我将大家常常提到的社交恐惧分成了三大类：社交恐惧症、社交恐惧以及性格内向。

简单来说，社交恐惧症是一种精神/心理障碍，在精神障碍诊断体系中有着明确的名称。而社交恐惧虽然与社交恐惧症只有一字之差，但是意义上已经大不相同。社交恐惧是一种常见的心理现象，人人可能都短暂性地体验过这种感受，但是在严重程度上，这种感受远没有达到精神病理学的诊断标准；社交恐惧会让人不适，但经过短暂调整后，人们的状态可能快速好转。性格内向虽然在表现上与社交恐惧有些相似，但是在形成原因与个人感受上，它们仍然有着本质的区别。

1.1.1 社交恐惧症是一种精神/心理障碍

社交恐惧症又称社交焦虑障碍[1]，在 DSM-5[2]中已被明确划归到焦虑障碍的类别中，也就是达到了我们常说的"疾病"的诊断标准。

焦虑和恐惧都是我们用来表达情绪的常见词汇，而且几乎每个人在感受到紧张时，都有过短暂的担心——孩子第一天入学，往往非常害怕或恐惧；成年人首次参加重要会议、独自面对新问题时，也会焦虑不安。正常情况下，这些情绪经过较短时间的适应后就会得到平息。

焦虑障碍与这些暂时性的、普遍的、偶尔出现的担心、害怕或恐惧非常不同。一旦形成"障碍"，人们会有过度的情绪反应，这会极大地影响人们的生活质量，同时降低人们的社会功能。例如，不能在良好的状态下工作、不能愉快地社交、不能

---

[1] 本书中会交替使用这两种名称，但均指代同一涵义。

[2] DSM-5 即 *Diagnostic and Statistical Manual of Mental Disorders，Fifth Edition*，中文译本为《精神障碍诊断与统计手册（案头参考书）》（第五版），由美国精神医学学会编著，张道龙等翻译，2014 年出版。DSM-5 是精神卫生领域临床实践的标准参考书。此参考书对精神卫生服务的不同方面的所有有关专业人员，包括精神科医生、其他医生、心理学工作者、社会工作者、护士、咨询师、司法和法律专家、职业和康复治疗师以及其他健康专业人员均有参考价值。

高自尊地看待自己、找不到生命的价值,等等,这些过度情绪反应的负面影响远远超过了本应与人们年龄、生活环境相匹配的正常限度。

焦虑障碍会存在过度焦虑和恐惧的表现,即便人们指向的对象并没有真正的威胁性,或者至少没有想象中的那么危险,但是人们体验到的情绪仍然是剧烈且真实的。所以,往往一点风吹草动,就可能被这些人在头脑中演变为疾风骤雨,并在这个背景下演绎出一段惊心动魄的"危险逃亡之旅"。此时,焦虑和恐惧还会相互叠加,最终产生较为严重的症状。

焦虑和恐惧是非常接近的两种情绪,但还是存在一些差别。焦虑更多地指向未来还未发生的危险,比如3个月后的高考、2周后的演出、1个小时后的面试……我们在出现焦虑时,通常可以从全身肌肉紧绷、害怕的感受或者准备应对未来危机的预备状态中找到此类情绪爆发的线索。有焦虑感受的个体也会常常倾向于回避那些会触发或者加重他们焦虑的人、事、物,比如避免一个人待在广场上(广场恐惧症)、回避抽血(特定恐惧症)等。

恐惧则往往产生于当下出现在眼前的实物或者已经发生的场景,比如面对突然出现的蟒蛇、目睹抢劫犯持刀冲向自己、地动山摇的持续震感,等等。恐惧的感觉更多地与躯体症状相关，如心跳变快、呼吸急促、血液循环加速、皮肤出汗……恐惧会激发人类本能中即刻战斗或者逃跑的自动化反应。

社交恐惧症患者会同时体验到这两种典型情绪。他们既恐惧当下与人的交流，害怕他人的审视与评判，同时也焦虑几天后不得不参加的聚餐，为此紧张到失眠。独自上台发言、与不熟的同事寒暄、与亲戚客套甚至去一个陌生的公共卫生间，都可能激发他们的不安，这些不安中充斥着害怕他人发现自己内在的怯懦、胆小、攻击性、不够聪明、无聊或者阴暗面等的焦虑，且这种不安的程度远远高于实际，或者超出了即使被他人发现带来的负面评价的可能后果。

伴随这些焦虑和恐惧的个体通常倾向于回避所有的社交场合，这会很大程度上限制他们生活的范围和乐趣。因为可以参与的社会性活动大大减少，他们的交友范围和能力也会降低。他们可能不会选择或者必须忍受极大的不适才能完成那些需要不断会面、单独发言的工作，也因此很少能够发展出亲密的关系和深厚的友谊。

这种精神/心理障碍通常不是突然形成的，它的发病过程相对缓慢，并且随着时间的推移逐步加重，慢慢地才会被当事人意识到。当然，这也可能与成年人身份的重要转变有关，比如刚刚换了一份更高职位的工作，或与另一个社会阶层的人发展亲密关系等。社交恐惧症患者通常独自一人，所以，在遇到任何问题时他们尤其缺乏来自外界的支持，并伴随着强烈的孤独，甚至会由此引发重性抑郁障碍。

案例："普通"又"不普通"的马杰

马杰是一个二十多岁的年轻小伙子，独自一人时，他觉得自己是一个特别"普通"的人，长相普通、工作普通、收入普通、经历也普通。但当他站在人群中时，他又觉得自己是一个特别"不普通"的人，所有人似乎都在紧紧地盯着他，试图从他身上找到"谈资"，挑出可以引发哄笑的愚蠢行为。马杰理智上明白"普通"的自己应该没有这样的影响力，但是情感上的焦虑和恐惧并未因此而减少。

上下班高峰期，拥挤的公交车总是一个城市繁华的标志。收入不高的马杰却为此烦恼不已。他每次上下班几乎都是被人流推搡进公交车里的，公交车快到站时，他常常因为来不及挤到车门口，只能选择等到下一站再下车，然后徒步走到公司。

他从不敢在到站时大声对司机师傅说"等等，我要下车"！因为他害怕他的喊声会引起其他乘客的注意。如果众人的目光落在他身上，哪怕只是短短的一秒钟，他也会紧张不已。更可怕的是，如果周围人有表情变化、窃窃私语，他就会变得全身僵硬、满脸通红、肌肉抽搐，这让他完全无法接受。所以他总会闭紧嘴巴，绝不会在此时喊出声。

因为路上的耽搁，马杰隔三岔五就会迟到，面对上司的责问，他不会张口解释，因为他坚信上司会认为他迟到的理由很搞笑。当着周围同事的面被批评，马杰无地自容，无法当作什么都没发生一样去与同事相处，他总能从周围人上扬的嘴角中感到被"嘲笑"。于是他远离同事，选择做一位"独行侠"，但是到最后他依然无法忍受，只能辞职去寻找离出租屋更近的工作，这样糟糕的状态已经持续了好几年。

马杰的烦恼会因为不断更换的工作而消除吗？他这样的状态算是社交焦虑障碍吗？

让我们根据 DSM-5 的诊断标准，一起来详细了解社交恐惧症的诊断要素[①]：

[①] 这些要素仅供读者参考和了解社交恐惧症的相关症状，但切忌对号入座。关于精神障碍的诊断，必须由受过专业训练的相关人员结合多方面的因素综合评估，得出相应的结果。

- 个体由于面对可能被他人审视的一种或多种社交情况，时而产生显著的害怕或焦虑。例如，社交互动（对话、会见陌生人）、被观看（吃、喝的时候），以及在他人面前表演（演讲时）①。

- 个体害怕自己的言行或呈现的焦虑症状会导致负面的评价（被羞辱或使自己感到尴尬；被拒绝或被认为冒犯他人）。

- 社交情况几乎总是能够促发害怕或焦虑②。

- 主动回避社交情况，或是带着强烈的害怕感或焦虑去忍受。

- 这种害怕或焦虑与社交情况和社会文化环境造成的实际威胁并不相符。

- 这种害怕、焦虑或回避通常持续至少六个月。

- 这种害怕、焦虑或回避引起有临床意义的痛苦，或导致社交、职业或其他重要功能方面的损害。

马杰显然符合几乎所有的诊断要素，并且他的工作、社交

---

① 注：儿童的这种焦虑必须出现在与同伴交往时，而不仅仅是与成年人互动时。
② 注：儿童害怕或焦虑也可能表现为哭闹、发脾气、惊呆、依恋他人、畏缩或不敢在社交情况中讲话。

和生活都受到了明显的损害，所以我们初步推测马杰是存在社交焦虑障碍的。

DSM-5的社区调查显示，约30%的社交焦虑障碍患者的症状会在1年内缓解，约60%的未接受社交焦虑特定治疗的个体，其病程会延续几年或更长时间[1]。

马杰的状况已经延续了好几年且没有自然缓解，显而易见，仅靠自我调整、自我鼓励是远远不够的，他需要更加专业的治疗。很多人对社交恐惧存在一个认知误区："这是一个有关勇气和自信的问题，只要自己足够坚强，想开点，调整好心态，就会好的。"但是社交恐惧症的病因和治愈显然都没有这么简单。

DSM-5的调查结果显示，在美国成年人中有约1500万人有社交焦虑障碍，他们首次出现症状的平均年龄是13岁，其中75%的个体首次出现症状的年龄在8~15岁。也就是说这些成年人中的有些人的社交焦虑障碍从小学阶段就初现端倪，而有些人则在上学时代一切正常，成年后才突然爆发社交焦虑障碍。按照一般逻辑，随着年龄的增长、心智的发展，人们的社交能力应该更加完善和娴熟，但有些人的实际情况却恰恰相反。

---

[1] 参见《精神障碍诊断与统计手册（案头参考书）》（第五版），第197页。

这是因为从个体心理发展的角度看，孩子在幼年时期多以自我为中心联结外部世界，随着年龄的增长和现实判断能力的逐渐增强，他们才会开始意识到世界不是围绕自己打转的，人需要常常考虑他人的眼光和观点，否则就会带来无尽的麻烦——这才是社交恐惧的开始。

有数据显示，在普通初中、高中，平均每个班级有 1 个以上的孩子拒绝上学，这些孩子的表现与社交恐惧可能存在很大关联。第二次社交恐惧爆发多发生在大学时期，灵活的教室、不固定的座椅、频繁更换的老师、琳琅满目的社团、人际关系的密切和复杂会让很多大学生焦虑和退缩。但是在上学时代，即使是最糟糕的状况，我们也还能退回家庭，暂时性地休整。可是一旦进入职场，类似于"我因为有些压力，所以不想独自在会议上展示项目成果"的话基本不太可能成为休假的正当理由。更进一步讲，随着职位的提升，薪水的增加，在下属面前发言几乎避无可避，有许多人忍受着极大的不适在硬撑，也有更多的人在挣扎后选择了放弃现在的职位或者更换其他性质的职位。

最后，临床上还有另外一种有趣的现象，很多人在被诊断出明确的疾病后反而会长舒一口气，似乎终于为自己找到了一个明确的说法："我不是一个奇怪的人，医生说我只是生病了"

"不是我意志力薄弱、矫情，医生说我只是生病了""不是我不够勇敢、自信，医生说我只是生病了"……这些说法令我深感心痛，那些没有体会过相似经历的父母、亲人、朋友因为缺乏共情以及在心理领域知之甚少，导致他们并不明白，随口的一句评判会给正在痛苦中挣扎的人们带来怎样的二次创伤。

1.1.2 社交恐惧是一种痛苦但常见的心理困扰

在成长的过程中，我们或多或少地都被人际关系困扰过，某段时间可能想要回避社交，但大多数时候，这种暂时的焦虑和回避并没有严重到达到社交恐惧症的诊断标准。社交恐惧症与社交恐惧虽然只有一字之差，但在性质上却相去甚远。

在同一种文化中，社交恐惧症的患病率可能与自我报告的社交焦虑水平不一致，也就是说，具有强烈的集体主义倾向的社会成员可能报告高水平的社交焦虑，然而其社交恐惧症的患病率却较低[1]。我们在电视节目或日常生活中用来娱乐或调侃的"社交恐惧"其实大多指的是这一类较为轻度的状况。

这也就解释了前文中提到的由《光明日报》发起的网络调查报告中，为何会有97%的参与者认为自己存在回避或恐惧社

---

[1] 参见《精神障碍诊断与统计手册（案头参考书）》（第五版），第197～198页。

交的现象。很多人会被我们的文化和仪式所束缚,表现出高焦虑的状态,但其实并未达到社交恐惧症的诊断标准。

虽然社交恐惧的个体在症状上没有社交恐惧症患者那么严重,但是介于正常和疾病之间的他们所处的境遇却也不容乐观,甚至非常尴尬。首先,这个群体的数量远远超出我们的预期,也就是上述《光明日报》中提到的将近97%的人群;其次,正是因为不能确诊,所以他们更难被周围人理解和接纳,常常被迫接受所谓的正能量、心灵鸡汤、"你应该……"等说辞,三人成虎,说的人多了,他们都会不禁自我怀疑:是我自己太懦弱了吗?难道我真的很笨?我就是这么差劲……这样的自我怀疑和否定除了会加重自己的症状,并无太多益处。所以,他们实际承受的来自各方面的挫折和压力并不比"确诊的社交恐惧症患者"少。

案例:不能张口要债的昂倩

昂倩最近一年烦恼不已,因为她被老公施加很大压力去做一件事——要债!夫妻俩为此经常吵架。

事情起因于三年前,昂倩的高中同学因为生意上需要一笔周转资金,出于信任,昂倩就借了这笔钱给他,这个同学感激不已，并承诺1年内还清这笔钱。老公为了表示对昂倩的尊重，也没有太多过问此事。

然而2年过去了，这个同学依然杳无音讯，并没有履行当初的承诺如期偿还这笔钱。昂倩对此稍有不满，但没有采取进一步的动作，她坚信同学不会赖账，只是可能没办法如期偿还这笔钱。第3年时，昂倩和老公商量想要买一套新房子，需要凑首付，老公就想到了这笔钱，催促昂倩赶紧把钱要回来。

昂倩虽然答应了老公，但是很拖延，一直都没能张口去要债。老公每次问起这件事，昂倩都只是找借口说"忘记了""太忙了"，老公对此非常不满，并指责昂倩："你这是在逃避，而且不是一次两次了，跟人交往你总是不表达，甚至也不维护自己的权益，总是吃亏！为什么这么懦弱，有什么开不了口的！你自己借出去的钱，自己想办法要回来！"

昂倩知道老公的总结是对的，但是她又确实有苦说不出。她无法说清楚对她而言沟通为何是如此的困难——难道是害怕朋友关系的破裂？失去这个朋友？担心不好的结果发生？但是这些理由连她自己都说服不了，因为明明是同学失信在先的。但是，她无数次地拿起手机，又无数次地找其他事情转移注意力，始终没有打出要债的电话，她很挫败，也很懊恼。

同时，昂倩也对老公对自己的指责和不理解感到很生气，她确实感到自己在交际方面一直都很吃力，家里的人情往来也几乎都是老公在操持。所以老公完全不能理解她的纠结，而她自己又给不出"合理"的理由，因此两人一提到这件事，说不了几句就会吵起来。慢慢地，老公催促和要债责任的双重压力让昂倩更加退缩，她甚至连做梦都在纠结此事。

很多人都有过类似的经历，所以一定有人非常理解昂倩的感受，同时和昂倩一样苦恼。明明自己是债主，却总是比欠债的还要心虚和难堪。不只是在经济上，就是在日常交往上很多人也有类似的感觉——明明并不相熟，甚至根本就是不认识的陌生人，却总是担心会给对方带来麻烦、担心别人会评判自己、担心比对方更成功会伤到对方的自尊心、担心尴尬、担心没话聊……

从正向的角度看，社交恐惧者一般拥有比普通人更加敏锐的感官，他们既可以感受到别人身上的不易被察觉的细腻情感和内心渴求，同时也可以感受到更多的不安和痛苦。想象一下，如果将我们听力的上下阈值都放大十倍，草丛中虫儿爬行的沙沙声、天空中以及马路上的所有噪声都被我们的耳朵一清二楚地收纳，我们的大脑很可能由于信息过量而"宕机"。以此类推，社交恐惧者因为自身敏锐的觉察力而表现出更多的焦虑和恐惧也就不足为奇了。

社交关系也好、友情也罢，原本多是中性词语，都既可以被赋予正向意义，如关系紧密、永恒的友情等，也可以被赋予负向含义，如无效社交、塑料友谊等。但是无论哪种情形，都体现了人类的特性——我们必须在群体中活下去，在别人的眼中看见自己，在社交关系中感受生命力。

通常觉得自己有社交恐惧的人，本质上是渴望社交关系的，尤其渴望更深层次的亲密关系，这是生命的需要。我们对这个世界、对不同人、对不同物的看法，其实都是参照着我们的内在客体关系[①]模式——也就是我们内在的一个被预先设计好的模板。所不同的是，在社交恐惧者的内在模板中，别人都是喜欢挑剔、找碴的，都是瞧不起自己的，他们在心理困扰背后体验到的是自我的羞耻感和无价值感。

[①] 关于"我们内在的客体关系"的详细解释见本章 1.3 节 "1.3.1 我们的内在客体关系"部分。

1.1.3 气质、性格与社交恐惧不是一回事

人们在日常生活中常用"我天生性格如此""我就是这种性格，很难改变的""我的性格遗传我妈"等说辞描述自己，通过这些描述不难看出，大多数人将性格理解为一种很难甚至不可能改变的先天个体差异。如果从心理学的角度进行划分，此处人们提到的"性格"很大程度上指的是人的气质。

气质的差异是先天形成的，受神经系统活动的特性制约，并没有好坏之分。气质的差异会为人们的后天言行定下一种基调，但是不能决定人们的社会价值，也不能直接用于道德评判。任何一种气质类型的人都可能获得成功,实现较高的社会价值，也可能一事无成，甚至因为道德败坏而被众人唾弃。因此，气质无法决定一个人将来能够取得多少成就。我们常说的"内向""外向"更多地是指人们的气质类型。

性格则与社会联结紧密,性格中包含很多社会道德的色彩。性格指的是人们对现实和周围世界的一种整体态度，并通过对自己、对他人、对事件的言行举止呈现出来。性格体现了一个人对外在世界的评价、喜恶和选择倾向，同时也体现了一个人的道德风貌。性格会受所谓"三观"的影响，比如有的人疾恶如仇、公平公正、有责任有担当，有的人则心思狡诈、自私自利、恶毒、不孝。这种对人们道德差异的评价实质上体现了人

们性格的差异。所以，性格是后天形成的，有好坏之分，最直接地反映了人们的道德风貌。

社交恐惧则是在气质和性格[①]的基础上形成的一套病态的自我调控系统。自我调控系统通常包含自我认知、自我体验、自我控制三个子系统[②]。

自我认知是指对自我的观察和评价，如果一个人只能看到自己的缺陷，觉得自己总是没有别人优秀，就会变得不自信、做事踌躇不前；反之，如果一个人过高地评价自己，就会变得盲目乐观、较少反思，导致与他人亲密关系的破裂或工作失误等。

自我体验是伴随自我认知产生的一种内在情绪感受，如果一个人能够积极评价自己，那他就会产生较高的自尊感、愉悦感、价值感等；如果一个人只是消极地评价自己，则会产生自卑感、丧失感、羞愧感。

自我体验可以逐渐将自我认知转化为一种牢固的信念，进而强化人们的某些行为，也就是推动人们进入自我控制系统。

---

① 气质和性格在心理学的分类中都属于人格的一部分，在我们的日常的表达中，常常会混淆二者。

② 参见《普通心理学》修订版，彭聃龄主编，第442页。

自我控制是自我调控系统在行为上的主要表现，也是自我调控系统的最后一环。例如，有人认为社交是一件难度很高、以自己的能力完成不了的事情（自我认知），那么他就会不断地产生焦虑和恐惧体验（自我体验），并且在行为上回避社交（自我控制）。

因此，社交恐惧者往往拥有一套类似的病态的自我调控系统。这种病态的自我调控系统不是独属于某一个人的气质或性格，而是属于一群人的共有的病理模式，有其发生、发展的共性时间和规律。社交恐惧对人的负面影响远比内向气质、怯懦性格等对人的负面影响要大，社交恐惧者其实会明显感到这种焦虑和恐惧感是不正常的，是病理性的。

案例：神秘且内向的荣格[①]

荣格，1875年出生在瑞士的一个小镇，他自小就是非常内向的小孩，对外部世界兴趣平平，较为封闭。他认为

[①] 卡尔·古斯塔夫·荣格（Carl Gustav Jung，1875—1961），瑞士著名心理学家，"人格类型说"是其主要理论思想之一。他一生发表了许多著作，如《心理类型》《金花的秘密及评论》《寻求灵魂的现代人》等。荣格曾任国际心理分析学会会长、国际心理治疗协会主席等，创立荣格心理学院。荣格的理论和思想至今仍对心理学的众多领域有着深远影响。

没有人能够理解别人内在的体验和思想。他在幼年时花了很多时间去思考梦的含义和一些超自然的东西。10岁时，他雕刻了一个木头人像，在独自一人时与之对话，有时还给它写密码信。

荣格对人类心灵的好奇让他自然而然地被弗洛伊德[①]的思想所吸引，1907年两人一见如故，据说进行了长达13个小时的会谈。但是后来因为理念上的分歧，荣格开始了长达7年的独自工作。

他深入自己的无意识，探索人格的本质。这段时间他销声匿迹，完全沉浸在内心世界中。数年后，他开始发表对后世影响深远的人格理论等思想与著作，并被邀请到世界各地进行讲学。他的很多看法至今仍然被追随者们津津乐道，很多人评价他的思想神秘而有趣。

荣格的经历很大程度上显示了内倾型人格和社交恐惧的区别。荣格一生几乎都将关注点投在了个体内部以及相关的理论

[①] 西格蒙德·弗洛伊德（Sigmund Freud，1856—1939），奥地利精神病医师、心理学家、精神分析学派创始人，被后人尊称为"精神分析之父"，是二十世纪最伟大的心理学家之一。

上，同时他与同行的沟通、交流以及公开演讲都没有任何困难。而且最为戏剧性的是，他的成就之一就是向我们辩证地解读了性格，他的经历证明了内倾型人格并没有阻碍一个人的成功，反而可能成为一个人成就自我的助推器。

所以，内向气质、怯懦性格的人虽然往往也不喜欢社交，但是他们大都拥有一般社交的技能和稳定心态。在有需要时，他们可以很好地展开整个交际活动，而不太担心被人评判和嘲笑，他们显然不太关注这些方面。他们也会排斥社交，但多是主观性地排斥社交，源自他们"志不在此""没什么意思"的意识，而不是出于过度的焦虑和恐惧。

1.2 人际关系总是如此让人担心

案例：苦恼的心理咨询师

"我真是受不了同事不断强调所谓的'活在当下''专注此时此刻''与自己待在一起'之类的理念了，都是站着说话不腰疼！"一位学习归来的新手心理咨询师同事向我吐槽："我觉得这些理念都很好，尤其是在人们情绪激动、紧张不安的时候，如果能够做得到，会对人们起到极大的安抚作用。关键是越是在情绪的当口越是做不到啊，至少我做不到！"

"就拿这次学习来说吧,讲课的老师很厉害。她告诉我们:'要陪伴"此时此刻"的来访者,要关注当下双方的交流。'可是在与来访者(同学扮演来访者)做练习的时候,我心里想的却是:他的经历到底意味着什么,我接下来要怎么问才会显得非常专业。虽然一起学习的同学也大都是新手心理咨询师,没有太多咨询经验,但是我依然很担心自己会在练习中说出低级的话,让同学们觉得我连新手都算不上。这样我根本没办法建立同行社交圈,甚至有可能因为技术太差而在这个行业臭名昭著。那我要怎么从业?怎么向别人介绍自己的工作?这个练习太让人有压力了!

"当我沉默很久终于想到如何回应时,我抬头看到同小组的同学都在安静地'盯'着我,而其他小组早已进行得如火如荼,对答流畅。那一瞬间,我无比尴尬。不仅如此,我开始脸颊涨红,手都在哆嗦。真是太丢人了,连心理学练习都会让我产生心理困扰,还有什么能帮我呢?我对自己真的很失望!"

这名新手心理咨询师同事头脑中的一系列联想和担忧明显影响了他的状态,导致他没办法放松下来,更没办法高效思考,也没办法享受学习的乐趣,而这恰巧反映了他常规的社交恐惧模式。这种模式就像一个联结内外世界的轨道，为我们如何解读和应对各种现实情况规定好了线路。如果我们容易紧张，那我们在这种模式下跟外界互动时就会常常拉响警报，但是这种现象在其他人那里可能根本微不足道。

如果更进一步描述上文中提到的"联结内外世界的轨道"，那么这个轨道指的就是那些容易引发人们情绪的反应模式与情绪倾向之间的关系。

我们可以把焦虑/恐惧理解为一个连续轴，想象一下，这个轴的最左端代表完全没有情绪，最右端代表高度的焦虑/恐惧状态。那么，对人们最有利的情绪状态通常对应连续轴的中段区域：人们既不会长期处于一种高度焦虑/恐惧的高压状态，也不会因为焦虑/恐惧值太低而忽略了生活中常见的危险信号。

工作中被老板批评，我们会担心；医生拿着体检报告建议我们做进一步检查时，我们会恐慌……这些担心和恐慌都是正常的，焦虑/恐惧值保持在了中段区域内。总而言之，如果我们的焦虑/恐惧值与我们面对的现实压力相互匹配，那么就是正常的，人们在感觉上也会较为舒适。

这名新手心理咨询师的反应明显有些过度，已经超出了中段区域。他无法与小组成员一起沉浸在练习场景中，更无法完成陪伴"此时此刻"的来访者的目标,而是在担心一个"糟糕至极的未来"。这是他产生焦虑/恐惧的关键原因之一。

当他终于把注意力转回当下并准备回应来访者时,却同时捕捉到周围人的一些细微表情、动作,并开始以偏概全地推测他们会如何评价自己。他还产生了一系列的脸红、发抖的躯体反应,并更进一步地将这些反应与负面评价结合起来,认为这会招致周围人的嘲笑。这种反应模式称为"以偏概全的评价"。

"糟糕至极的未来"和"以偏概全的评价"是社交恐惧反应模式的核心内容,也是该模式最重要的两条分支轨道。下面我们将详细讨论这两部分内容。

1.2.1　糟糕至极的未来

正常情况下,人们会对即将到来的某些重要社交场合产生忧虑,会对可能发生的各种小插曲保持警惕,并提前做一些应对预案。例如,我们会去想象,在今晚的重要饭局上如果不小心打碎了酒杯,我们该如何化解尴尬?该说些什么?通常只要想好了应对之策,我们的焦虑/恐惧值就会快速调整到连续轴的中段区域。

而"糟糕至极的未来"反应模式的社交恐惧者,在参与饭局之前的这段时间会忧心忡忡,会想象到更多可能发生的意外,甚至会想即使没有意外,仅仅是在别人看向自己时,自己该怎么办？这些忧虑一旦成真，该是多么地可怕！他们的内心完全被焦虑/恐惧占据，没有空间去思考如果饭局顺畅进行，他们原本可以饱餐一顿，还能结交许多新朋友……他们原本可以积极地面对这一切。

所以，"糟糕至极的未来"反应模式的社交恐惧者会浪费很多当下的时间去为不确定的未来惴惴不安。他们的焦虑/恐惧值也会一直居高不下，甚至有可能在最后关头拒绝参加这样的社交活动，逃到他们认为安全的"无人之地"独自喘息。

1.2.2 以偏概全的评价

"以偏概全的评价"反应模式的社交恐惧者可能不止一次地被人劝解："你想得太多了。"这类社交恐惧者会习惯性地将周围人的任何细微反应与自己建立负面关联，比如：有人看了他们一眼、经过正在交谈的两个人时那两个人突然停止了交谈、对方因为加班想要更改约会时间等。此时，他们内心的焦虑/恐惧值会大幅度摆动至靠近连续轴最右端的位置。

没有人喜欢被别人评头论足，但如果是"以偏概全的评价"反应模式的社交恐惧者，他们的焦虑/恐惧值则会一直居高不下，他们会认为一定有针对他们的评价存在，而且这些评价都是灾难性的，自己根本无力招架。我们发现，让他们看清全部现实、停止过度联想是非常困难的。

1.2.3 结果：偏执和回避

人的生理和心理会相互影响，如果晚上睡眠充足，那么我们的身体就会保持在最佳状态：白天精力旺盛、工作头脑清晰，我们会有足够的智慧和意志应对生活、工作中的各种突发状况，而且更容易保持耐心、把握灵活度。

但是当我们处在高度紧张、焦虑状态时，内部系统就需要调动大量的精力去应对这些状态，那么可以被我们调配来应对外部事件的精力就会相应地减少。此时，一件小事就是一场灾难，人们为了保护自我、减少损耗，自然会变得偏执和回避。

想象一下，父母安排之下，你不得不去相亲，你跟对方约好了见面的时间和地点，并提前半小时到达。结果在约定时间前的10分钟，对方突然发来信息说临时被老板叫去开会，不能准时到达了。

可能你提前2个小时准备好了精致的妆容，挑选了得体的裙子；可能你推掉了一些工作安排，专门参加这次相亲；可能你本来也不想去，但还是给自己做了很多心理工作，硬是让自己以最"积极"的心态参加这场相亲。但是现在对方突然爽约，意味着你之前所做的一切都变得徒劳了。

如果你本身长期处于高度敏感的情绪状态，外部可用资源较少，你很可能因为对方的一次爽约而变得焦躁不安。你会开始想象对方是否根本不想相亲，对方是否嫌弃你长得不好看，对方所谓的开会会不会只是一个不想来的借口，或者会觉得对方人品有问题，对方根本没有诚意，相亲都是不靠谱的……甚至会越想越觉得自己的想法有道理（偏执），并因此气恼不已，决定以后再也不会参加任何相亲了（回避）。从长远来看，这类反应模式很可能影响你所有的人际关系的质量。

正如前文中多次强调的，那些影响人们生活的焦虑和恐惧不一定都是病理性的，但是已经达到社交恐惧症的诊断标准的社交恐惧症患者的确更容易出现这些社交恐惧反应模式。而"糟糕至极的未来"和"以偏概全的评价"是社交恐惧最典型的两种反应模式，它们可能单独出现，也可能同时出现在同一社交恐惧者身上。

1.3　我心中的世界就是真实的

每个人都同时穿梭在两类关系中，一类是内在的主观关系，一类是外在的客观关系，且这两类关系会不断地相互作用，影响人们的心理和行为。出现在这些关系中的人，我们称之为客体，如内在客体、外在客体。此处的客体是相较于主体而言的，反过来讲，当我们将另一个人当成主体时，刚刚的主体也会成为对应的客体。

1.3.1 我们的内在客体关系

刚出生婴儿的世界是混沌的，是没有内外之分的。随着妈妈①的独特照顾方式在婴儿的头脑中留下印记，婴儿们会开始慢慢形成自己的内在关系模式。假如妈妈多次拒绝给饥饿中的婴儿喂奶（这对婴儿来说，体验到的可能是一次次关乎生死的危机），婴儿可能开始形成第一个内在的主观关系："别人总是拒绝我，我的需求是很难得到满足的"，也可能因此形成一个内在客体："拒绝性客体"。这种内在客体总是与生气、愤怒、哀伤等情感捆绑在一起。

如果妈妈总是担心婴儿会饥饿，随时随地地都在给婴儿喂奶，即使婴儿挣扎着想要远离奶源，妈妈依然视而不见，那么婴儿可能因此形成一个相反的内在的主观关系："我接受了很多不能承受的好，我很痛苦，但是我挣脱不了"，也可能因此形成一个内在的"兴奋性客体"。这种兴奋性客体总是与焦虑、痛苦、绝望等情感捆绑在一起。

---

① 此处的"妈妈"代指婴儿的主要抚养人，主要抚养人可能是妈妈、爸爸、爷爷、奶奶、保姆等，也可能是他们的集合，此处统称为"妈妈"。

这样的内在客体关系模式并不总是客观、正确的，因为在早期的母婴关系中，婴儿对妈妈的语言和行为的理解能力十分有限，且很难将之与自己的感受和期待区分开来，所以婴儿常常曲解妈妈的语言和行为，在早期形成一个较为片面的内在客体妈妈的形象。

通常情况下，随着年龄的增长和心智的发展，外界的持续互动和信息的增补会推动婴儿渐渐修正这个最初的形象。但是如果这个形象过于极端化，总是会引起孩子非常痛苦的情感反应，他们就会放弃面对和修正这一形象，取而代之地将这种内在客体关系模式压抑至潜意识深处以避免痛苦，并在意识层面保留一个"理想性客体"的样子，而这个理想性客体总是伴随着满足、美好的感受。但是压抑不等于消失，拒绝或兴奋的内在客体关系模式会以各种潜在的方式持续一生地影响人们的外在社交关系。

我们在与陌生人交往时，意识层面总是希望新的关系能够纯真而美好（理想性客体）。但潜意识中则总是期望新的关系和内在的固有的模式保持一致，以此来确认新的关系体验是我们所熟悉的，是不需要改变内在客体关系的，是不会引起太多焦虑的。例如，我们都非常希望发展一段偶像剧般的美好爱情，实际上却充满琐事，常常争吵、失望，与过往的情感经历并没有太大差别；我们希望与新同事保持和谐相处的融洽状态，实际上却是钩心斗角、恶性竞争，与上一家公司的经历也没有什么不同……

案例：矛盾的妈妈

曹颖是一个有魅力的漂亮女性，接受咨询已经将近2年。她最初寻求咨询的原因是她隐约感到孩子的一些奇怪行为（总是喜欢长时间地张开嘴把舌头伸出来，就好像不受控制一样）可能与自己有关。孩子的状况导致她想做一位好妈妈的愿望完全落空。

经过很长时间的摸索和分析，咨询师和曹颖都意识到她心中原来一直存在相互冲突的两种客体关系模式——兴奋性客体模式和拒绝性客体模式。这与她自己年幼时被过度喂奶（兴奋性）后又被突然断奶（拒绝性）的经历有很大关系。

她在养育孩子的过程中无意识地重复了这种客体关系。在经历剖宫产手术生下孩子后，本需要卧床休养的曹颖总是按捺不住，频频想要下床寻找正在被医生照料的孩子。她觉得她很渴望给孩子喂奶，并且在这个渴望中体验到一种兴奋感（兴奋性），这可以填补她躺在病床上时感受到的很深的孤独和煎熬，即使她的老公就在旁边陪伴着她（拒绝性）。

后来当孩子出现张嘴和伸舌头的毛病时，曹颖感到无比焦虑和害怕，意识层面上害怕孩子可能有智力问题、行为问题、会被孤立、会被排挤，可能影响孩子的一生……这些超负荷的忧虑促使曹颖带着孩子到处求医问药。

随着咨询的进展，曹颖也开始意识到自己过度担心孩子和过度行动化的背后是在极力回避内心中对孩子的愤恨感。孩子张开的大嘴激起了她内心中婴儿般原始的空虚、饥饿和渴望依赖的感觉。

曹颖的这种客体关系模式也在咨访关系中多次以移情[①]的方式得以重现。例如，咨询师马上要开始为期3周的一轮休假，和曹颖约定了休假前的最后一次咨询。在约定的咨询时间过后45分钟，曹颖才急匆匆地赶到咨询室，并很

---

① 移情是指来访者对咨询师的所有情感的总和。在这些情感中，有的是来访者对咨询师的真实情感；有的是来访者把过去与其他人关系中的感受转移到了咨询师身上，而与咨询师的真实特征无关，更多的是来访者的内在关系模式在运转，同时在分析之前，来访者往往意识不到这一点，只以为这就是其跟咨询师之间的"真实感受"。本案例中的移情主要指后者。

抱歉地解释因为工作太忙忘记了咨询时间。

虽然曹颖很清楚之前双方约定的咨询规则——在没有提前请假或申请更改咨询时间的情况下，固定的咨询时段就是属于来访者的，无论来访者是否出现，同时也会照常收取咨询费用。非紧急情况下，想要临时约定咨询，则需要按照预约流程进行。但是曹颖依然在咨询时间即将结束时，黏人地表达了对咨询师的延时需要，并询问咨询师是否可以为她留下来，再聊半个小时。当咨询师按照咨询规则拒绝了曹颖时，她被激怒了，并大声指责咨询师是一个只知道骗钱的坏人，冷漠无情，一点儿都不真诚，没有关心到来访者的感受。听到吵闹声的前台女孩过来制止了曹颖的叫喊。

从曹颖的表现可以看出，咨询师显然激起了她内心中对咨询师的需要和对即将到来的分离的焦虑。当曹颖的兴奋性客体关系无法在咨询师这里得到满足时，她便需要以极大的内在力量压制拒绝性客体关系及其伴随的负面感受的出现。但是当曹颖因为错过咨询时间而无法完成咨询时，她的拒绝性客体关系模式被自动激活，她希望咨询师通过破坏规则的方式接受她的请求来避免这一部分负面感受的涌现。但是咨询师拒绝了，所以曹颖的拒绝性客体关系以移情的方式全面爆发。

第1章 社交恐惧：越帮越忙的原始保护

在这次事件之后，制止她的前台姑娘被她理想化为一个懂得理解、保护她的善良人，而咨询师则成了一个令人讨厌、奸诈、令她失望、不能满足她的需求的坏人。后来，咨询师和曹颖花了很长的咨询时间对这种移情过程中出现的拒绝性客体关系进行了充分的分析和探讨后，曹颖才重新开始相信咨询师是一个真正想要帮助她的专业人士。

通过曹颖的案例我们不难看出，人们内在关系的雏形源自早期的外在的客观关系。人们的内在关系逐步成型后，又会反过来影响人们对外在关系的体验，使其失去客观性。甚至很多人一生都在无意识地不断制造某些相似的关系模式，在生活中一遍一遍地重复着。我们总是能够听到有人这样说："为什么这么倒霉，我找的对象都是暴脾气，都对我不好""现在的人怎么都这么自私""不要出去，别人总是在等着看你笑话呢"……

同时，我们也可以看出，我们的潜意识时刻都在担心内在的不良的客体关系模式[①]会被激活，进而引发巨大的痛苦体验，

---

① 拒绝性客体关系模式、兴奋性客体关系模式均属于不良的客体关系模式，会给人们带来负面体验，且会对人们的真实生活产生不好的影响。因为早期体验的不同，有些人可能只内化了这两种客体关系模式的一种，也有人会同时内化这两种客体关系模式。

所以我们会很快采取一些相反的手段来压制不良的客体关系模式。如果一个人总是以过分热情和友善的姿态出现在众人面前，那他其实有可能是在压抑内在的攻击性或拒绝感[①]；夫妻双方可能以性亲密行为来掩盖针对对方的愤怒和不满，这显然是在通过制造亲密关系的方式来压制拒绝性客体关系模式。同理，一个人也可能以远离社交的方式掩盖其对亲密关系的极度渴求，而这是在通过制造疏离关系来克制兴奋性客体关系模式。

1.3.2　我们内在的评价系统

我们提到的评价系统一般可分为两种维度：内在评价和外在评价。每种维度又都包含了两个方向：正面评价和负面评价。国外学者 Watson 和 Friend 在 1969 年提出了"负面评价恐惧"的概念。这一概念是指：人们对他人评价的忧虑和恐惧，对负面评价的苦恼，以及对他人可能给自己负面性评价的预期。[②]这种负面评价恐惧指代人们在演讲、聚会、会议等情景中产生的一种广泛性社会评价焦虑。过往关于社交恐惧的研究大都聚焦于此，并普遍将负面评价恐惧看作社交恐惧的核心特征。

---

① 这也被称为防御，详细解释见本书后面的章节。
② 参见陈祉妍："中学生负面评价恐惧与考试焦虑的相关性"，载《中国心理卫生杂志》2002 年第 16 卷第 12 期，第 855～857 页。

案例：厌食又暴食的曼曼

曼曼是一个看上去有些微胖的 20 岁大学生。她穿着普通，但眼神清澈、有礼貌、情绪稳定，偶尔谈到难过之处也会掉眼泪。咨询中她有很强的表达欲，很希望咨询师能够理解她的苦恼。她决心为自己活一次——从现在就读的大学退学并再次参加高考，重新考取自己真正心仪的大学和专业。

曼曼认为自己到目前为止的人生都是被设定好的，小到穿什么衣服、几点写作业，大到报考什么大学、什么专业，全都是父母安排好的。作为独生女的她从来没有任何话语权，从小她便是妈妈骄傲的谈资，别人眼中的乖乖女。

所以，她退学重考的决定毫无意外地遭到了父母的坚决反对，他们认为曼曼是一个远离人群，自闭，总是大吵大闹，爱臭美，自私冲动，只考虑自己，完全不顾及父母的苦心和感受，做决定幼稚而不考虑后果的"病人"。

曼曼说："我从小就是一个胖胖的女孩，我觉得还好，但妈妈总是当着亲戚朋友的面嘲笑我'这么胖，将来会嫁不出去的'。小学时我并不在意，但是到了初中，也许是进入青春期了吧，我就开始注重形象，那时候我觉得这些话让我很不舒服。虽然我相信妈妈是没有恶意的,世上没有妈妈会真的嫌弃自己的女儿,但我依然很不舒服,所以开始疯狂节食,跨度最大的时候体重从 120 斤暴瘦到了 70 斤。"

这个过程是痛苦的,曼曼感觉那时候的自己就是一个永不停歇的机器,每分每秒都在极力压制所有吃东西的欲望,不停地给自己打气:"我就是要瘦下来!"那时候,曼曼觉得自己根本就不是一个孩子,甚至不能算一个人,而是一个高度紧绷的机械。

这也导致了当时正在长身体的曼曼内分泌系统紊乱,出现了例假停经等症状。妈妈带她看了医生,医生警告她不可以这样减肥。妈妈在回家的大街上冲着曼曼斥责:"你为什么要这样减肥?你以为这样很好看吗?"曼曼崩溃地吼道:"还不是你嫌弃我胖!"妈妈对此感到莫名其妙:"你自己要减肥,爱臭美,跟我有什么关系!"

再后来,曼曼很希望父母能够明白他们的话语对自己的重要性和影响力,但是父母拒绝倾听这些话,并认为曼曼就是想推卸责任,不断地揪着父母莫须有的罪行为自己的不当决定找借口,试图让他们同意她退学而已。一遍遍的沟通失败后,曼曼和父母僵持在家里,她放弃了节食和返回大学,开始不加节制地狂吃,似乎要再以此证明:"看!这才是我真实的样子！"

同时她拒绝一切社交，认为自己现在像个丑陋的游魂，她担心被亲戚朋友嘲笑："现在为什么这么胖？""为什么不去上学了？""为什么不听爸妈的话？"担心自己会被拿去和表姐、堂妹们对比，所以她将自己关了起来，每天只是不停地吃……

曼曼父母的控制和爱让她无法喘息，无法长大，他们不愿意放手，所以曼曼很难独立，很难成熟地为自己做决定。曼曼的内在住着一对兴奋性的客体父母，这让她既渴望空间和边界，同时又没有能力完全脱离父母的控制和爱。所以她看似要为自己而活，但是这个决定依然要征得父母的同意，这是自相矛盾的。

曼曼不断听到的是妈妈的贬低，只有努力保持好成绩、乖乖听话才是好孩子。她无法保持一个高自尊的状态，甚至形成了一个"我很丑、我很胖、我能力很差、我一无是处"的内在自我形象。她感觉自己需要拼命伪装才能不被别人看到这样的自己。她总是担心被人嘲笑，被人嫌弃，所以她对别人的眼神很敏感，又会刻意回避别人的眼神。

但是这样子太累了，于是曼曼就尽量避免与人群接触，保持高冷和不屑的样子，从初中到大学一直都是这样做的。最严重的时候，她惧怕与同学接触，又不愿意回家，就在大学附近租房子一个人住，除了上课，她避免一切社交。曼曼说："那段时间我浑浑噩噩，觉得自己是一个很奇怪的人，但是我不知道自己怎么了。"

此外，吃成了一个矛盾的载体，潜意识中，吃是证明她独立于父母的一个工具，但是吃同时也成了她确认自己是一个"不被喜欢的胖女孩"的强化剂。所以她无从选择，总是在节食与暴食之间徘徊无措。

对负面评价的恐惧一般不会凭空产生，人们往往经历过或者目睹过相关的事件，并会在自己的内心留下相应的印记，相关的事件甚至会被加诸到自己的内在客体关系模式中，导致社交焦虑和恐惧的进一步加重。

除了负面评价恐惧，人们其实还常常产生一种相反的焦虑，即对他人对自己的正面或积极评价感到焦虑，这被称为"正面评价恐惧"。斯科特・T. 华莱士和林恩・E.奥尔登[1]最早提出这

---

[1] 斯科特・T.华莱士（Scott T. Wallace）和林恩・E.奥尔登（Lynn E.Alden），美国学者，曾于 1995 年在美国《认知疗法和研究》学术期刊上联合发表《社交焦虑和社交成功或失败后的标准设定》，1997 年在美国《变态心理学杂志》学术期刊上联合发表《社交恐惧症和积极的社交事件：成功的代价》等相关研究结果。

一概念，他们认为有些人如果在社交中表现良好，得到积极反馈的话，会开始担心别人会对他们有更多的期待或要求，而这将导致最后的负面评价结果的产生。也就是说，对于这部分人，仅仅强调他们在社交中没有出错，没有不良表现时，他们会比较平静；但是如果给予他们积极的赞美和反馈，他们反而会在接下来的活动中感受更多的社交恐惧。

根据保罗·吉尔伯特[①]提出的心理进化模型，我们可以很轻松地理解这一现象。他认为社交恐惧与人类交往过程中的竞争有很大关联。社交恐惧的初衷是约束自己不去挑战群体中的权威或上层人物，避免被他们负面评价，以此来减少冲突，尽可能地保证自己在群体中的安全。所以从某种角度看，社交恐惧是一种人类进化的机制，它可以促使人们采用非暴力的、非冲突的方式展开人际交往。

在这个模型中，自我感觉处于劣势或者地位低下的人可能害怕地位的提升，因为这种提升可能把他们带到"权力的中心"，这就意味着更多的冲突和被毁灭的可能。他们也可能害怕"高处不胜寒"，他们担心在将来无法保护他们现有的资源。保罗将

---

① 保罗·吉尔伯特（Paul Gilbert），美国学者，曾于2001年在美国《北美精神病理学》学术期刊上发表《进化与社交焦虑：吸引力、社会竞争和社会等级制度的作用》来阐释相关理论。

这种现象叫作"害怕做得好"。

在早期社会中，人们过着等级森严的群居生活，想要生存下去，就要适应环境，回避负面评价会是适应环境的重要手段。同时，在这样的环境中，人们还需要尽量回避来自他人的正面评价，因为这可能激起其他群体成员的危机感，那些人可能因为担心他们的地位被撼动而"先发制人"。因此，负面评价恐惧和正面评价恐惧都是人类自我保护的重要机制，在充满着竞争的群体社会中，会起到适应环境的功能。

由此可以推测，社交恐惧者对自己都有一个共同的忠告：不要轻易引起他人的注意是非常重要的。社交恐惧者会将周围人看作自己的观众，这些观众随时随地都在关注他们的一言一行，同时他们会将这些观众视为自己内在不良客体的化身，认为这些观众本质上是喜欢评论或操控舆论的，很可能对他们指手画脚地评价一番。所以，对于社交恐惧者来说，最恐怖的感觉来自周围的观众，最焦虑的结果来自观众的评价。

1.4　我总有办法让自己好受一些

其实不只是社交恐惧者在寻找解决之道，我们普通人的日常行为很多也是为了缓解焦虑，听到这种说法后许多人可能非常吃惊。如果我们留心观察，会发现网络与电视广告中呈现的基本是大家想要成为的自己和理想生活的样子，广告中始终如一地展示着信心十足、阳光快乐的人，就好像这个社会没有一丝忧愁；或者更进一步地说，似乎只要观众购买了广告中的指定商品，就可以无忧无虑、完美地生活了。我们每个人都在以独特的方式谈话、开玩笑和争吵，这足以证明人类普遍有建立安全感的需要，只不过大部分人的焦虑被我们所处的环境与文化接受和遮盖了。

社交恐惧者因为无法使用所谓"正常"的行为来回避焦虑，所以他们变成了"很奇怪"的那群人。他们往往不愿意坦诚"我们的微笑是为了不要悲伤"，但这就是他们想要表达的感觉，也是大家共有的感觉。

他们在与焦虑抗争的过程中尝试了很多方式，虽然有时可以暂缓焦虑，却也同时导致他们的社交障碍变得越发严重。例如，有些人会降低自己的需求，说服自己根本不需要社交，也不需要社交关系——他们尽可能低头走路，对身旁的人假装视而不见，上班埋头工作，下班蜗居在家；他们从不主动走亲访友，不给别人打电话，不主动汇报工作。更有甚者，他们直接毁灭了自己可以社交的所有渠道——不再参加集会、不去公共场所、不发展亲密关系、不再上学或工作，将自己完全关在家里，隔绝所有可以联结外在的方式。

1.4.1 极端的处境

网络上曾报道过一则新闻，其中的刑事案件引起了众怒，更有无数人为其中的孩子心碎、流泪。

这是一起恶性刑事案件，受害者是一位名叫童童的6岁女孩。6岁前的她天真烂漫，长相甜美，虽然父母矛盾可能对她带来一些负面影响，但她依然被爸爸和姥姥、姥爷疼爱着，所以她的生活也一直是平静而安全的。

离婚时童童的抚养权被判给了妈妈，但实际上童童一直是由爸爸抚养的。妈妈在离婚后迅速结识了新的男友并与之同居，男友是一个有犯罪前科的无业游民。

本以为童童会在这样的岁月中安稳长大。直到爸爸因为工作忙，需要将童童送到妈妈处生活一段时间，噩梦就这样猝不及防地降临到了孩子身上。童童被送过去后就与妈妈及其男友一起生活在出租屋中。

100天，对于快乐的人来说很短暂，但是对于痛苦的人来说犹如整个世纪那样漫长。童童在一个暗无天日的

100天中见证了地狱和恶魔的存在,也亲身体验了什么叫作极致的痛。

童童住进来后,妈妈的男友开始无所不用其极地虐待童童,所有我们能想象以及不能想象的手段都在童童的身上得到了尝试,而这一切都是在妈妈的目睹和默许之下发生的,妈妈甚至还主动参与了这个过程。

被送到医院时,医生看到的是一个满身是伤、奄奄一息的童童。经伤残鉴定,童童的伤势被评定为1处重伤2级,9处轻伤。

有人说:压倒骆驼的不只是最后一根稻草,而是每根稻草都有罪。无法想象,如果我们的避风港湾成了灾难起源地,我们该怎么办呢?如果本应庇护我们的父母成了伤害我们的元凶,我们又该何去何从呢?这是一个可怕的怪圈,让人无所适从。

姥姥曾问童童,为什么不向姥姥求助呢?她的回答是:"不敢,我要是告诉姥姥,就死定了,姥姥、姥爷都死定了,全家都死定了。"而童童妈妈也确实异常绝情,在姥姥终于知道真相想要报警时,妈妈就曾威胁姥姥说:"别逼我,我死了也得出去找几个垫背的,不整死一两个,我都白活了,这是你逼的。"

虽然在面对镜头和记者时，童童笑靥如花，还给关心她的社会人士比心。但是我们仍然无法想象，经历过这些苦难的童童，该拿什么说服自己相信这个世界依然是美好的，别人是可以信赖的。身体的伤痕总会痊愈，但心灵的创伤可能如附骨之疽终生难以拔出。

我们不知道童童在这种极端情境下是如何对抗心中的恐惧与绝望的。也许她需要一些幻想，幻想天使终会拯救自己，幻想自己可以变成拥有魔法的仙子。就像她常从梦中哭醒，稚嫩地叫喊着："我要当一个仙子，逃出黑暗森林。"

遭遇童童这么可怕经历的人还是少数，多数人的经历虽然没有童童的可怕经历那样触目惊心，但是这并不意味着他们受到的心灵创伤的等级就比童童低很多，这不是心灵创伤的评定法则。有的时候，越是微不足道的细节与司空见惯的场景拼织的世界才越伤人。大部分感觉自己存在社交恐惧的个体都曾体验过某种极端恐惧感，只是这些经历因为太过强烈和痛苦而被他们压抑至潜意识，被他们"遗忘"了而已。

社交恐惧者往往有过一些痛苦的经历，比如：可能被当众嘲笑或者欺负；可能总是被迫扮演局外人、边缘人、不被重视的人，很难隶属于某些特定角色或者小团体，只能作为旁观者；可能受更早期经历的影响，思想和情感上变得较为淡漠，虽然表面上看起来开心快乐，可以轻松完成社交互动，但是内心很孤独；等等。无论这些痛苦的经历是长年累月的还是一次性的，只要足以刺激人心，留下阴影，都可能促使他们成为社交恐惧者。

1.4.2 降低欲求

很多人感觉他们早就厌倦了那些无意义的寒暄及谄媚的热络。越来越多的人希望自己的社交简单纯粹，各自安好就好，不要占据彼此生命中的太多精力和时间。但是又碍于传统，谁都不愿意先提出这种理念和交往方式，反而担心被看作"不合群"的人，于是大家只能继续在面子上相互应付，相互"折磨"。

还有人觉得，"我惹不起总躲得起吧"，不能掌控别人的眼光，至少可以掌控自己的人生大事。于是他们选择远离亲密关系，并告诉周围人这都是生活压力所迫，或者是因为过往的感情受过伤，所以不能结婚，至少不再那么积极主动地追求婚姻。当一个人觉得是在被迫而非真心想要完成某个行为时，常常能够舒缓焦虑，但这样做的代价是：出卖了自身的主体性，失去了几乎所有的人生乐趣。

案例：人既然注定要死，为什么还要拼命活着

周超是一个外表强壮，很有男子气概的大三学生，但与其外表不相符的是他敏感、孤独的内心。周超在不断地思考一个问题：既然人总是要死的，那为什么还要拼命活着？既然社交是不舒服的，那为何还要勉强自己去维持？

在暑假结束即将返回学校时，他很焦虑，不想返校，但是也不想待在家里。天下之大，他却有着这样的茫然：何处才是自己的容身之地？

周超出生于一个并不富裕的家庭。在他的感觉里，家是一个让人无奈的地方。爷爷酗酒，刚刚检查出喉癌；父亲同样酗酒，糖尿病，常年在工地打工。奶奶和妈妈身体也不好，早出晚归接些散活。

虽然这个家庭的成员常年被病痛折磨，但是他们对周超很好，尽可能地满足周超的物质需求。周超却觉得他们应该为各自而活，想办法让各自开心一些，才不枉此生，而不是寄希望于周超，让周超的成就来决定他们的幸福指数。但是家人都很固执，没有人在意张超的提议，这让他感觉家人可悲又可怜，甚至有时会想：死亡对于他们来说未尝不是一种解脱。但是同时他又很内疚,觉得自己不应该这样诅咒家人。他被大脑中的各种矛盾塞满,痛苦不堪。

张超曾经有过两段没能开始的感情。一位是同系的大学同学,那个女孩朴素而温暖,话不多,但总能耐心地倾听周围人讲话,很会为别人考虑。张超很喜欢她身上的温暖,终于有一天,他鼓足勇气给女孩发信息表白,开场白却是:"我今天喝醉了,可能有些胡说八道,你别介意。"张超借此表达了心意,女孩沉默良久,只回复道:"太晚了,早点休息。"张超感觉很挫败,同时觉得打扰到了女孩,第二天还专程去给女孩道歉,之后就再也没有下文了。

另一位是张超在支教期间遇到的同为支教老师的女孩,她活泼可爱,第一次见面就主动跟他打招呼,张超很惊奇怎么会有这样的女孩。之后她曾多次主动邀请张超一起探讨教学问题、一同买菜做饭,但张超总是表现得疏离冷淡,渐渐的女孩也就不再联系他了。

张超这样安慰自己:不在一起就对了,既然跟自己在一起注定不会幸福,那索性就不要开始。他很认同佛经中的一段话:"人在世间,爱欲之中,独生独死,独去独来,当行至趣，苦乐之地，身自当之，无有代者。"[①]

表面上看，包括张超在内，一些人都在尝试降低自己的需求，尽可能变得清心寡欲。但是其实这些人在想法和做法上是矛盾的，这就好像皇帝一方面宣称国家和平安定，一方面又在强制征兵去冲锋陷阵一样。由此也可以看出，他们并不是真的不再需要社交，也不是真的不再关注社交关系和别人的眼神，而是无法从容地参与其中，他们不过是在自欺欺人而已。

1.4.3 毁灭性方式

应对社交恐惧的负面处理方式多种多样，从极度退缩、神经症、身心疾病、重度抑郁以及极端的精神分裂，到崩溃情境下的自残，等等。这些负面处理方式在某些情况下是可以暂时减轻或缓解焦虑及恐惧的，却不能解决社交恐惧的核心内在冲突。换言之，这些负面处理方式更多地是在躲避，并不解决问题。

[①] 出自《佛说无量寿经》，大意是指：人们生活在世间的情爱和欲望之中，无论是父母，还是夫妻、母子、情侣、亲戚、朋友，其实谁也不属于谁，谁也替代不了谁，每个人都在缘起缘灭中浮沉。由个人需求造成的种种苦乐和轮回果报，只能自己承担，没有任何人能够替代。

第1章 社交恐惧：越帮越忙的原始保护

案例：把自己关起来的大男孩

在咨询师走近这个男孩之前，首先见到的是一位极度焦虑的妈妈。妈妈因为这个已经一年不出门，整天把自己关起来的儿子感到极度崩溃，她担心儿子的身体健康（一年以来，这个男孩几乎从不运动，很多身体机能已经超标），担心他的学业和未来，担心他得了奇怪的病……

妈妈在这一年间尝试了无数办法诱使儿子走出家门，但均以失败告终，甚至一气之下自行购买抗精神病的药物给儿子灌下去，但是毫无意外，结果还是失败的，儿子依然拒绝任何沟通和改变。需要注意的是，妈妈从不认为儿子变成这样跟自己有任何关系，只推测是孩子学业压力太大、与同学相处不好造成的。

在咨询师无数次的靠近、被推开、再靠近后，这个男孩给咨询师讲了下面的故事：

这是一个俗套又悲伤的故事，小时候学校组织看电影都看过这种"鸡汤"，比如《妈妈再爱我一次》之类的。但是现在我不太想去歌颂伟大的母爱和感人的母子情深，而是想要讲一个在这种家庭里长大的男孩的故事——也就是我自己的故事。

我现在记性不太好，常常会忘记很多东西。我只能去讲述那些我还记得的部分了。

我从小生活在一个没有爸爸的家庭，也许是1、2岁的时候吧，父母因为感情原因离了婚，之后我开始了长达十几年的与两个女人相依为命的日子：妈妈和姐姐。后来我偶然得知，原来我的出生是带有使命的，是当年妈妈为了留下出轨爸爸所能使用的最后一招。但很显然，她还是被抛弃了。

妈妈善良而且要强，她独自一人撑起了整个家，把我和姐姐抚养长大。她拼命地工作、挣钱，每天起早贪黑。也许从那个时候起，妈妈就自我定位为两个孩子的天，而不只是一个普通的妈妈了。

大我十几岁的姐姐乖巧、懂事，一直都在帮妈妈分担，似乎她一直坚信："求人不如求己，凡事都得靠自己"，慢慢地，姐姐随着年龄的增长变得越来越独立、强势，和妈妈一样。现在她已经结婚了，有一个很博学的丈夫。但是我不喜欢这个姐夫，因为他老是给妈妈出各种馊主意对付我。

而我，家里唯一的男孩，又是最小的孩子，所以"待遇"也最好，妈妈和姐姐常给我买零食，做好吃的。但是同时，她们对我也非常有控制欲望，比如，吃什么，他们会问我的意见，但是做出来的饭菜跟我的意见没有半点儿关系，依然是那些她们认为"我喜欢"的饭。她们会买自己喜欢的衣服给我穿，讲她们认为对的道理给我听。

我几乎不需要做什么，因为她们总会替我准备好。所以直到高中，我还是不太会洗衣服和袜子，妈妈会为我准备好住校一周要穿的所有衣物，也因此我常常被舍友嘲笑。长此以往，待在宿舍成了一件很煎熬的事情，与同学相处也成了我非常厌烦的日常活动。说实话，我感觉他们很天真、幼稚，懒得搭理他们。与此同时，妈妈又会去跟亲戚、老师抱怨我自理能力很差，不会处理人际关系，这让她很苦恼。其实这也让我很苦恼，我不知道她到底是想让我独立还是不想让我独立。

妈妈常常告诉我什么是我该做的，什么是对的，什么是她希望的，什么是她喜欢的。高中以前，我"分裂"出了两个自己——一个是可以侃侃而谈、擅长社交、友善的自己（称为1号），一个是具有净化功能的自己（称为2号）。

友善的1号很会讲话，常常能把周围人逗得很开心。我的同学、朋友、亲人都很喜欢1号，他们也都非常愿意讲心里话给1号听。但是说实话，我并不爱听，可是我又认为这是1号该做的事。而那个具有净化功能的2号，他主要处理别人和环境传递给我的不好的"杂质"和"负能量"，2号每次都需要很安静的空间和较长的时间才能妥善处理这些东西，说起来2号似乎有点儿像垃圾处理站。

后来，随着中考的临近，我可以独处的时间越来越少，因为学业真的很繁重。再之后又发生了一件事情，就是我中考失利了，差了一点点没能考上自己心仪的高中。忘记说了，我之前的学习都还挺不错的。对于此次失利，我自己只是稍有遗憾，当时感觉并没有什么。可是周围人都在使劲地替我遗憾，不断地跟我讲："人生很长，这只是其中的一次征程。"说得我都不好意思了，貌似我应该表现得像受到了更沉重的打击一样才算正常。他们传递给我的这一波"杂质"太多了，2号没能很快处理完。

之后姐姐还要带我出去"散心"，不想讲这个过程发生了什么。总之我感觉2号已经超负荷了，所以我决定切断所有的联系，断绝跟别人的往来，当然我是循序渐进地一步步征得了妈妈的同意的。我感觉现在的2号就像坏掉的机器，已经没办法正常运行了。我觉得我需要闭关修复一下。

我在等待，等待触底反弹的那一刻，也许弹起来就好了。关起门的这段时间，我不外出，不跟人交流，甚至不跟妈妈和姐姐说太多话，反正她们也理解不了。我自己看书、打游戏、听音乐、睡觉……我不知道这种方式管不管用，但这是我能想到的唯一方式。最初也无聊到自言自语，寂寞到坐立不安，但时间长了也就麻木了。

在我终于可以让自己静下来时，家人却忍不住了，他们频频来打扰我，我也总能被她们成功激怒。有一次妈妈和姐姐很愤怒地质问我："你到底想要怎么样！"我很无奈，无法向她们解释我发生了什么，因为我都不知道自己怎么了，但当时我跟随自己内心的声音回吼了一句："我想要死给你们看！"

妈妈开始用各种方法诱使我出去，"假扮看房客的校主任""医院的专家""'主动'想来拜访我的同学""心理老师"……我很无语，也很无力，有些时候只能通过打自己、扇自己耳光的方式，才能感觉到那股乱窜的情绪倾泻而出，不过当时并没有感觉很疼，只是理智上知道这样做应该不太好。

好了，就说到这吧，想太多了会累。说着说着又会记起很多东西，但是感觉又没有什么意义，应该忘了的。

案例中的这个男孩选择了一种非常原始的方式来处理自己的社交恐惧，即退回一个类似"子宫"的安全区，尝试重新孕育自己。但是这个过程是非常艰难的，因为对于一个17岁马上成年的男孩来说，这种做法很难被周围人理解，大家只会觉得他疯了，他在毁了自己的一切。

一些较为极端的行为方式是可以释放焦虑造成的紧张状态的，但是同时，我们也很清楚，极端的行为方式不是最佳选择，也不具有真正的创意，更无法解决造成我们紧张状态的实际问题。也就是说，它只释放了紧张状态却没有解决潜在的冲突，因此冲突依然会存在，一些较为极端的行为方式也必定重复出现。这可能就是各种负面处理方式中的"症状"雏形。

在某些宗教或者科学的教条主义中，我们可以观察到思维的僵化和行为的重复都是人们保护自己免于威胁的方式。索伦·克尔凯郭尔[①]曾以某位大学知名教授为例：这名教授能够以一种特定方式完美地证明一条定律，但是他只能如此，而不

---

① 索伦·克尔凯郭尔（Soren Aabye Kierkegaard, 1813—1855），丹麦宗教哲学心理学家、诗人，现代存在主义哲学的创始人，后现代主义的先驱，现代人本心理学的先驱。

能使用其他方式进行证明。思维的僵化和行为的重复能够带来短暂的平静，但付出的代价也是高昂的，人们失去了"条条道路通罗马"的可能性，丧失了适应和发掘新生活的技能。特别是在当下这个快速变化与发展的时代，当机遇擦肩而过时，僵化的人们就只能留守在原始的孤岛上了。

1.4.4 焦虑的自我评估方法

以下这份量表被称为《焦虑自评量表》[①]，如表 1 所示。它将帮助我们认识焦虑在何种程度上影响着我们的生活和关系。量表可以测试人们焦虑症状的轻重，适用于成年人，但不能用于诊断。我们可以利用这些测试来决定我们是否需要寻求心理健康方面的专业人士的帮助，以便对自己的情况做出更精准的判断，并获得有效的治疗方案。

填表指导语

焦虑是一种比较普遍的精神体验，长期存在焦虑反应的人容易发展为焦虑症。本量表包含 20 个项目，分为四级评分，请仔细阅读以下内容，根据最近一星期的情况如实回答。

---

① 焦虑自评量表（SAS），由威廉·W.K.庄（William W.K. Zung）编制，因其具有较好的信效度，所以被广泛使用。

填表说明：

请在1、2、3、4下选择匹配自身程度的选项，每个项目限选一个选项。其中，1对应"没有或很少时间"，2对应"小部分时间"，3对应"相当多时间"，4对应"绝大部分或全部时间"。

表1 焦虑自评量表

项 目	选 项			
	1	2	3	4
1．我觉得比平常容易紧张和着急				
2．我无缘无故地感到害怕				
3．我容易心里烦乱或觉得惊恐				
4．我觉得我可能将要发疯				
＊ 5．我觉得一切都很好，也不会发生什么不幸				
6．我手脚发抖打战				
7．我因为头疼、脖颈疼和悲痛而苦恼				
8．我感到容易衰弱和疲乏				
＊ 9．我觉得我心平气和，并且容易安静地坐着				
10．我觉得我的心跳得很快				
11．我因为一阵阵头晕而苦恼				
12．我有晕倒发作或觉得要晕倒似的				
＊ 13．我呼气、吸气都感到很容易				
14．我手脚麻木和刺痛				
15．我因为胃痛和消化不良而苦恼				
16．我常常小便				
＊ 17．我的手脚常常是干燥和温暖的				
18．我脸红发热				
＊ 19．我容易入睡，并且一夜睡得很好				
20．我做噩梦				

测试结果的评分标准

正向计分题：选择 1、2、3、4 选项时按对应的 1、2、3、4 计分；反向计分题（标注*的题目，即第 5、9、13、17、19 题）：选择 1、2、3、4 选项时按 4、3、2、1 计分。

所有项目的分数相加得出总分，总分乘以 1.25 再取整数，就是最后的标准分了。

其中，低于 50 分者为正常，50~60 分者为轻度焦虑，61~70 分者为中度焦虑，70 分以上者为重度焦虑。

自我评估结果说明

如果您的标准分已经达到中度焦虑或重度焦虑，很可能说明近期焦虑情绪已经在一定程度上影响了您的生活。本书之后章节中提到的应对方法均可以帮助您更好地调节或者管理相关的情绪状态。利用好本书所讲的方法，您可以学会更好地跟自己的情绪相处而不是反过来被其控制。

另外，如果您感觉自我调节比较困难，或者有任何内心失控的迹象，强烈建议您尽快到专业的心理机构寻求帮助，这将是您使自己好起来的最有效途径之一。

第 2 章

自动运转：恐惧的应激反应

> 但凡是被压抑的，都会以更丑陋的方式卷土重来。
>
> ——西格蒙德·弗洛伊德

2.1 一键激活心理防御

心理防御就像在内心里为自己筑起的一道保护墙，去抵御那些大脑识别出的或真或假的危险。这个保护墙背后可能是脆弱的自尊、洪水般的愤怒、被抛弃的恐慌、不能言说的恨……

从广义上来说，一切皆可成为防御，只要我们的潜意识认为某种选择相较而言代价更小。

有些人以愤怒来防御内疚，其他人则以抑郁来防御愤怒。有些人通过防御将羞耻感压抑至潜意识深处（防御机制：压抑[①]），有些人则想尽一切办法来摆脱悲伤（防御机制：隔离[②]）。假性独立可以成为防御来帮助人们摆脱社交恐惧，而社交恐惧同样可以成为防御来使人们避免某种更痛苦的体验，如无价值感、无意义感等。

案例：无法抑制的愤怒

咨询预约时间已经过去 8 分钟，我正犹豫是否要与这位来访者联系一下时，就见孔杰女士昂首挺胸地来到咨询室门口，干练的西服套装和名牌小包让人一下就能猜到她是一位地道的职业女性。她在门口礼貌地跟我示意后，就大步走入咨询室。在我向她还以微笑致意时她似乎有些情

---

① 压抑，基础防御机制之一，详细解释见本书第 4 章 4.3 节"压抑：关起来就不见了"部分。
② 隔离，基础防御机制之一，详细解释见本书第 4 章 4.4 节"隔离：我没有什么感觉"部分。

绪，刻意忽略了我的视线，一副"有事说事"的样子。

孔女士在我关门之际，就已经自行选好了沙发坐下，在我转身后就一直紧盯着我的动作。她绷着脸，似乎在说："来吧，让我看看你有多少本事。"我先开了口："你在'咨询预约登记表'中备注说想就你的工作问题与我谈谈，能跟我说说是怎么回事吗？"

她双臂交叉，皱起眉头，姿势僵硬地盯了我好一会儿才开口，"不是我有问题，而是我的工作有问题！"她咬字很重，刻意放慢语速表示强调，让人感觉有些不舒服。

"哦，这是怎么回事呢？"我问道。

"我的一个下属，很年轻，根本不知道什么叫作责任。"孔女士在谈论这些时，脸上尽是不赞同的表情，"她多次完不成我布置给她的任务，让她加班她还不愿意，跟着我干的人都知道，我是一个讨厌无效沟通，非常不喜欢说废话的人，所以就直接批评了她，并要求她必须加班完成工作。结果她就闹到了老总那里，扬言要告公司，老总就私下以长辈的身份'建议'我来做心理咨询！"很明显这里的"建议"二字另有其义。

"为什么会这样呢？"我继续问道。

她放下双臂,"我们公司的人事招的员工都有问题,要能力没能力,要责任心没责任心,说他们两句,闹辞职的、打小报告的、抹黑我的就全出来了。我的这个下属居然还说要告公司让她非法加班,真是搞笑!现在外面有几家公司是不加班的?吃不了苦还想挣钱,天真的可以!"

"听起来你不认为自己做错了什么,怎么就被'建议'来做心理咨询了呢?"我问她。

她很不认同地说:"我那老总是越活越小心了!总说要做一家有文化的企业,但如果没有业绩,这一切都是空谈。对手下总不能像祖宗一样供着,这样能出业绩才怪!作为管理者,既要拥有高于手下的能力,又要督促这帮手下不能懒惰,不能有歪心思。如果管理层都搞糨糊,那他们凭什么会好好干呢?还动不动就要曝光公司、要告公司,吓唬谁呢?"

"所以是你老总认为你应该做咨询?"我问道。

"是的,我觉得她才应该来做咨询,又想出业绩,又想所有人都说她好,哪有那么好的事。现在的年轻人才应该好好做做心理建设了,动不动就崩溃,动不动就心理不平衡,没能力还心比天高!"她很是愤怒地大声说。

"你是公司的管理层？主要管什么呢？"我问道。

"我是公司的销售部经理，主要负责带领团队把公司的产品卖出去。我们是唯一能够给公司挣来钱的部门，剩下的那些部门都是来花钱的。我的业绩一直都是公司的TOP 1。"她说到这里骄傲地抬了抬下巴，之后又接着说："我绝对不允许我的团队拖后腿，干得了就干，干不了就趁早离开。"她深吸了口气，"我来咨询的主要原因是老总对我有知遇之恩，而且打算让我成为合伙人，但是现在这种情况会影响他的考量，所以他的'建议'我不得不听。"

"他是怎么'建议'你的呢？"我问道。

"他说要么我去学习下如何控制自己的情绪，要么重新考虑职业规划。那个员工是近几个月来第4个跟我不欢而散，并且闹到老总那里的员工了。他们总是到处说我坏话，我都懒得解释，清楚我为人的人都知道我很负责任，根本不是他们抹黑的样子。之前老总也是很信任我的，但是三人成虎，感觉听多了，他也开始对我有看法了。"

"他对你有什么样的看法呢？"我问道。

"他说他不能理解，我作为销售部经理，按说与人打交道应该是我的强项啊，怎么在员工关系上就这么糟糕。

"他认为作为管理者,能够让手下的人信服,并且忠心地跟随是基本能力。他强调目前的情况必须被改变,需要找到我和员工都能满意的解决办法。说白了,就是和稀泥!他居然同等重视我和那些员工的满意度!

"而且谁说做销售就一定要擅长跟人打交道?场面话该说的我会说,但那是不得不做的,我每次都心累得很。我做销售真正靠的是过硬的产品和专业的能力,而不是那些虚头巴脑的场面社交。我和客户一旦成交,客户都会非常信任我,那是因为我是实打实的,而不是玩嘴的,那些说的比唱的还好听的所谓'高情商',跟我挨不着边。难道到自己员工这儿,我还要搞这一套吗?那我估计早就不干这一行了。"她很不满意地说。

此处有两个可能与孔杰相关的议题可以展开,一个议题是她对"被老板同等重视"感到非常愤怒和屈辱,而这到底是如何激起她的情绪反应的?这一点很值得探讨。另一个议题是,她自认为很不擅长社交,却偏偏选择了众所周知需要频繁跟人打交道的销售工作,而且做得非常出色。现在又逐步抓住机会,选择做了管理岗,管理的对象还是人,但是这次却非常糟糕,这一切又是怎么发生的呢?我考虑了一下,决定先从与当下孔杰的情绪状态直接关联的第一个议题展开。

而且我并不担心第二个议题会被漏掉，如果它是孔杰需要帮助的地方，那它在适当的时机还会多次浮现出来提醒我们，甚至极有可能跟当前的话题本来就存在关联。虽然我还没有完全理解到底是怎么回事，但是这些议题一直都存在。

"被同等重视让你感到很失望？"我进一步询问。

"什么叫我'感到'？你能不能不要跟我抠字眼，我早就知道来这里不会有什么用，你不就是想让我认为我有问题吗？为什么你们都要把错推到我身上，难道员工懒惰没有错吗？老总只想给自己立牌坊就没有错吗？真是的！"她翻了个白眼，非常不满地盯着我。

我停下来在这里感受了一会儿，似乎在我发表任何可能非中立的观点之前，孔杰就已经开始觉得我在指责她了，来咨询这件事本身就已经激活了她的心理防御。于是，我的大脑有了一些幻想和假设，也许孔杰是被一群"团结"的同事排挤了，也许他们是嫉妒孔杰的能力，也许他们是讨厌孔杰好斗的姿态，也许是孔杰特立独行，太容易将周围同事的言行理解为对自己的指责，进而激化了矛盾，导致人际关系问题越来越严重……

于是我接着问道："在我还在试图搞清楚你的状况时，你就很生气我没能理解你。而你的老总和员工都这么对你，让你觉得都是你的问题，没有人理解你，这实际上让你感觉很冤枉。"

她的身体不再完全僵硬，而是放缓了呼吸，接着说："我在公司的业绩一直都做得很好，老总也告诉我，如果我离开或者转到其他岗位上，公司很难在短时间内找到可以替代我的人，他们也很难做出我的业绩，公司整体的业绩都可能受到很大影响。这一点我们都很清楚，我们的季度任务定的是同行业的最高标准，我得拼尽全力带领团队冲业绩才可能完成季度任务。我也知道公司很怕惹上麻烦，不想有任何法律纠纷。可是鱼与熊掌不可兼得，他们不支持我这个管理者的决定，还威胁我，美其名曰帮助我'提升自己'，甚至愿意为我报销咨询费。"她很是不屑地冷哼，"他们说帮我就帮我，可从没有人问我到底想要什么啊，净整些无用功。"

"他们认为做了为你好的事，但其实你并不这么认为？"我问道。

"难道你也认为他们是为我好？"她紧皱眉头盯着我。

"可能我的表达不是很准确，之前听你说，公司希望所有人都满意，让你的团队恢复从前的样子，但这似乎需要牺牲你来作为代价。"我重新调整了表达方式。

"他们就是这样自以为是。老总没有老总的魄力，只会一味地妥协和忍让，他们没有胆子让员工加班完成自己的工作，就怕员工要么要求增加工资，要么告公司。结果就让我充当了这个黑脸，不然怎么可能完成公司制定的业绩！我替公司出了头，结果他们却把我给卖了！这就是资本家虚伪的真面目！"她越说越生气。

"你觉得被'建议'来做咨询很痛苦，感觉特别不舒服是吗？"我直白地问她。

"你又这样！所有做心理咨询的人都很不舒服好吗，什么叫我觉得痛苦？不是我觉得，是事实好吧。我很不舒服，我有这么不护着下属的老总，他完全看不到我的辛苦付出。而且我都说了这么多了，你不是心理老师吗？你一直在问问题，但并没有给出我什么好建议，我也并没有感觉好受些。

"我为这家公司掏心掏肺，我结合公司发展制定了自己的职业规划，并且一直打算在这家公司好好干下去。但是现在他们却给我来这么一出，这件事情真是让我看清了一个资本家的真面目。我需不需要帮助，我自己知道！就是需要帮助、建议，也应该是我主动提出来，而不是'他们觉得我需要，而我不要也得要！'"她一只手重重地拍在了沙发扶手上。

"你就是在这种'不得不'的情况下才预约咨询的？"我继续问道。

"我想成为公司合伙人，所以我没有其他选择，必须得妥协。我老总的一个朋友给了你的联系方式，他几年前曾找你做过咨询。"

"我留意到你说近几个月才开始出现这种情况，以前有过吗？"我澄清道。

她面部的表情放松了一些："没有，我的工作一直都很顺利。不是我自夸，我工作一直很努力，善于做总结，又不怕吃苦，所以升职还挺快的，我的很多手下都比我年纪大，他们油滑惯了，所以一直做基层，我一点儿都不意外。可能在我刚入公司时，老总就注意到我的能力了，所以一路提携，我才33岁，就已经晋升为经理了。一位公司的老人曾说过，我这几年带领团队打出的业绩是公司过往的好几倍。

"这次谁知道抽什么风，难道他们就不想想我为什么能做出这样的成就吗？那是因为我用我的方式跟人打交道是没有问题的，而且我有清晰的头脑，能够快速处理危机事件，知道怎么做工作，但公司现在却揣着明白装糊涂！"

"听起来，这次公司和老总的处理态度似乎不在你的意料之内？"我问道。

她想了想，点点头，又接着大声说："老总以长辈的身份找我谈心，我知道老领导的那一套，说什么'你能力很棒，公司也很器重你，但你不能老是靠高压政策去管理你的下属，不能留住下属的领导不是好领导。公司也很理解你急迫出业绩的心情，但是硬碰硬是不行的，有时候需要靠一些手段来收服人心'……"她再次翻了个白眼，"老总这种老式'人情社会'的那一套早就过时了好吧，不出业绩，下属拿不到高工资，你看他们走不走。我特别讨厌他苦口婆心，想靠人情留人的这一套。"

"你老总好像直接跟你分享了他的人际关系维护技巧。"我说。

她像看笨蛋一样看着我，"是啊，但你觉得他这是为我好吗？所以，在你们心理咨询师眼里，非要把不好的说成好的才能显示你们是大师吗？"说到此处，她有些挑衅地瞪了我一眼，似乎对我的评论很是不满："我们老总是商场老油条，时常地利用人心，他还同时向公司的运营部经理抛出'可能成为合伙人'的诱惑，让我们俩竞争，为公司卖命，他好渔翁得利。他摆出'为我好'的长辈模样，一通苦口婆心，然后开始暗示我，如果我解决不了自己的问题，那'合伙人'的资质很有可能落到运营部经理手上。我都不知道他是怎么看上那个运营部经理的，那人连清晰的逻辑都没有，甚至说不清楚自己部门的年度目标以及具体规划。部门的人员更是懒散成性。"

"你说得很对，一个好的领导需要具备很多能力，包括清晰的逻辑和目标，以及对部门人员的有效管理。因此，我还是没搞明白，你的工作是怎么出问题的呢？"这次我回到了核心问题上，着重强调了"工作"二字，以避免再次激怒孔杰。

她有些不耐烦地瞪了我一眼，说道："我刚才不是都说了嘛，是我的下属自己没能力，完不成我布置给她的任务，还拒绝加班，工作一点儿都不努力。老总又对我管人的沟通方式和处理办法不满意，到最后就都变成我的问题了。"

我继续聚焦于核心问题："我相信他们在这件事中也一定存在问题。但是我想，你有很好的掌控力，无论周围人怎么样，你都是唯一可以决定自己该做哪些反应的人，所以到最后我更关注你，也许我们可以从这个角度多谈谈。现在的状况听起来像是你周围人都在针对你，跟我再多说说那个下属和老总的情况吧。"

她立刻接话反驳道："没问题，但我需要先强调一点，你不要说得我好像是个被欺负的柔弱小姑娘一样，我不需要你的可怜。现在回到你的问题上，我不关心，也不需要知道这个下属到底哪里不爽，反正没有什么不同。她就是到处散播谣言，还到老总那里抹黑我，说我怎么怎么以权压人，各种欺负她了，"她气呼呼地表述着，那种怒火溢于言表，"而老总听信了她的话，就反过来批评我太小题大做了。"

我紧接着说："哦？跟我多说说这个'小题大做'吧。"

"哎，你又要暗示我，是我有问题吗？"她很生气，"我再强调一遍，是老总他觉得我小题大做，而不是我真的小题大做。我都不知道跑来这里跟你说这么多有什么用，我就知道你不会理解我。你也只是拿钱办事,跟那些人没有什么区别。女人总是想得多,而且天生对同性有敌意,我真是不明白'女人何苦总是为难女人',最开始听说你是个女咨询师,我就没太想来,但是那个朋友说你挺不错的,反正我到现在还没有什么收获。"

我感受了一番话语中的指责,对她说道:"我明白每个人的感受都是独一无二的,没有亲身经历的人很难感同身受。但你说的是你除了不被公司的那些女性同事理解,也同时不被你的男老总理解。"

孔杰沉默地看了我一会儿没有开口,然后她侧转了身体,开始盯着咨询室墙上的一幅画看。这幅画中柔和的调色以及初升的太阳总能给人带来一种希望感,淡蓝的海水中还有成群的美丽小鱼被定格在画面中,这常常很能调动人们的积极情绪。然而孔杰的眼神似乎穿透了画面,看向更深处,她也许是在尝试迈向自己潜意识的最深处,跟这幅画无关。

她安静了一会儿,被门外助理老师的说话声惊醒,于是转过头对我说:"今天时间到了,我听到助理跟其他人打招呼的声音了。我需要些时间再缕缕,今天估计聊不了了。"

"如果你愿意的话,我们可以在下周同一时间继续见面。"我看着她说。

她歪头想了一会儿说:"也就是下周六的这个时间点。"说完她拿出手机在备忘录上做了记录,然后说:"好的,那我们下次见。"

从孔杰在第一次咨询中呈现的状态可以看出,近几个月与下属的矛盾以及咨询这件事本身都激起了孔杰的强烈情绪反应。她的人际交往困难虽然不属于传统分类上的社交恐惧类型,但是很明显,其在人际交往中呈现的敌意、有些夸大的自我和沟通上的困难只是她的表象而已,她的好战状态的背后显然是在保护着什么,褪去这层防御外壳,她与社交恐惧者面临的艰难处境如出一辙。

2.2 拒人千里,非我所愿

在第二次咨询开始时,她又晚来了几分钟,并皱着眉头重重地坐在了沙发上对我说:"上次说了一半,但我知道你接下来想要暗示我什么,不就是想说我太强势,不会经营关系吗?不用你说,我知道!不止一个人跟我说过,但我并不认为这有什么不好，要那么多关系干什么，心不累吗？关系总是那么麻烦，要考虑这个考虑那个，我从小独立惯了，不喜欢太多关系。"说到此处，她还做出了一个向外挥手的动作，似乎想赶紧把关系甩掉，很嫌弃它们的样子。

一般情况下，来访者在每次咨询开始时抛出的话题或联想都非常关键，其中可能已经无意识地传递了来访者此次想要谈论的主题，且这些主题往往与来访者前来咨询的主要问题有着千丝万缕的联系。我留意到孔杰此次想要传递的主题可能与"强势的人际关系姿态"有关。

于是我说："跟我多说一些关于'强势'的部分吧。"

她盯着我顿了一下，才继续说："我前男友跟我分手前就告诉我，他受不了我的强势和较真儿。"

"哦？他何以会这么说呢？"我问道。

她似乎对我对这些"负面评价"感兴趣的行为有些生气，紧皱额头瞪了我一眼。但看到我不带评判，仅仅是好奇和关切的表情后，她不再皱眉，开始思考。随后我感受到她有些其他情绪在涌动，因为她在这里停住了，下巴微微收敛，眼睑向下，看起来像是要遮盖某些不好的"秘密"，不想被我发现。她深呼吸了好几口气，也没能张口，一副欲言又止的样子。

"似乎这一刻你突然感受到了什么，能跟我说说吗？"我对着她说。

她听后眼睛泛红，视线在别处停留了一会儿才费力转向我，扯了扯嘴角，"没什么，这没什么好说的。"

"我知道这很不容易，但是我们往往习惯性地在关键和重要的事情上逃开，你说的'没什么'指的是什么呢？"

她又盯着墙上那幅画看了好一会儿，然后转头看向我，说道："他当时说，我们在一起的时候，所有的事情都必须我说了算，我习惯计划好一切，甚至在他看来就连一些无关痛痒的小事我都会紧盯不放，一旦失控我都能生气好久。所以他既喜欢我的雷厉风行和独立，同时也因为这个而觉得在我面前得处处小心，很累。作为我的男朋友，他说他感觉不到我对他的依赖和温柔，这让他感觉很没价值，甚至认为我不够爱他。"

谈起这些时，我能感受到孔杰强装坚强的背后有些悲伤和困惑——似乎既有对前男友的留恋，又有对自己到底该如何自处的迷茫。

"听到他这么说，你是什么感觉呢？"我问道。

孔杰顿了一下，并没有直接回答这个问题，而是换了一个方向："我从来没有跟别人提过这些，太没面子了，我居然是被甩的那一个。就是现在跟你说起来，我也觉得自己挺窝囊的。"

"哦？能不能跟我多说说这个'窝囊'？"我追问道。

她有些颓然地做了一个深呼吸，"其实不止一个人说过我，让我'女人'一些。他们根本就不理解我，"她看起来有些挫败，"而且我不是没有试过'女人'一些，但是一看到有些事情明明很简单就能被解决，他们却要费很大的劲儿，尤其是跟我相关的问题，我的做事风格就不由自主地又变回去了。做完之后我也会后悔，但一到那时候我就控制不住自己。"

"你的尝试是说你有些同意他们的说法？"我问道。

她很是无奈地说："周围人都这么说，那我肯定就会自我怀疑啊。但是我做不到，也不想那么做，感觉那都不像我，一切都变得很别扭，生活也都被打乱了。"说到这里，她似乎想到了什么，摇了摇头，有些泄气。

"你在摇头，是想到了什么呢？"我问道。

她没有立刻回复我，沉默了一会儿说："我想到我现在的生活也并没有很好，不然也不会坐在这里了。我确实常常生气，有时候甚至气到胃疼。我会因为上班等电梯的时候被人插队而跟对方吵起来，这种没素质的人真是哪儿都有。

"有一次出差住酒店，我一打开房间发现里面有人，我生气地跟酒店理论了好久，虽然最后酒店向我道歉了，但是这是原则性问题，我并不打算就这么算了，最后差点儿闹到报警。一起出差的男同事一直在劝我算了，说人在外地，多一事不如少一事。我烦了，就直接回怼他'这么胆小怕事，还算个男人吗？'，然后那个男同事就再也没有跟我一起出过差了。

"其实，后来冷静下来，我就觉得自己有些反应过度了。每当这种情况发生，我就会既生气又懊恼，生气自己为什么不能处理得更好一些，为什么总得罪人。"

"这就是你说的周围人认为你太强势，不'女人'的地方吗？"我向她确认。

第 2 章 自动运转：恐惧的应激反应

她耸了耸肩，极力表现出满不在乎的样子说："是的，应该就是这个样子吧。"

"你说的'女人'是什么样子呢？"我澄清道。

她有些嘲讽地说："就是那种会撒娇，会依赖别人，有事没事发个嗲，就会有人过来帮忙，好像自己没手没脚没脑子一样。"

"是什么让你很难变得'女人'一些呢？"我问道。

她有些烦躁地看着我："我已经说过了呀，我本来就不是那种人，而且我也不喜欢那个样子。我是一个独立的个体，自己会思考，有能力，我的事情都可以独立完成，根本不需要求人，也不需要把希望寄托在别人身上，等着被可怜，更不用老板告诉我该怎么做事，既然能干到这个岗位上，就说明我有这个能力。如果强势就是不希望被别人安排，不希望被别人控制，那我承认我就是强势的。"说完这些，她有些挑衅地看着我。

"再多说说你的独立吧。"我回应道。

她看着我，仿佛不知道该说什么，然后靠在沙发靠背上，"'我的独立'？难道人人不都应该独立吗？这个社会不是一直在倡导这个吗？"

我回答道："是的，我相信独立对我们每个人都是重要的，按照自己的意愿自由生活几乎是每一个人的梦想。或许我可以换一种问法，我之所以想请你再多谈谈你理解的独立性，是因为你非常强调独立对你的重要性，但是这种独立似乎给你的生活和工作带来了不少冲突和麻烦，所以我特别想请你再多说说这个。"

她思考了一会儿说："嗯，想要保持独立是挺困难的，因为不平等，所以基本不是你控制别人，就是被别人控制。就拿我来这里咨询来说，老板和公司就用他们的权力给我施压，所以我现在坐在了这里，整个公司的人也会认为我心理有问题，不正常。如果我足够独立，我根本就不需要听他们的，大不了走人不干了。"她的语气中透漏出些许无奈，但态度依然很强硬，"我可以给你举出很多这样的例子，但没什么意思，我们就只说现在的事情吧。"

"做咨询让你很不舒服，除了别人的眼光和老板的压力，还因为这会让你觉得必须妥协，而别人可能控制你？或者你担心会依赖上他人？"我问道。

她抿着嘴摇摇头说："不是，我并不担心会依赖上他人，而是咨询看上去都是这么回事。这是没有办法的办法，我没有更好的选择，所以我权衡之后还是来了。"

"你的其他选择是什么样的呢？"我问她。

她又开始感到烦躁和生气："我老总明确地'暗示'我，要么我来咨询，彻底解决自己与下属的关系问题，要么合伙人的机会就留给那个运营部经理。我知道他还是向着我的，没有几个老板会苦口婆心地跟下属谈那么多次。但是看到那个运营部经理虎视眈眈的样子，我想老总这次可能是认真的。所以我不得不考虑咨询这回事，我原本想速战速决，来一次就够了。但是我又发现一两次根本说不清楚，说不清楚就没办法解决问题。还有人推荐我进行中药调理，据说可以疏肝理气，我明显感觉到问题不在那，我可不想吃一堆乱七八糟、莫名其妙的药，是药三分毒，谁知道会有什么副作用呢。"

她深吸一口气接着说："我是那种既然决定做了，就一定要认真做的人。所以既然来了，我就要搞清楚自己到底是怎么回事，到底需不需要改变。如果确实需要，我又不是那种冥顽不灵，死鸭子嘴硬的人，只要弄明白为什么要改变之后，寻找改变的方法就是了。这跟我平时解决工作中的问题是一个道理，出现问题——思考分析——寻找解决之道。我不喜欢敷衍了事、浪费时间，况且这又不是什么迈不过去的坎儿，面对就是了。"

她说完后目光坚定地看着我，扬了扬眉毛说："所以，我还在这里，接下来我们要怎么做？"

我感受了一下这一刻的变化，然后说："其实咨询就是我们从第一次开始就一直在做的事，而你希望搞清楚自己到底是怎么回事以及需不需要改变。我想通过我们的对话，你已经对这种理解自己的方式有了一定的感觉。"

她听后身体放松了一些，脸色也有所缓和，沉默了一会儿，似乎在回忆和感受我们之前的谈话，然后坚定地看着我说："如果我们往下进行，你觉得怎么样才能最大限度地帮到我呢？"

在我准备开口回应时，她又紧接着说："我一直觉得专业的事就要交给专业的人去做。所以以你专业的眼光，如果从我身上看到了什么，可以直接告诉我，让我能更多地面对自己，我喜欢有话直说。我需要搞清楚自己到底是怎么回事，我可以怎么改变。我周围的人有时也会提醒我改变，告诉我应该怎么做之类的，但是总好像缺点儿什么。

"说实话，我也没有搞清楚到底是怎么回事。就是好像有一些人不喜欢我，我也很排斥跟他们交往，可是很奇怪，我又是做销售工作的，必须跟客户打交道，而我又可以做得很好。当然有些比较难缠的客户，我有时候忍不住也会怼他们，但都在可控范围之内。因为工作需要，我必须和同事们配合，当他们影响到了我的计划，又拒绝合作时，我就会用我的方式反击他们，有时候情况就会变得更糟糕，我也很懊恼。"

"你跟同事打交道与跟客户打交道时有什么不同呢？"我问道。

她歪头仔细想了一会儿说："我以前没有仔细想过，好像面对客户时，我会自动关闭一些自己的想法和感受，这样就会比较轻松了；但是在面对同事和朋友时，我就很难做到这一点。"

"再多说说看。"我鼓励道。

"在面对客户时，我只需要把产品的优势呈现出来，用我自己的方式吸引客户，促成他们买单就可以了。而且这个客户做不成，还有其他更有需要的客户。在他们面前，我能灵活地说一些场面话，而不会觉得不舒服，反正他们只是'外人'。但是一旦跟某些客户发展成真正的朋友，那情况就变得和第二种一样了。我好像总是认为在同事、朋友这些'自己人'面前，应该展示最真实的自己、最真实的感受，交往也是这样，那我就不会关闭自己的想法和感受，但是这样的话情况就会很糟糕。"她有些苦恼地说。

看着她还在皱眉思索，我没有着急开口。

"虽然我很不愿意，但是我不得不承认我的一个朋友说的是对的。我有时候会跟她聊起工作中的问题，我会告诉她我很不喜欢团队协作，更希望按照自己的方式做事，也不喜欢张口求人帮忙，因为大部分时间我一个人就可以做得很好。我的朋友总会说我'你的方式在企业里不太行啊'。"

她有些泄气，但还是在做最后的挣扎："虽然她的话很直接，但是现在看来她说的是对的。这还不是因为老总不支持，下属不配合造成的！

"我这个朋友人很好，而且有思想有见地，我们经常一起聊天。我跟她吐槽我的境遇时，她会安慰我，陪伴我，而不会说什么可能伤人的话。"

孔杰转头看了会儿墙上的画，对我说："你咨询室的这幅画很特别啊。"见我只是安静地看着她，她叹了口气接着说："我有时候会有那种内心短暂的平静，那一瞬间脑海中会有一些念头划过，就是关于我到底是怎么回事的那些念头……但是一般很快就闪过去了。我的脑海来不及思考就又被其他东西占据了。"

"跟我再多说说那一瞬间吧。"我进一步确认道。

"我也说不清楚，就是那一瞬间会有一些关于自己的很特别的感觉，我能感觉得到，但就是说不太清楚。这就是我为什么要跟你聊，就是需要你帮我确认那些瞬间，让我可以看得更清楚一些，有足够的时间思考，这样才能解决问题。

"我对自己的问题解决能力还是非常自信的，工作中的问题从来没有难倒过我，我相信对于自己的问题也一样，只是需要一些时间搞清楚到底是怎么回事，然后才能想对策。"她说到这里停了下来，看了一眼挂钟后又停了下来。

"你似乎想到了什么，能跟我说说吗？"我试图抓住这一刻。

她回应道："哦，没什么，我看时间快到了，说不了更多了，下次吧。"

"也许你可以先跟我说一些，以便下次我们能够更充分地谈论它。"我没有让这一刻溜走。

她深吸了一口气，回应道："我只是脑海里刚刚闪现了老总找我的那次谈话，让我联想到自己从前的样子。我在这家公司工作了好多年，之前我和其他同事的关系也很好，没有什么问题。我的管理方式和处理工作的策略都没有问题。我和我的下属的这种矛盾是从今年才开始的。"

她停下来想了想，接着说："我做事情一贯雷厉风行，不留情面，周围人都知道这一点。但是在这之前我们都还算是相安无事的。"

她看起来有些疑惑和不确定，我紧接着问道："你好像还想到了些什么？"

"嗯……"她边思考着边回答我："我之前没有这么想过——过往我为什么总是生气。以前我自然而然地觉得那是因为他们惹毛了我，不过我还是可以很好地控制自己的言行。但是现在有一些失控了，我也不知道这是怎么回事。"

"跟我说说发生了什么吧？"我问道。

她抿了抿嘴唇后说："我的这个下属完不成工作已经不是一次两次了，我不知道哪个领导能够忍受这样的下属。

第 2 章 自动运转：恐惧的应激反应

我已经私下找她谈了很多次，帮她分析过效率低的原因，教她怎么可以做得更好，可是情况并没有改善。公司不是学校，我也不是老师，没有义务一直等着她成长，私下里谈了几次都不管用，后来就开始硬性要求她了。我知道她就是不想被安排，而且还多次向其他部门的同事说我坏话。"

她眯起眼睛，思绪飘远，等整理好思绪之后她接着说："我自认为我的职业素养还是很不错的，不会乱发脾气，虽然碰到这种事情，换作任何一个领导可能都会生气，但是我从来没有失控过。毕竟我手底下好几十号人呢，如果都较真儿的话，我早就被气死了。"她半开玩笑地看了我一眼，似乎在掩饰尴尬，最后才弱弱地补了一句："不过这次我确实对这个下属发火了。"

"哦，你是怎么对这个下属发火的呢？"我问道。

她局促地扭了扭身体，脸色有些涨红地说："我就知道你早晚会问这个。我这次不只是简单地批评了她，我还一气之下把文件夹扔在了她身上，还说了很多很难听的话，我……"她更加脸红地看向了别处，避开了我的视线。

我回应道："有些话好像很难说出口？"

她努力克制着,看起来很不舒服:"我骂她了,用了一些很难听的话,我很少这样的。我还说'像你们这样的95后,眼高手低没能力,活该被骂!'这么说很不对,我不应该对下属人身攻击而且还连带了一大片。因为我们公司包括我的团队,80%以上是95后,他们中的绝大部分人年轻而有活力,业绩也做得很好,所以我说的肯定不对,那是气急了有些口不择言。我说这些的时候声音很大,在外边办公的其他下属可能都听见了。

"我一直都感觉哪里不对,但又没有完全意识到是怎么回事,"她有些挫败地说:"直到这件事闹大后,我依然觉得我可以处理好一切。我一直都是依靠自己处理问题的,这次也不例外,我相信我可以控制好自己的言行。因此这件事情发生后,虽然我知道这次有些过火了,但依然没有太当回事。"

谈到这里,我们都感到需要更多的时间做进一步的思考,而咨询时间已经结束,于是我问:"我们下周再继续?"

"好",她点了点头,慢腾腾地整理了一下包包和衣服,缓步离开了咨询室。

孔杰的防御在这次咨询中有所松动，进而呈现出更多的思考。她开始意识到自己目前是有些不对劲儿的，虽然还说不清楚原因，但是愤怒的言语拉远了她与同事的关系并非她的本意。如果说拒人于千里之外也是一种防御的话，那人们拒人于千里之外的背后是在掩盖哪些更加可怕的东西以保护自己的呢？这就是我们接下来所要探索的方向了。

2.3 有意保护，无意防御

接下来的一次咨询孔杰没有再迟到，她一进门就直奔主题："上次咨询结束以后，我想了很多。这次我想跟你谈谈这些。"

她身体微微后倾，柔软的沙发托住整个背部，让她可以轻松地倚靠，"我们到目前为止还没有找到答案，但是我感觉大体方向应该是对的。

"我之前说过，我基本能够控制局面，也能够很好地注意自己的言行。我一直都做得很好，但是现在在某些事情上做得不对了。如果把这些都归结为员工不好或者领导有问题，感觉有点儿推卸责任，而且这样想也解决不了任何问题。

"最近一段时间，我不记得是从什么时候开始的，但是我能感觉到总是有股无名火，时不时地就想爆发，但是我没有太当回事，也没有仔细想过这种感觉到底在表达什么，就简单归结为最近压力太大。我也不知道为什么直到闹到这一步，我才意识到问题的严重性，已经严重到可能毁了我的事业。"

我接着问道："那你是从什么时候开始真正注意到这种状况的呢？"

"在那次老板跟我谈话之后，"她肯定地说，"我一直都知道，我不太擅长也不喜欢跟女人打太多交道，她们的态度总是能够激怒我，我跟她们很难相互理解，这是我一直以来的难题。但是在第一次咨询结束前，你提醒我，我其实同时也认为公司的男老板也不理解我，所以貌似这个问题跟性别关系不大。我仔细回忆了一下，我对那个下属发火的时候，也并没有在意她的性别。而且老板告诉我，在公司内部的《跨部门合作情况调研》中，不止一个部门反映了我的问题，说我总是不及时提交各种资料，还态度不好。"

她表情严肃地低头沉思着。

我等了一会儿问道："你想到了什么？"

第 2 章 自动运转：恐惧的应激反应

她抬头看了看我，放松表情说道："我想我必须认真思考他们反馈的问题了，虽然这让我很难堪，但也让我意识到我的社交真的存在很大问题，跟性别没有关系。以前我总认为自己排斥社交是因为我不喜欢，跟'自己人'发脾气是因为我没必要忍着，强势和较真是天生的，但现在看来都不是这样，因为我发现这些都指向了同一件事——就是我非常反感被控制、被要求。"

"哦？再多说说看？"我好奇地问道，试图搞清楚二者之间的关系。

"我几乎不愿意到任何熟人多的地方，除了工作的时候是实在没办法了，因为我会焦虑，感觉大家都特别喜欢评头论足，一到这种时候，我就很不自在，脑子里也总会浮现出'我应该这么做、应该那么做'的念头，然后就会陷入做与不做的斗争中，我很讨厌这个过程，它让我很烦躁。

"而对于'自己人'，我好像总是很快就会变成强势一方，这样他们就没有机会告诉我该成为一个什么样的人了。说到这里我突然意识到，我对'自己人'也关闭了一些感受和想法，我刻意忽略了他们，而聚焦在做事情上。这样就可以很好地掩盖关系，避免被他们的期待束缚进而陷入刚刚说的那种困境。但是很多时候这还是难以避免，所以我随时随地都在监测，一旦有任何蛛丝马迹，我就会随时准备好应战。只要抓住契机，我就先发制人，一击即中。所以也有人说过我'得理不饶人'。"

此时，在孔杰身上泛化了的愤怒情绪已经大大减少，她的大脑开始重新运转，很多过人的品质和能力开始显露，这些品质和能力足以使她在她所努力的领域取得非凡的成就，也可以支撑她成为一位优秀的领导人。

孔杰逻辑清晰，非常聪慧，而且在不因感觉被控制而爆发情绪的时候，她果敢而充满魅力，可以非常高效地完成即定计划。只要她愿意，她能敏锐地捕捉到周围人的需求，并且无私地支持他们。

她曾这样评价自己："我知道在某些对别人而言很困难的领域，我可以很轻松地完成任务。我感觉我是一块还未被雕刻的璞玉，我具备成为一名优秀的企业高层管理者的能力。但同时，如果我不能去除这块璞玉中的杂质，净化自己，就很有可能被当成地摊货摆在马路牙子上。"

孔杰踏实能干，制定的个人规划和工作目标清晰可行，没有太多脱离现实之处。除了优秀的业务能力，她还有很好的个

第 2 章 自动运转：恐惧的应激反应

人口碑，符合一个企业合伙人所应具备的各种苛刻条件。不过她也很清楚，她的人际关系难题总是会将她置于风口浪尖，破坏她的形象和各种规划，她必须克服这一问题才能实现目标，否则就只能走下坡路。目前她在公司中爆发的这些矛盾虽在意料之外，但也在情理之中。她的这种心态源自无意识深处的"小恶魔"，她只是有时能够模糊地感觉到它的存在，并下意识地为此设下层层防御，但一直没能看清楚并真正地解决掉它。

不论一个人希望多么快速地解决他的显性问题，附着在这些问题背后的恐惧体验都会无所不用其极地负隅顽抗，拒绝浮出水面。我将在本书后面的章节中详细谈论潜意识，潜意识是一个意识之外的伤痛容纳池，我们会将很多害怕面对的情绪抛进这个池子以保护自己，这样就不必体验那种痛苦。我们的意识会剧烈抵抗任何想要靠近这个池子的人，包括咨询师和来访者自己。

人们下意识地拒绝暴露那些好不容易被掩盖的可怕情绪，是完全可以理解的，同时也是人们自我认识、自我成长的必经之路。它会反复设置路障，想要清除它对人造成的阻力，就要认清楚它是如何以防御的方式出现的，而且这个清除过程往往很难一次完成。

当来访者想要改变，需要清除这些阻力时，咨询师就必须在咨询中稳定地存在，并做好相应的情绪和专业上的支持。咨询师需要做的不只是温柔地倾听，还需要在恰当的节点坚定地推进。这就是我们常说的"温柔而坚定"！在合适的时候，咨询师可能需要来访者一遍遍地体验那种可怕的感受，以认清楚到底发生了什么，并逐步靠近当下的咨询目标。孔杰的咨询也是如此。

咨询师的共情和陪伴可以缓解这个探索过程中的痛苦，但成功的关键还在于来访者本身有想要改变的强烈动机，并愿意揭露过往的那些痛苦体验。这个过程是艰辛的，需要来访者具有强大的意志力和忍耐力。而且在这个过程中，咨询师会不断地跟来访者澄清当前的目标和进程，把来访者的行为与理想目标进行对比，直到来访者攻破旧的、不合适的防御，选择放下心态或建立新的更高级、更具适应性的防御。

2.4　自我防御，自我保护

一个多月的艰苦工作逐渐软化了孔杰的阻抗，她开始意识到问题并不总在外部，在别人激怒自己之前还有一些预设环节——自己都做了些什么？潜意识如何自动化地解读了对方的行为？潜意识中的这种自动化模式才是导致孔杰在下属面前失控的关键，也成了我们其中一次咨询的主题。

第 2 章 自动运转：恐惧的应激反应

孔杰直视着我说："之前我们谈过关于独立性的问题，你当时还问过我独立对于我的意义。我没有回答你，因为你的问题让当时的我觉得好像我这么多年的坚持是错的，我一直认为这是个根本就不需要讨论的话题，稍微有点儿思想的现代人基本都认同独立是一项好的品质啊。

"但是现在我好像明白了，正常的独立性并没有错，但你当时问我的那个独立性，是一种'排斥了关系'和'误解了自由'的扭曲了的独立性。现在我已经看到，对这种扭曲了的独立性的坚持消耗了我多少精力，给我制造了多少没有必要的麻烦。"

有边界，有自己的想法和空间，在关系中不过分融合，不将关系扯入麻烦境地的独立是一种良好的品质，它既可以创造自由的空间，也可以发展健康的人际关系。孔杰用了"扭曲"一词来表达她对这个被误解了一段时间的"独立性"的强烈情感，对孔杰而言，了解它对于孔杰的意义对替换她的不恰当的防御方式至关重要。

一个孩童表现出幼稚的行为是正常且具有发展性意义的，他们是在通过这种方式逐步探索内外部世界的边界及规则。孩童在很小时候的独立宣言、全能感、幻想、发脾气等都是将来发展出成熟自信、真正独立、判断力、掌控感的重要基础。

但是如果一个成年人将儿童时期有待发展的行为模式直接搬到成人世界中去,肯定是行不通的,是没有办法被周围人接受的,其结果几乎毫无意外地总是导致当事人产生挫败感。如果一个经常跟各种客户打交道,并且管理着几十人团队的企业高管如此行事——毫无顾忌地大发脾气、口不择言,那我们可以很大概率地预测他在这家公司的发展不会很顺畅。

孔杰对自己"扭曲了的独立性"保持开放的沟通姿态,愿意在这个主题上进行更多思考和探讨。人们情绪发生的背后都有其事件或其对事件的看法,就像医生诊断生理疾病时需要了解病人生病前后身体的变化以及可能存在的外在环境的影响。于是我问道:"最近发生了什么,你开始注意到你所坚持的独立性是'扭曲'的呢?"

她吸了吸鼻子,"我留意到这一点有些时间了,但是前两天发生的事情使我再次思考了其中的问题。那天我的车子送去保养了,所以只能打车去公司。下班的时候正好下起了大雨,我没有带伞的习惯,下雨天又根本打不到车,我在公司楼下徘徊了好一会儿。

"这时候有个女同事正好经过,就邀请我一起搭车,说她老公专程来接她,可以顺便送我,而我却本能地拒绝了她的好意,'谢谢,不用了,我马上就打到车了'。但是那天楼下始终没有空车,我总共拒绝了3波邀请,最后只能自己冒雨走了好久才找到可以回家的公交站台,结果就着凉了……这几天都是头昏脑胀的,但我并没有缺席咨询,这就是我注意到的事情。我总认为一个独立的人不能让自己流露出软弱和需要帮助的念头,软弱和需要帮助就好像要让别人可怜自己一样,这种感觉太屈辱了。"

"你能再多谈谈这个屈辱吗?"我问道。

她稍稍后仰,打出手势,像是很急于澄清:"我并不是说那些需要帮助的人怎么怎么样,我也经常帮助别人。但不知道为什么,我就是觉得自己不能成为被帮助、被可怜的那一个,如果自己变成那样,就跟蹲在垃圾堆里乞讨的乞丐一样了。我并不歧视乞丐,我只是绝不能接受自己变成那样。"

"你是说如果你接受同事的邀请,搭载了他们的车回家,避免自己感冒,就会让你感觉自己变成了一个依赖他人的、被帮助的可怜乞丐?"我问道。

"是的,那就等于表露出自己的无助,等着被别人品评、嘲笑,虽然事实可能不是这样,但我就是害怕,我宁愿自己干完所有的事情,哪怕累死也不想求人。"孔杰加重了语气。

情绪体验和我们的身体一样是存在记忆的,也就是我们常说的"情绪记忆"。我们可能都已经不记得过往发生过什么,却会记得"我当初很生气、很难过"……还有更早的一些情绪体验发生在我们有记忆之前。找到最初导致这种强烈情绪体验产生的问题和事件对于理解我们当下的一些情绪反应和行为模式至关重要。因此,了解孔杰过往的无助时刻是理解她当下坚持独立的重要线索。

"谈到这里,会让你联想到过往的什么吗?"我问。

她眼睛轻微地斜向右上方,似乎陷入了回忆。过了一会儿,她眼神聚焦回来,看了看我,又转过头去,盯着墙上的画沉默起来。时间一点点过去,好一会儿,她终于再度面向我,微笑着说:"如果不去想这些,咨询就不会有效。"

她深吸了口气,又长长地吐出来,才继续开口道:"我从不让自己停下来，也几乎不去感受自己身上那无助、无力的部分。在我的记忆里，但凡自己能做的，绝不让任何人帮忙。自己不能做的，就想办法，琢磨着做。

"从小我就感觉周围人总是很忙，也没有人对我的需求感兴趣。这样坚持下来的好处就是我可以掌控自己的生活，把自己照顾得很好，而且还能得到大人们的赞美，成为那个'别人家的小孩'。同时我也感觉到，独立让我变得几乎没有朋友，因为我跟别人没有什么交集，所有的事情自己都搞定了嘛。他们也没有因为我的独立而认为我适合做朋友，反而大家都离我很远，有时我也会想，我所坚持的独立到底有什么意义。

"但一遇到事儿，我就会把这些想法忘得一干二净，继续无意识地坚持我的'独立主义'，要不是我最近一直在咨询中谈论这个话题，我猜我还是会下意识地把拒绝同事帮助而得感冒这件事的起因忽略掉，但是因为我要跟你谈论这个，所以这次我没有忘。"

她揉了揉额头，又抽了张纸巾擦擦鼻子，我能感觉到她的状态显示她已经意识到了扭曲的独立性让她变得没有人际关系，也把她自己搞成了重感冒。

"你把别人的不重视、不在意和你的重感冒联系在了一起。"我陈述道。

"是啊,每当我感觉快坚持不下去而想要求助时,我的脑子里就会浮现一些不耐烦、根本不看我的人的样子。我觉得得重感冒也比求人感觉要好。每次想到要求人,就像是一个坐在门口一遍遍地期望,又一遍遍地失望的小可怜虫。小可怜虫痛恨自己的弱小和无能,如果她自己可以完成,就用不着重复无尽的等待和无数次的失望了。这就像如果我因为生病而蔫了吧唧地坐在这里的话,你就会认为我是虚弱的,同时你并不在意,因为这跟你没有什么关系。"

"你能不能跟我多说说'坐在门口一遍遍地期望,又一遍遍地失望'?"我问道。

她看着我,一边艰难地扯着嘴角笑,一边流下了大颗的眼泪。

"我没事,只是你之前问过我类似的问题,当时没想到什么。但是现在我突然回忆起来了一些。"她似乎担心会因为哭泣而激起我的什么反应,所以在我有任何动作之前就急于说"我没事",我没有着急开口,只是安静地等待着。

她继续挣扎着说:"刚才脑子里闪现出一些画面,让我有些……有些……不舒服。"她似乎很难用一些偏软弱的词语描述这一刻的感觉,"我小时候跟随爷爷、奶奶在老家长大,到读小学的时候被我爸接回县城读书。长大了才知道老家距离县城其实很近,也就十几千米,开车十来分钟就到了。但小时候就觉得很遥远,那时候也不认识路。

"一到周末我就想回老家看看爷爷、奶奶,但是我爸妈并不觉得一个小孩子的非紧急要求有多么重要。每次问他们什么时候可以带我回去,他们总是回答'等不忙的时候再说吧'。然后一到周末,从他们早上离开到晚上回来,我几乎都在门口徘徊,那时候我觉得他们回家就意味着忙完了。可是终于等到他们回家后,他们却像什么都没有发生过一样完全忽略曾经答应我的事,等我再次问他们的时候,他们还是那句'等不忙的时候再说吧'。我到现在都痛恨这句话,因为这意味着我是弱小和无能的,而对别人抱有期望换来的却是注定无尽的绝望。

"我想爷爷奶奶,但是没有办法,那时候老家也没有电话。我不知道他们在哪里,也不知道该怎么做才能找到他们,经常躲在被子里哭。"

她抽出很多纸巾,似乎想要把决堤的眼泪堵住。她的哭泣是无声而压抑的,让我也感觉有些喘不过气。

就在这个时候，我听到外边助理敏锐地和来访者打招呼的声音，这才注意到咨询已经超时，我在每两个咨询之间预留的休息时间也即将用尽。但我并没有立即打断她，而是等她慢慢平复下来。之后她也意识到这次咨询已经结束，就擦了擦眼泪看着我，我问道："我们在这个地方停下来，可以吗？"

她笑了笑，转身从小包里拿出化妆镜左右照了照眼睛，确认自己走出去不会被看出来哭过，才站起来对我说："我们下次见。"

在下一次咨询即将开始时，我迟迟没有等到她的身影，半个小时过去了，就在我以为她这次不会出现时，她喘着粗气出现在咨询室门口。

我在这个等待的过程中，会时常看向门口，有一瞬间，我突然觉得这种感觉很熟悉。我仔细体会了一下，除了我们通常对来访者在某次咨询中迟到的"阻抗"类解释，我还回想起上次咨询的最后孔杰所描述的那个不断在门口等待，期待她的父母带她去看爷爷、奶奶的画面，让我对她的这次迟到有了更多的理解。

她一看见我，就很是懊恼地说："很抱歉，我迟到了。

刚刚工作上遇到一点麻烦,我必须先赶到公司处理完才能出发来这里。我记得咨询时间,所以也着急得不得了,一处理完公司事务就急匆匆地赶过来了。一路上我都在狂踩油门,结果还是迟到这么久,不好意思啊。像这种状况是很少在我身上出现的。"

"没关系,很多事情我们就是没办法控制的。"我回应道。

她坐了下来,趁着放置包包及外套的功夫让自己平静了一下,然后对我说:"今天没剩多少时间了,但我还是想先跟你说一下我近期的状态,我感觉在工作中,我的情绪有所好转,平静了一些。"她停顿了一下,看我还在仔细听,就接着说:"我记得我们上次说到'扭曲的独立性'这件事,我还回忆起小时候没办法去看爷爷、奶奶的场景。但是除此之外,我没有来得及告诉你更多我回忆起的其他事。"

她沉默下来,侧头向上方看去,似乎是在努力克制眼泪,"我曾经也有过所谓的'好朋友',但是后来发生的事情,让我再也不愿意相信各种关系。"

"发生了什么?"我问。

她弯腰双臂撑在膝盖上,微微低着头说:"我刚回县城读书时,谁也不认识,爸妈很忙也没空跟我说很多话,我很不适应，也很孤独。后来在学校结交了一个好朋友，最初我跟这个姑娘无话不谈，我跟她分享我对爷爷、奶奶的思念，对父母的失望，甚至还在懵懵懂懂中分享了我无意间看到的关于父母的一次亲密活动。"她说到这里时，双手用力地交叉着，指关节微微泛白。

"后来，我们因为一件小事产生了矛盾，就生气地不理彼此了，我以为过几天相互道个歉就可以和好，但是没想到她居然会那样做……"她紧抿嘴唇，抬头看了看我，"谁说孩子都是天真无邪、本性善良的？那是因为他们没有经历过我的经历！"

"她做了什么？"我轻声问道。

"她因为生气，就找了她表姐来报复我，她的表姐是学校里出了名的女霸王。那段时间隔三岔五地在我放学回家的路上堵我，会说些很难听的话羞辱我，有时候还会动手。我开始时还会试图反抗，她就威胁我说要把我爸妈的亲密之事公之于众，然后我就怂了，不敢再反抗了。

"同时我很震惊，不敢相信我曾经那么信任的人，就这样将我分享给她的秘密告诉了别人。"她闭了闭眼，继续说道："那时候我感觉既羞耻又害怕，有被背叛的羞耻，有对自己缺乏判断力、轻易相信别人的羞耻，有被欺负而不敢反抗的羞耻，还有对父母的内疚和害怕，总之很复杂。

"那段时间我难受极了，不敢去学校但强迫自己要去，不敢回家也要强迫自己回，不敢告诉老师，更不敢告诉父母。就觉得一切都是自己的错。现在想想，那时候的自己还只是个倔强的小孩。

"后来实在太难受了，我就分别跟爸妈表示希望他们能在我放学后接我一段时间。但是爸爸说生意忙，没时间，还责怪我又不是不认识回家的路，干吗找麻烦。妈妈则一脸不耐烦地说：'别跟我说那么多，我要打麻将去了。'"说到这里，她很勉强地扯了扯嘴角，似乎想对我笑一笑："哦，忘了跟你说，我妈特爱打麻将，而且打麻将之前不准我绷着脸，不准我问她要零花钱，嫌晦气，会输钱。"

她的泪水再也止不住，低声地呜咽起来，就像一头受伤的小兽，难受得浑身颤抖。过了好一会儿，她的抽泣声才渐渐停歇。我安静地陪着她。

"他们总是很'忙'，根本没有人在意我需要什么。那时候我太弱小了，也缺乏判断力，我痛恨这样的自己，但又实在没有办法。

"10岁那年,我摔倒过很多次,终于跟着邻居家的姐姐学会了骑自行车,并向她打听到了自行车的价格。然后委托爸爸拿着我攒了几年的足额压岁钱帮我买自行车,他答应了。但是我等了3年才等来这辆车。这3年,我每年都继续把我所有的积蓄给了他,我知道他拿着这些钱跟我妈一起打麻将去了,因为对他们来说这是零钱,打麻将用正好。但是我从来没有说,就怕他一生气不帮我买了。

"等来这辆车后,我就跟姑姑打听了回老家的路线,然后自己骑着自行车回老家看爷爷、奶奶了。现在想想,那时候也真是大胆,路上那么多车,就自己一个人,骑一段歇一段,感觉陌生了就找人问路,折腾了好几个小时总算是找到老家了。其实在路上的时候我是很怕的,怕找不到回家的路,怕遇到坏人,一直到看见爷爷、奶奶,我紧绷的心弦才算放下,身体都差点虚脱。但我什么也没说,怕爷爷、奶奶担心。自那之后,不论我去哪里,做什么,再没有央求过爸妈,也几乎不求别人帮忙,都是自己想办法解决,我发誓再也不会让自己陷入那种需要依赖别人,需要被动等待的绝望境地了。

"学校里的那个事情,用现在的说法应该算是'校园霸凌'吧,但是这种说法同样让我感到很羞耻,因为我是被霸凌的那一个！这听起来就好像我特别弱小，特别没用一样。就是因为感觉太屈辱了，所以我渐渐地忘了这些事情。但是应该也是从那个时候开始，我很少再结交朋友，也不再随意向别人袒露心事，分享秘密。

"现在跟你说起这些，我都依然觉得那时候的人生是黑暗而污秽的。在我还不知道独立、自主这些名词之前，我想我就已经在发展这些能力了。"

她哭了一会儿后逐渐安静了下来，转头看着墙上的那幅画发呆。

"这一会儿你脑海里浮现了什么？"我问。

她平和地跟我说："我留意到你那幅画中，有一条鱼游在最后面，我想它一定是被前边的鱼群排斥的，也被创造出它的画家排斥。它看起来体型更小，也更孤单。这条鱼无力改变环境，只能奋力地向前游着，无助却又坚强，我有些心疼它。"

孔杰对这幅画中的鱼的想象与她刚刚对自己过往经历的描述是相似的，于是我回应道："这条鱼的经历听起来很熟悉。"

她对我笑了笑,"我知道你的意思。我说完后自己也就意识到了,也许这幅画根本没有那个意思,画中的鱼其实也都长得差不多。但我自然而然地联想到了刚刚那个情节,这也是我一直以来的感受。"

我们同时看了看墙上的挂钟,她有些懊恼地说:"时间不够用了,我还有很多想说的事情。还是很抱歉,这次本不该迟到的。"

孔杰联结了她的内在小孩,通过这个小孩的视角给我生动讲述了她儿童时期的一些感受,尤其是那些比她更强大、更年长的人带给她的情感创伤,这些创伤一直都在,只不过被她压抑到了潜意识深处。她内在的所有警报器都高度灵敏,随时随地准备应战,以避免被拉到无助、无力、依赖、易受伤的境地,她仿佛从来没有从那个小女孩的状态中挣脱出来,过往令她受伤的场景也一直在她脑海中不断地重复着。

为了应对这些复杂感受,她紧紧地抓住"独立"这一行为模式以保护自己不再轻易受伤,但抓得越久,独立性就变得越扭曲,这就是她的防御机制之一。儿时的孔杰扭曲地独立着,偏执地脱离了人际关系,让自己孑然一身,通过这种方式,她才使自己活了下来而不致完全崩溃,这是她在小时候能使用的为数不多的办法。

已经长大成人的孔杰，拥有了更多智慧和能力，继续坚持这种防御机制就显得有些得不偿失了。这种防御机制对目前的孔杰来说弊大于利，已经在反过来阻碍她实现自己的职业理想，也在阻碍她享受生活中各种人际关系的意义和人生中的美好与自由。作为一个坚强、睿智、有韧性的成熟女性，她过往对软弱无助和需要依赖他人的行为的极端恐惧已经无须存在，现在的她可以很好地保护自己，同时也更能耐受一些痛苦感受。

当孔杰完全看清楚她扭曲的独立其实是为了帮助自己回避来自他人和外界的伤害，是为了避免伴随希望而来的失望与恐惧时，她就在掌控自己的情绪以及促进人际关系发展的征程中跨越了一大步。

之后的一次会谈，孔杰一开始就主动开启了话题："我想先说下上次我们谈到的一个话题，我从你那幅画中游在最后面的那条鱼身上看见了我自己。我回忆了自己的过往，发现这种状态一直存续在我的生命中。但是之前的情况并没有这么糟糕，为什么最近突然变得失控了呢？"

"嗯，关于这一点，你想到了什么？"我问道。

她调整好姿势，回答我说："我想这可能跟我的那位老总有关。"

"哦？多说说看。"我鼓励道。

"我来到这家公司没多久，老总就注意到我了。一路走来，他给了我很多机会去成长，我也把他当成我很敬重的长辈，甚至暗暗发誓一定要拼尽全力地为他卖命。我们的这种状态一直持续到最近他有意让我加入合伙人团队，本来这是一件好事，我也很感激他对我的再次提携。但是后来我才发现他也向运营部经理说了类似的话，我就觉得我被背叛和伤害了。在我心里，我一心一意为了公司和老总，但是他们心里却不是只有我一个。虽然我也知道这件事并不是老总一个人说了算，还有其他股东的提议，但我在知道这件事后就是很生气，尤其是公司在给我定业绩的时候，我就想既然你们器重那个运营部经理，那就让她给你们出业绩挣钱去呀！"说完，她用力地翻了个白眼。

"当你觉得老总和公司背叛了你，你感到无助和愤怒时，就像你无比信任那个班级的好朋友，她却让她的表姐欺负你一样，是吗？"我尝试串联这两点。

"嗯，看到这些我并不觉得意外，我好像一直知道这些感受的存在，只是从来没有这么清晰过。周围人可能早就看到我身上的这些问题了，至少我的朋友和老总都提醒过我。当时我很难跟他们探讨更多，因为我自己都不是特别了解自己，我更没有意识到这方面的问题对我的影响会这么大。"

孔杰已经意识到自己对那个有知遇之恩的老总和公司的愤怒，但是这些已经不会再让孔杰失去理智，她能够意识到这件事与过往经历的关系，也能够理智地谈论它，而不再处于攻击和防御的状态了。

她看着远方沉默了一会儿，没有再开口。

"我留意到你在思考，你想到了什么呢？"我问道。

她看了看我，又沉默了一会儿，像是在组织语言，然后才说："我们刚刚谈到这次'合伙人'事件发生以后我变得愈加扭曲的独立和苛刻的事情，越是谈这些，我脑子里就越会不自觉地想到其他我做得很好的事情，好像这样做我就不会感觉那么软弱和伤自尊了，这是不是就是你提到的防御机制？"说到这里她看着我笑了笑。

"我说过老总同时许诺了除我之外的其他人,让我很生气。但我还没有提到为什么这个'合伙人'的身份对我这么重要。我想每个上进的人都有自己的动力,而我的动力是清晰的,可能比大部分人都要明确。"她向后靠在沙发上,双手交叉,"我现在很清楚为什么我这么强烈需要独立了。在我小时候,那些大人们,比如我的爸妈、那个好朋友的表姐,他们都是强大的,他们不需要求人帮自己,也没有人可以欺负他们,那时候我就下定决心一定要让自己强大!我要自己买车、买房、晋升、挣更多的钱。"谈到这个地方,她停顿了一下,眼睛闪亮地看着我,"说到这里,我好像意识到自己毕业后为什么会坚定地选择销售类的职位了,因为我认为这是唯一一个只要努力收入就可以上不封顶的、挣钱最快的职位了。

"也正是这个原因,我当上经理的这几年,就一直在筹划怎么能够获得合伙人的身份,因为我想做长远打算:给人打工就始终要仰人鼻息,只有成为合伙人,才算是成为真正意义上的主人了。因为公司之前有过优秀员工晋升合伙人的先例,所以我就一直在琢磨这个事。而这次老总给了我希望,但是同时我又伴随着失望。就和以往我父母做的那些事情一样,感觉又回去了,这对我的打击挺大的。"

"你很想尽快长大,尽快拥有更多的金钱、权力和地位,这样你就能更好地保护自己不受伤害,也不需要再体验那种需要依赖他人、害怕、无助的感受了,是吗?"

她点了点头后说:"是的,我的头脑被这些想法塞满了,就刻意忽略了一些很现实的东西。一个谨慎的公司想要挑选合伙人,自然要从众多的优秀员工中慢慢考察,而不会一锤子定下来。而且一个公司的销售能够做出好的业绩,一定不仅仅是因为销售本身有能力,强大的运营团队和后勤支持也是绝对必要的。之前不了解那个运营部经理的时候,我总觉得她年纪大了,很多想法已经过时,有点儿看不上她。实际上她做这一行已经几十年了,经验丰富,在行业内很有名气。当初老总也是花重金才将她挖过来的。她来之后,我们销售团队的推进工作的确更加轻松和顺利了。在经验和能力方面,跟她相比,我真的还需要更多沉淀。

"我自认为,我现在的成就相对于其他同龄人来说已经很好了,我也相信我将来可以做得更好。但我同样明白,不论以后我再强大,再成功,曾经的那些恐惧和失望给我留下的伤痕都没办法光洁如初了。"

她从沙发椅背上离开,坐直了身体,对我说:"不过我现在很确定地知道,我不再需要靠扭曲的独立、所谓的成功来保护自己了。"说完,她笑着看着我。

经历了一段较长时间的艰难探索和自我认识,孔杰最终获得了正确的认知。这个不断前进又时不时后退的咨询过程逐渐清除了她对依赖和无助的恐惧,最终她放下了这个不合时宜的阻碍她现实发展的终极防御:扭曲的独立性。

在稳定且持续的咨询环境中,她反复体验了过往的恐惧,逐渐发现自己其实已经拥有了可以承载这些恐惧的足够强大的心灵,而且她也不需要靠那些所谓的财富和权力来佯装强大。恐惧不再神秘和可怖,人际关系不再犹如蛇蝎,她自然也就不再需要扭曲的独立性了。

最终她也意识到,一直以来让她倍感威胁的,只是童年时期那些受伤的经历给自己留下的痛苦感受,这些感受一直残存到现在。虽然感受仍然很强烈,但是已经不再能够打击成年后的孔杰了。在此之前,这些感受仍然会让她迷失,会让她误以为自己还是那个无助的小女孩,需要承受被父母忽视的绝望、无法看望爷爷、奶奶的懊恼、被朋友背叛的伤心、被人欺负的无助……实际上,这些令她受伤的经历已经过去了二十几年,是时候将那些感受放下了。有了这个认识,她在感受和认知上就能够清晰地意识到,自己已经无须害怕无助和软弱,更无须害怕人际关系和信任，正是过往的这种害怕让她之前死死地抓着"扭曲的独立性"不放手。

用理性认知审视潜意识深处的感受是自我成长的重要组成部分，但仅靠理性认知还远远不够，这样很容易使人们陷入"道理我都懂，但就是改变不了自己"的无力境地，此时的人们还无力正面抗衡那些顽固守旧的防御机制。人们还需要拥有渴望认知和改变的动力，感受上的强大往往是实现自我认知后自然而然的结果，特别是对于像孔杰一样的不断鞭策自己成长的人。如果没有渴望认知和改变的动力，再多的分析，再多的洞察，再多的道理都将流于形式。

就像我一直在咨询中坚信的那样，每一位来访者本身都拥有足够的智慧、经验和能力面对和解决自己的心灵问题。老总与孔杰的谈话和孔杰感受到的威胁激发了孔杰进行自我探索的足够的动力，而且她本身也拥有良好的问题解决能力、优秀的判断力和成熟的格局视角，最后她终于凭借这些能力如释重负地放下了过往那些扭曲、僵硬、充满攻击性的行为模式，而且她的这些能力足够支持她在工作中取得更多的成就。

孔杰的同事还是会在不经意间触碰她的软弱之处，她开始有意识地借着这些机会练习掌控自己内在的横冲直撞的情绪和冲动的方法。她在面对来自周围人的敌意时，表现得更加成熟理智，然后将那一刻被激发出来的情绪感受带到咨询中进行处理和分析，尝试着了解和消化它们。她清晰地知道自己的成长目标是学习如何更加珍惜生活，去体验更加丰富的人际关系，而不是由着那些过时的防御机制操控自己。

逐渐地，她的冲动行为越来越少，被激起可怕情绪的频率也越来越低，直至不再影响她的生活和工作。

在那次与下属剧烈冲突后的第 3 年，她比运营部经理晚了 2 年成为公司的合伙人。在加入合伙人团队时，她的老总和这位运营部经理都愿意成为她的直接推荐人，股东们对她的工作业绩高度认可，也没有再就过往的冲突质疑她的管理能力，她顺利地达成了自己的目标。

第 3 章

心理防御：社交恐惧的源泉

> 弗洛伊德认为，我们身上多数真实的东西都不是意识的，而我们意识中的多数东西都不是真实的。
>
> ——埃里克·弗洛姆

3.1 坚不可破的心灵防御

3.1.1 防御机制与潜意识

根据很多心理专家，尤其是精神分析学家的理解，潜意识就像一个巨大而黑暗的世界，这个世界隐藏着很多人们无法面对的情感和想法,它们不是太过激烈而无法被接纳,就是与意识层面的价值观和道德观相悖,会破坏我们对自己的一贯认知。于是潜意识的世界里安排了严密的守卫,通过限制一个人对焦虑、抑郁或嫉妒等负面情绪及想法的觉察,解决了很多人的内在冲突。

换句话说,人们其实并不想觉察自己的潜意识,如果现实中能够接受那些冲突的话,就不会创造出这个世界了。但是新的问题出现了:我们是如何创造出潜意识世界的?我们是如何把那些冲突关入其中的?我们又是怎么做到在别人轻易看穿自己某一潜在动机的时候,自己却茫然无知呢?这其实就是防御机制运作的方式!所谓防御机制,就是一个人在体验周围环境时形成的整体的、自动化的适应方式。

婴儿自出生那一天起,就有无数的"自我防御技术"等待着他们学习。正常情况下,随着年龄的增长和身体的发育,婴儿会自然习得一个成熟的社会人所必须具备的心灵保护能力。从某种意义上来说,这就是拥有成熟防御机制以及心理健康的一种标志。

在个人的成长与发展中防御是必需的。小孩子会借"自我夸大"来克服自卑,以使自己能够成长为一个自信的人。当外在的不良环境使我们持续处在恐惧和绝望的感受之中时,全能自我以及妄想的防御机制就能够帮助我们克服这些极端的感受。

3.1.2 防御机制与性格

每个人都有防御机制，没有一个人是完全"赤裸"的，根据每个人选择使用防御机制的不同，我们能够感受到许多有关不同个体的独特讯息。防御机制之所以如此重要，也恰恰是因为一个人人格诊断的依据就是他所使用的防御机制的组合形式。比如一个人经常使用内摄①、反向形成②、理想化③、付诸行动④等防御机制，他就有可能被命名为自虐型人格。

---

① 内摄，防御机制之一，是指将外部信息归结为内部心理的过程。内摄的好处在于可以通过在内在形成一个关于他人的形象，进而展开最初的模仿式成长。坏处是，使用不当时可能产生高度破坏性。例如，一个孩子内摄了经常施暴的爸爸的形象，也逐步变成了一个施虐狂。

② 反向形成，防御机制之一，是指将某种不能接受的情感无意识地感受为它的反面，并且被有意识地体验为唯一的感受。例如，一个过分担心自己刚出生的宝宝会受伤的妈妈，会极力保护婴儿以至于达到了草木皆兵的地步，实际是在压制自己对婴儿整夜不睡觉打乱自己生活节奏的愤怒。

③ 理想化，防御机制之一，是指在没有现实依据的情况下就认为某人是最好的。例如，一个女生在相亲时，第一眼看到对面的男生，就认定他是温和的、阳光的、上进的……并且就是自己要找的理想对象。

④ 付诸行动，防御机制之一，是指个体将无法用言语表达的情感通过无意识的行动传递出来。例如，在咨询中期，咨询师因为生病需要中断一段时间，一个来访者表示并不介意，但是他在中断的这段时间内曾 2 次自杀未遂。

在咨询中我常被来访者问及:"你觉得我是一个什么性格的人呢?"此处人们普遍理解的性格与心理学意义中的人格较为类似。而人格可以被理解为:一个人的内在面临着的冲突,以及他主要使用的防御机制,这两部分组合起来就呈现出了每个独立个体的人格特征。一个人通常的行为模式、言谈举止、社交感受、走路姿势等都在反映他使用了什么样的防御机制。有的人彬彬有礼,有的人卑微谄媚,有的人趾高气扬,反映的就是他们截然不同的防御机制。

因此,如果很多朋友都认为你人太好了,总是那么善良、愿意帮助别人,就是在传递一些和你的人格以及防御机制有关的信息。如果朋友评价你雷厉风行、很有主见、强势霸道,反映的则是你的另外一套完全不同的防御机制。我们在关系中互动的习惯,周围人对我们的评价,会是我们了解自身防御机制的重要参考资料。

有的人会困惑:"我觉得周围人并不了解我,他们对我的评价跟我对自己的感觉完全不一样,如果是这样,他们的评价还有参考价值吗?"其实这种不一致的感觉本身已经反映了这个人在使用的一些防御,所以这种"不一致感"也会是这个人了解自身防御机制的重要的分析素材。

这些年来,很多媒体和图书都在谈论性格,比如"性格色彩""职业性格""星座性格"以及一些教育类的标语，如"性格决定命运""细节决定性格"，等等，这些内容一方面提升了大众对性格的认知和理解，提高了大家探索自身的兴趣，另一方面也造成了一些固定思维，"我就是这种性格，我也控制不住我自己""她就是这种性格，你多理解理解吧""我讨厌这样的自己，可这就是我的性格，我能怎么办呢？"……性格仿佛成了一个人选择不改变的挡箭牌，成了一件别人必须接受的事实，毫无疑问地，它也成了人际交往中的困难所在。

3.1.3 防御机制与羞耻感

我们可以尝试想象，如果一个婴儿期的孩子缺乏照顾，饥饿时没能得到及时喂养，恐惧时没能得到及时安抚，甚至还会受到充满敌意的斥责，这会产生什么样的后果？其实，造成这种局面的父母自己的婴儿期往往也是这种局面。他们压制了自己的情绪，根本应付不了抚养婴儿时发生的挑战和必须承担的责任。他们可能对婴儿给自己带来的糟糕体验感到愤怒，因此选择逃避，更有甚者会直接选择忽视婴儿的需求或放弃满足婴儿的需求。

太多的父母的内心还是个孩子，他们专注于自身的需求与冲突，根本没有精力照顾身边的婴儿。还有一些父母患有精神上的疾病，或正在抑郁、焦虑、恐惧等情绪的泥淖中苦苦挣扎。

在这些环境中长大的婴儿会发生什么呢？

他们除了会对这个世界充满恐惧，还会对自己是否能够得到食物、情感等充满怀疑。他们的饥饿、无措、愤怒以及敌对情绪会累积起来直到压垮自己，因为他们一直都没有机会学习和发展某种能够忍受这些痛苦的能力，最终只能无奈地选择在意识层面将这些真实且痛苦的体验抹杀掉。也就是从那一刻开始，他们失去了学习忍耐和了解自身的机会，只会一味地选择逃避，让自己永远不再想起这些经历，并依赖防御机制来自我保护。

成长于这些家庭的孩子，他们的内心对未来充满焦虑，无法对所生存的世界发展出基本的依恋，因而也无法产生人际信任，这些都将导致深深的羞耻感。这种对父母感到彻底失望而产生的羞耻感，会畸形化他们对自身形象的感知，导致他们觉得自己与别人是不同的，是天生残缺的，是不如其他人的，等等，这种羞耻感是导致社交恐惧的原因之一。

我们身边可能也存在着这样的人：他明明满腹才华、能力出众，却深受羞耻感的困扰，不相信自己的实力，导致其永远没有办法发挥出全部潜力。他付出的努力和得到的回报远远不成正比，他选择的亲密关系也从来没有平等、尊重可言，这一切皆源于他充满羞耻感的自我定位。

还有另外两种羞耻感，第一种羞耻感来自生活中重要的人的指责、嘲笑和羞辱，在这样的背景下，我们很难保持稳定且良好的自尊；第二种是我们在违反了大家约定俗成的一些社会准则时体验到的羞耻感。

无论哪种形式的羞耻感，都意味着我们在被满足方面的匮乏，以及在关系中的受伤。羞耻感是一种强烈同时也很难被完全理解的情感，会驱使我们退回自己的防御阵地，过分依赖防御机制而非真实的自我。

3.2 防御机制的演化

3.2.1 防御机制的起源

志强是一个命运多舛的年轻人，父母在他年幼时就因一场意外双双去世，他从小吃百家饭艰难长大，又通过自己的努力从重点大学毕业，应聘到知名企业做着非常体面的工作。和哥们儿酒到浓时，他会为自己悲伤，讲述自己艰难的童年，以及自己对那些有着完整家庭的孩子的羡慕。但在清醒时他绝不会这样，他会是骄傲的，不屑去谈论"家庭琐事"，并认为很多年轻人都是被父母宠坏的，自己现在一个人自由自在反而很好，很多人羡慕还来不及。

志强在醉酒和清醒两种状态间置换了他的主语和宾语，原本的"我羡慕他们"被置换成了"他们应该羡慕我"！这个论调看上去有些"自欺欺人"，却使他保持住了活下去的动力，并使他勇敢地奋斗着。

我们的心灵世界需要被保护，就像每个国家都有军事力量，每个身体都有免疫系统一样，我们的心灵也需要保护系统。面对这个不那么完美的世界、纷繁复杂的社会，以及充斥着各种冲突的人际关系，赤裸的心灵将很难健康、快乐、完整地存活下去。

有观点认为冲突是我们内在精神世界动态变化的核心，而冲突产生的原因有两种，一种是个人内在愿望与外在现实之间存在差异且无法匹配，造成紧张与焦虑。例如，一个人希望自己在别人眼里是无可挑剔的，是不被评头论足的，但是现实却是我们总会出现各种各样的状况，这种冲突就会导致社交焦虑的产生。

另一种则是个人内在心智不同层面之间存在差异，导致不协调。例如，一个人理智上知道别人也许并不在意自己在聚会上的表现，但是情感上就是觉得别人会盯着自己的一言一行，这种冲突也会导致社交焦虑的产生。

此时，我们就需要自我的防御机制来起重要作用了。弗洛伊德首先提出了这一概念。"防御"最早是军事领域的用词，弗洛伊德之所以借用这一更易传播和理解的说法来指代心理现象，反映出他更希望这一专业性概念能被大众理解和使用的意图。

志强非常明显地使用了"置换"防御机制，这种防御机制多是在人们遭遇了接二连三的挫折之后逐步形成的。如果志强过早承认自己的不幸，他可能被悲伤和绝望淹没；相反，使用"我挺好，我活得比他们还要好"的方式保护自己，他就不会感知到那么多的挫败，从而可以更有尊严地活下去。但是同时，这样的方式毕竟存在一定的认知偏差，甚至可能影响到他的现实感知能力和人际交往质量，会对他的发展造成一定限制。我们不禁好奇：他的内心深处到底是怎么想的？他真的相信自己的说法吗？周围人都能看出来他是在假装坚强，他自己难道不知道吗？

这恰巧也反映了一种生活中的常见现象：周围人通常比我们自己还了解我们的内心。当一群朋友在讨论一个为情所困的哥们儿时，会很无奈地感叹："他找的女朋友总是摆脱不了他妈妈的影子，他妈妈总是很强势且控制欲很强，难道他自己还没有发现这一点？"当一群同事在讨论公司的财务经理时，他们一致认为："她大龄未婚的主要原因是她那苛刻的要求和不能接受批评的傲慢，没有哪个男人可以受得了她这种性格！"

虽然我们能够非常灵敏地觉察到周围人的一些内心模式，但是当周围人也用这样的方式分析我们时，我们则通常愤怒至极。我们会很容易发现，大部分人都是"医人难自医"。如果我们的傲慢被周围的朋友揭穿了，我们会坚称自己的犀利语言是无心的，没有任何攻击别人的意思；如果我们忘记了朋友的婚礼，我们会归结为工作压力实在太大了，不是不喜欢这个朋友；如果我们把妻子安排的家务事忘得一干二净，我们会认为这与之前妻子抱怨的"自己从来指望不上丈夫"没有丝毫的关系。有时候，我们的确会有生理性的遗忘，也的确会有不带目的性的一时失误。但是一般来说，"无心之失"往往反映了一些潜意识，通常我们是意识不到这些的，所以我们都很难对自己坦诚相待。

虽然我们能够比较轻松地推断他人的一些潜意识，却很难看破自身的动机。但是我们依然可以借此研究人类的心理，去思索为什么在别人看起来已经那么明显的想法和感受，人们自身却依然意识不到？而另一些想法和感受却又为什么能够很自然地进入意识？这些信息之间有何不同？也许揭露了这些现象，对于了解整个人类的内心世界都大有裨益。

3.2.2 认识自身防御

如果说了解和分析来访者的防御机制是一种心理咨询，那么觉察和理解自己的防御机制就是一种升华[①]了。这些自动运转着的防御机制隐藏在潜意识中——一个充满魔力及秘密的暗黑之地。照亮隐藏在潜意识中的防御机制，使其意识化，将是一项非常有意义的工程。

看得见也就有了掌控的契机，意识到这一点，我们就会知道自己的能量可以取得多大的成就，自己的勇敢可以面对什么样的魔鬼，自己的韧性能够坚持多远的征程！而且我们还会知道，永远不要在跌倒的地方徘徊，永远不要去做自己内心承担不了的事情！

不同人的防御机制就和他们各自的声线、指纹、长相一样，非常具有个性化。从病态的、原始的、低级的防御到正常的、成熟的、高级的防御是一个连续谱。许多轻松生活的人具备广泛而灵活的防御技能，而寻求帮助的来访者采取的更多的是以不变应万变或者复杂到早已遗忘了原始模样的低级防御。

那么到底应该如何觉察自己对某种防御机制的偏好呢？通

[①] 升华，高级防御之一，详细解释见本书第 6 章 6.3 节的"6.3.1 升华：体面的释放"部分。

常情况下，非常具有个人特色的防御机制以及实际生活中的应对策略会受多种元素以及元素之间的多重交互作用的影响。例如，早年经历是一个人目前心理状态的雏形，追溯过去是理解当下问题的基础。

生活在重庆的丽雅是一位 38 岁的单身女性，她温和善良，与周围人也相处得很融洽；丽雅从事着一份文职工作，不多的收入能够负担自己的开销，至今还与父母住在一起。

丽雅非常期待自己能够拥有一段美好的爱情，组建一个幸福的家庭，看着周围的朋友都已成家，孩子承欢膝下，丽雅很是羡慕。她过去这些年相亲无数，所有人都认为以丽雅的性格，应该很容易被人喜欢。但出乎意料的是，相亲居然没有一次成功的！丽雅在相亲中，所有的温和和宽容都消失不见，总是能指出男士的某些不恰当问题，周围人都认为丽雅太挑了，给她介绍对象的人也越来越少。

丽雅为此寻求了心理咨询，在咨询中她很郁闷地说："我看着别人的男朋友、老公都觉得挺好的，怎么一到自己这儿，就是不行呢？我自己也做了反思，发现只要一相亲或者被人追，我看男士的标准就变了，毕竟要过一辈子。

尤其是前几次见面，我要是看到对方有任何的毛病和缺点，我就会没办法接受对方，更别谈喜欢了。我也担心会不会是自己太早下结论的问题，但我就是没办法说服自己继续！我也曾勉强说服自己再接触看看，但结果还是一样！有时候我就想，也没必要委屈自己，宁缺毋滥，尤其到了这个年纪，更不想将就。要是实在找不到，可能就是没这个命吧。"

丽雅没有任何实质性的情感经历，但是咨询师却从她要求自己另外一半的视角中感受到了一种要么完美，要么一无是处的绝对化现象，于是咨询师陪伴丽雅一起回溯了她的成长经历。在丽雅提到的有关儿时的一些事件和细节中，咨询师感受到丽雅的爸爸性格内敛，似乎一直对她都很有耐心；妈妈则是一个强势且严厉的女人，从不允许爸爸和丽雅做任何违背她意愿的事情，爸爸用沉默来应对妈妈的高压。但是在丽雅的意识中，妈妈是新时代独立女性的典型代表，爸爸则是无能且懦弱的"小男人"。

通过回溯丽雅的成长史，咨询师搞清楚了她过往人生阶段里发生了什么，清楚了丽雅的问题是在何时发展起来的。她童年时期的家庭环境是压抑且不平衡的，妈妈总是愤怒而具有攻击性，这常常波及年幼的丽雅。

为了不被妈妈的怒火淹没,为了更好地生存下去,为了感受到爱,年幼的丽雅通过在心目中构建一个完美妈妈的形象来让自己相信她的妈妈是完美的,所有的不幸都是爸爸造成的。看得出来她的这种自我保护是以贬低所有的男性形象为代价的。这种方式叫作分裂式的防御[①]。

这种分裂让她貌似理解了妈妈身为女性的不易,学会了如何向妈妈投出理解和赞同的目光,并且站在妈妈身边一起嫌弃无能的爸爸。丽雅慢慢内化了这种思维方式,并将这种视角带入自己的亲密关系中——一方面丽雅很怕经历妈妈的"不幸",发誓一定要找到一个不像爸爸的男人(完美的男人);另一方面,她又总是能从任何男人身上看到缺点(全坏的男人),导致她的相亲总是没有结果。

3.2.3 人际关系中的防御

留意接下来的描述,它们多是我们在谈论人际交往时使用的话语,并且描述的是人际冲突中常常出现的性格特征,所以当我们使用这些话语时一般意味着我们已经开始形成对某人的初步

[①] 分裂,防御机制之一,详细解释见本书第 4 章 4.2 节"分裂:社交恐惧与交流渴望"部分。

印象:

- 老赵就爱管闲事,什么事情都必须他说了算。
- 小钱总让人觉得好可怜,就想帮帮他。
- 孙主任吃软不吃硬,只要让她舒服了,什么都好说。
- 李女士什么都想让别人帮她做,太黏人了。
- 周总只看结果,不谈感情。
- 吴先生总是很暴躁,一点就着。
- 小郑很敏感,遇到一点儿小事都感觉天快塌了。
- 王经理常常说话不过大脑,做事横冲直撞,已经搅黄了好几个客户。
- 马科长最爱拿着鸡毛当令箭,小题大做。
- 小曹自认为条件优越,任何女人嫁给他都是烧高香。
- 刘老头一辈子都战战兢兢,畏畏缩缩,这也怕那也怕。
- 杨太太为什么到哪儿都是被怼的那一个。

我们总能在自己的人际关系群中碰到上述某类人,我们常常使用这种对他人相处方式的总结来理解他人的性格特征。这些描述虽然并不全面,但是已经阐明了这些人目前面临的困难:从老赵到李女士反映的是满足自身需求采取的不同模式;从周总到王经理反映的是处理自身负面情绪的方式;从马科长到杨太太反映的是在关系中如何自我定位、如何维护自尊的模式。

我在之后的章节和案例中会详细解读这些心理议题。很多人就是在承受各种压力时出现了瓶颈问题,在面对挑战时出现了困难,导致防御系统被激活,选择了某些类型的防御机制作为自我保护的工具。

3.3 守护心灵的卫士

3.3.1 个性化的防御

每个人都会发展出独具特色的防御群,用于应对人类的基本情绪。十里不同俗,不同的文化可能对某一类情感比较宽容,而对另外一类情感过于严苛,这就造就了性格迥异的人,我们会想尽办法规避那些不被社会和周围人接纳的情感,但是可以说所有人都在凭借自己的"不同"应对生命中总是要经历的一些基本挑战:

- 都非常需要拥有人际关系,并依赖对方来满足自己的需求，如被认可、被尊重、被陪伴等；同时又必然在关系中体验到烦躁、失望和无助。

- 在人际交往过程中，会体验到很多开心的时刻，借此对关系中的自己赋予一定的正向意义，提升自我价值感。
- 需要分出一部分精力去应对人际交往以及其他方面的不顺利所带来的情绪问题，如焦虑、害怕、生气、嫉妒等。

对于上述挑战，不同的人能够感知到的难度等级也是不同的；面对同一种情绪，不同的人会采取不同的防御机制。对我们每个人来说，防御机制在深刻地影响着实际的人际关系质量，同时也在塑造着一个人的性格特征。

看到此处，你可能非常好奇："那心理防御机制到底都有哪些呢？我自己的防御类型又是什么样的呢？"本书接下来的章节中会详细介绍一些在生活及人际关系中常常使用的防御机制，并结合我在心理咨询工作中的一些案例进行详细描述。

3.3.2 启动防御

防御机制使人们对外在环境的适应成为可能，它虽然常在意识之外，但随时随地都在起作用。通常情况下，人们会在以下两种情形中启动防御。

第一种情形是当我们要回避或者控制一些很强烈的、让我们感到极度不舒服的情感时，如害怕、恐惧、极度悲伤、内疚、哀伤、嫉妒或者其他一些很复杂的情感体验，防御机制会被启动。

第二种情形是在我们需要维护自尊感时，防御机制会被频繁启动从而让自我感觉是良好的、稳定的、正向的。例如，当一个人不断地在内心贬低和嘲笑周围人很傻、很不聪明时，他其实就使用了防御机制：幻想。用幻想来防御害怕——害怕被周围人拒绝或嘲笑，于是就在幻想中用同样的方式对待周围人，这样他就感受不到自己害怕的那部分了。

因此，防御机制可以用来减缓冲动、降低压力、维持内在精神世界的平衡、调节自尊，最重要的是它在帮助人们处理焦虑上起到了不可替代的作用，而不论这个焦虑是由外在产生还是由内在产生的。

3.3.3　隐形的卫士

冲突和不幸总是隐藏在生活的"阴面"，有很多人因为生存环境过于艰难，成长道路荆棘丛生，使得他们根本没有机会学习更具适应性的"高级防御技术"，只能"以不变应万变"地使用儿童时期习得的低级而不成熟的"初级防御技术"，但是这种僵化而单一的初级防御技术早已不能应对成人的复杂世界,所以这些人可能终其一生都在心理疾病的状态中挣扎、痛苦。

因此,我们说防御机制就像一些隐形的卫士,它一方面帮助我们把那些冲突的想法和感受压抑至潜意识世界,排除在意识世界之外。但是意识世界被抽走了一些东西,自然就会出现"空洞",为了填补这些"空洞",没有习得"高级防御技术"的人,他们的意识世界必然会以一些微妙的方式发生扭曲,影响他们对客观世界的真实感知和理解。

而且更麻烦的是,"初级防御技术"可能使我们产生一些过犹不及的误判,将一些人生必然要经历和体验的情绪、需求和冲突也压抑至潜意识,导致我们无法真实地感知与家人、爱人、朋友之间的情感与关系,就像我们把自己"装在了套子里",这样的人是没有办法发展出真正的亲密关系的,也就很难体验到"生而为人"的深度意义!

3.4 防御机制的弊端

3.4.1 非适应性防御

绝大多数的防御机制的使用都可以根据具体情况分为适应性和非适应性两种。事实上,我们真正需要关注的是那些非适应性的防御机制。频繁使用非适应性防御机制可能形成恐惧症、强迫性思维等，并可能影响一个人在现实中应对人际关系的方式。

痛苦是不舒服的，是会让人想要远离的，逃避真相的确会让我们当下好受一些，但是从长远来看，这只是掩耳盗铃而已，会让事情朝着更糟糕的方向延伸。例如，即使种种迹象已经表明丈夫出轨了，但是很多妻子在最初都拒绝承认和面对这个事实，这或许可以短暂地帮助妻子躲开即将面对的一系列痛苦，但是同时这也意味着妻子失去了处理此类危机事件的最有利时机。当最后一块遮羞布被揭开而不得不面对时，一切都会很被动，破坏性也是巨大的，会让她们丧失对自我价值感的认同，消耗对婚姻的信任度。正如唐纳德·梅尔泽[①]所述："一切防御机制的本质皆是我们为了逃避痛苦而向自己撒的谎。"

低级防御一般只用来应对当下的情绪，却对结果视而不见，是人们过往习得的一种条件反射式防御，唯一的目标是缓解当下的痛苦，但从不考虑由此带来的长期不良影响。有时，我们会"开悟"，愿意勇敢地面对真相和事实，愿意对长久以来潜藏

[①] 唐纳德·梅尔泽（Donald Meltzer，1992—2004），英国著名精神分析学家、后客体学派的代表人物之一。他在精神分析理论以及临床实践上有着卓越的贡献。

第3章 心理防御：社交恐惧的源泉

在内心深处的秘密一窥究竟。但是更多时候，我们充满了防御意识，对自己一无所知。我们"永远叫不醒一个装睡的人"，当我们习惯了约束，习惯了厚重的铠甲，就会以为这是唯一的选择，改变则会显得尤为困难。

当我们与自身大多数的情感和想法失去联系时，我们内部就需要消耗海量的精力来阻断各种可能的联结。相应地，这势必削弱我们面对外部世界的力量和能力。例如，强烈的愤怒有些情况下其实能够激发我们采取行动改变现状，比如离开一份带有剥削性质的工作，结束一段低质量的友情，抛弃一场陷入PUA[①]陷阱的畸形恋爱。但是对愤怒的防御有可能导致我们根本没有精力这么做。对这些强烈情感的防御，可能使得我们的生命力大打折扣，让我们在很多事情上不能如愿以偿，进而产生自我挫败感，甚至出现极端的自毁行为。

在社交中，防御机制极可能导致我们产生误判，将那些在真实人际关系中原本都会出现的必要情感视为危害，这里的人

---

① PUA（Pick-up Artist），本意为"搭讪艺术家"，是指男性去接受系统化学习、实践，不断提升自我情商的行为。后来泛指很会吸引异性、让异性着迷的人和其相关行为。目前PUA以组织的形式快速发展，以网络课程、线下培训等的方式教唆人进行诈骗，每一个普通人都可能成为PUA的受害者。近些年的一些恶性PUA事件开始让大家更多地了解它。PUA的受害者多为女性。

际关系包含夫妻、家人、朋友、同事及其他各种能够产生情感联结的关系。当我们压抑了自己对人际关系中诸多情感的需求时，我们自然就不可能与他人发展出真正的亲密关系了。

无论在任何社交场合，当我们强迫自己极力"忍耐"时，我们都会不想再去维护这些带给我们糟糕感受的关系。当他人表现出某种攻击性而激发我们的恐惧时，我们中以退缩为主要应对方式的人会迅速退回自己的安全领地，长此以往会导致这些人的人际关系受阻，出现很孤独的局面。但处在这种防御状态中的人可能只会觉得这些关系可有可无，对自身没有威胁，自己对此也没有什么兴趣，甚至认为孤独才是人的常态。

在心理咨询中，我的很大一部分工作都是认真且共情地倾听那些前来寻求帮助的人。不只是倾听他们讲出来的故事，还要倾听他们无意之中传递出的关于自身的诸多真相：内心的渴求、恐惧、压抑的愤怒、猜忌、羞耻以及其他各种情感。在面对这些强烈情感时，他们不知道该如何与之相处，于是选择了各种防御机制压制或回避它们。我需要试着帮助他们去认清自己的防御机制，去了解他们自身因为无法承受那些痛苦而无意识地采取的一系列操作。同时我还需要引导他们，使他们明白，目前真正导致他们痛苦的早已不再是那些痛苦感受本身，而是相应的防御机制在阻止他们在很多事情上如愿以偿，并且阻碍了他们对自身的了解以及对人际关系的关照。

我们在看心理类书籍时常会出现一种状态——书中描述的很多症状都很符合自己，请注意，千万不要因此给自己贴上各种病理标签，或者认为自己存在很严重的心理问题。我们每个人身上都有防御机制，也在依靠防御机制生活，这本身不是问题，而是非常正常的现象。只有当我们太过依赖防御机制以至于影响了正常生活时，以及当我们使用的防御机制给自己或他人造成了伤害时才是问题——这样的防御机制才需要引起我们的注意。当然，如果你坚持要给自己贴上某个病理标签，你就要留意，这种"自黑"行为可能也是一种防御，它在保护你避免面对一些其他更为痛苦的感受或想法，但是它可能带来非适应性的结果。

3.4.2 尝试思考

首先请你返回"3.2.3 人际关系中的防御"部分，回看我所列举的生活中的各类人的不同特征，仔细阅读一遍从老赵到杨太太的性格特征及主要行为模式，你会发现，你自己身上很可能也存在一个或多个相似的性格特征，只是实际生活中的你往往不会像案例中的人物那么极端。

"为什么你总是小题大做，人家根本就没有想要怎么样你！"

"你总是这么敏感,就不能豁达一点吗?"当周围有人这么说你时,你可能感到很受伤,同时还会开始抗争,无论是解释、辩驳,还是在头脑中"暴击"对方,你都能清醒意识到此时的你正在防御。当别人以批评的口吻评述你的事情,甚至加上诸如"你总是""每次都""你为什么就不能"等话语进行描述时,无论他们的表达有多正确,你都会发现此时的自己很难坐下来平心静气地听从对方的建议。所谓良药苦口、忠言逆耳之类的理性认知在这一刻都将被抛诸脑后。

有些时候,即使是你信任的亲人、朋友向你提出充满关心的建议,不论那些建议多么友善,你都可能内心抵触,充耳不闻。当你回看"3.2.3 人际关系中的防御"部分中的12种类型的性格特征时,你可能坚持认为没有任何一种类型与你匹配,或者可能有个弱弱的声音在说:"有些是有那么点儿相似,但是……"如果你还记得前文关于防御的描述,你会想起防御就是为了适应环境以及回避痛苦而为自己编织的"谎言",所以你刚刚的反应很可能意味着你的防御机制已经被启动。"但是""不过"等转折类的词语会是人们识别自身防御的重要突破口,这是因为在面对痛苦时,人们会很容易表现出极力抗拒的姿态,当这种情况在心理咨询中发生时,我们称之为"阻抗"。

在目前的心理咨询工作中,识别、谈论阻抗是我们的主要

第 3 章　心理防御：社交恐惧的源泉

内容之一。这一现象不难理解，如果我们在一开始就回避了某些会让自己感到痛苦的感受或想法，就会使用防御机制将其掩盖掉，并且对一切可能唤起这一部分感受或想法的人或物保持自动化的抗拒。有时候我们排斥一种看法，是因为它与我们的体验或经历不同，但是大多数的情况是，我们抗拒是因为捕捉到了可能唤起自身痛苦的信号。我们对某个事物的抗拒所显示出来的抗拒形式就是防御机制。

在心理咨询过程中，我每天都在面对来访者的抗拒行为。几乎每一个自愿前来咨询的来访者在意识层面都急迫地想要解决问题，但是在潜意识中却又抗拒面对痛苦。在这个抗拒足够刻意且明显的情况下，我会温和地引导他们将注意力聚焦在这种抗拒行为上，鼓励他们去思考这一行为的作用和意义。不过即使你没有接受过任何心理咨询，你依然可以试着在阅读本书的过程中随时监测内心的抗拒，使你成为自己的心理咨询师。"温柔而坚定"是我们对待抗拒行为的态度，你需要在阅读本书的过程中找到以下问题的答案：

- 为什么你对这个事物或想法的抗拒程度远远高于其他场景中的同类情况？
- 哪些部分对你的触动最大？

- 为什么你在毫无思考和论证的情况下，就坚定地认为这个说法一定是错误的？

- 在阅读到本书的哪个片段时，你停了下来，并且再也不想拿起这本书？你当时联想到了什么呢？

- 为什么在读到本书某一部分的时候，你很快地跳了过去？

我想邀请你准备一个笔记本或者随时打开手机备忘录，在阅读本书的过程中不断记录你此时此地的反应，并将这些资料存储在你认为足够安全的地方，确保不会有任何人能够窥探到你的隐私。因为如果担心别人会看到它，那么你极有可能放弃记录那些让你感到羞耻或愤怒的内容。在确保足够安全的前提下，你需要尽可能地对自己保持诚实，对自己联想到的任何事物或情感不加评判，只是将焦点放在这些内容本身，不需要你思考"应该"或"不应该"如何做，也不需要你强迫自己改变任何原始信息。

对于本章末尾的练习，你可以尝试写下你的答案，但更重要的是留意这个练习过程中你所产生的任何强烈或异常的感受和想法。随着对本书后面章节的阅读，加上你不断重新审视自己之前记录的反应，也许你会逐渐对自己过往的感受和想法产生新的理解。最后也是最重要的一点是，当你排斥这些练习，不想回答练习中的问题时,同样记录下你在这一刻的真实反应。抗拒就是这样悄无声息地出现的,防御机制也是在这样不知不觉间被启动的。

3.4.3 练习

请你试着对以下问题进行回答,可以是详细的描述,也可以是简单的总结,重要的是你对它进行言语化的过程。

- 回忆你认识的一些人,你是否能够从他们身上观察到一些对你来说很明显,但他们自己却一直意识不到的问题?为什么你会认为他们没有意识到这些问题?他们不能承认这些问题的事实背后是在回避什么样的痛苦?
- 你曾有过某些情感突然被唤醒或者涌现出来的经历吗?你最终感受如何,是痛苦而煎熬的吗?
- 是否曾有人在谈论跟你有关的事情时让你很心烦,并且满身"防御"?如果现在以第三者的视角平心静气地回顾那些话,他们说的是否就是事实,或是很中肯的评价呢?

我们尝试进行以上练习别无他意,只是为了感受防御机制是如何在自己和他人身上发挥作用的。我们还要思考为了极力回避痛苦，我们又是以什么样的方式在回避着。

在接下来的一段时间里，你还可以尝试识别哪些是周围人和自己为了逃避痛苦而向自己编织的谎言。

最后，要开始学会对自己坦诚，去看见那些你当下不想承认的痛苦和事实。

第 4 章

关于"不"的假象：社交恐惧的表现

> 任何一个旁人对我们的理解都胜过我们自己对自己的理解。
>
> ——卡尔·荣格

4.1 我们总是爱说"不"

4.1.1 恐惧与希望

上学、离家、工作、恋爱……每当我们开始一段新的人生旅程，都会激发满腔的热忱和希望：去获得更多的经验、快乐和价值感。正是这些满载希望的乐观，促使我们终其一生都在不断追寻更好、更新的生活。

上幼儿园的孩子最初对学校也是充满希望和好奇的，他们期待在那里找到好玩的玩具，去做大孩子才能做的事情，结交友善的玩伴。除非在人生过程中有过特别受伤的经历，否则，我们终其一生都会持续保持这种热忱和希望。一次新的体验，一个新的挑战都会让我们更加靠近自己的人生目标，迈向自我实现。我们会赋予这一切以希望，甚至将之理想化，比如高中生将即将到来的大学生活理想化，大学生将毕业后的忙碌职场理想化。

但是同时，我们也可能感到恐惧和害怕，因为不确定未来是否充满危险。我们会担心新环境很恐怖，陌生人很苛刻；会担心自己没有足够的智商、情商、财商等来应对新的挑战；会在新的场合局促不安、手忙脚乱；会为新的想法感到困惑和迷茫；会害怕他人的评价，担心他人嘲笑自己愚钝、没有能力；会恐惧自己确实没有能力应对难题；会害怕被他人排挤、议论……在我们面对新的情景时，所有美好的希望和糟糕的担心都可能出现。

长大后，我们通常不愿意表达各种让自己不安的感受，我们会为之羞耻——自己已经是成年人了，不应该再有这些恐惧，害怕是幼稚和无能的表现。其实恐惧情绪可以追溯至婴幼儿时期，恐惧在我们还没有能力应对外部世界时就已经早早产生了，而且这些感受会在大脑中产生或显性或隐性的记忆痕迹，永恒地保留在我们的内心深处。

一般情况下，发生在婴幼儿时期的事件会在意识层面被逐渐淡忘，但是伴随事件而来的感受则会以情感记忆的方式不断被重复，且越早经历的痛苦，越容易在之后的生活中被重复——这些痛苦常会以心理冲突、躯体症状或幻想的形式被重复。

不论岁月如何变迁，只要当前情景的某个方面与早期事件类似，那些对应的情感记忆就可能被再次唤起。我们婴幼儿时期体验过的情感从来不会因为时间的流逝而消失。所以，与过去的自己保持联结，能够帮助我们更加理解和接纳自己及他人的"幼稚"行为及情绪。

案例：不愿意上学的多米

多米3岁了，在准备上幼儿园之前，他兴奋地向周围的每个人宣告这个好消息。他喜欢跟同龄的小伙伴一起玩游戏，而且奶奶曾告诉过他，幼儿园有很多新玩具和新朋友，会非常好玩。

他在妈妈的陪同下到幼儿园报道，最开始他有些紧张，始终牵着妈妈的手不愿意松开,观察了好一会儿,他开始走到离妈妈稍远一些的地方,拿起老师准备的玩具摆弄起来。十分钟后,妈妈觉得他已经适应了新环境,于是准备起身离开。

多米立马慌张地跑到妈妈身边,并抓着她的手号啕大哭。妈妈开始犹豫是否要离开,在老师的鼓励下,妈妈还是走出去了,并像所有的大人一样"骗了"多米,她告诉多米自己出去一下马上就回来。半个小时后,妈妈还是不放心,于是发信息给老师询问多米的状态,老师告诉她多米很好,已经不哭了,妈妈这才专心开始一天的工作。

第二天早上,多米到幼儿园没一会儿就开始和其他小朋友一起玩玩具了,于是妈妈再次安心离开。不过,当她后来联系老师时,听说孩子在哭,就有些紧张,老师安慰她这是多数初入园的孩子都会有的反应,属于"正常"情况,过几天就好了。

第三天早上,多米开始拒绝出门,假装自己还没有睡醒,被妈妈强制穿了衣服后,一会儿要吃东西,一会儿又要找自己的玩具……

等到第四天,多米开始拉肚子,变得很虚弱,看起来非常不舒服的样子。

等到周末,妈妈带多米到楼下小公园散步,他没有再像往常一样跟邻居阿姨礼貌地打招呼,也不再开心地冲向儿童滑滑梯;在草坪上玩耍时,他需要不时地回头确认妈妈还在不远处的椅子上;当妈妈到旁边的商店买饮料时,他焦虑地向妈妈奔去,并大喊着:"妈妈,妈妈,你要去哪里?"

到了下一个上学日,多米不愿意穿鞋子,妈妈的安慰和讲的道理均没能让多米放松,多米最终一路哭着被送进了幼儿园。他不再玩玩具,也对其他小朋友的游戏熟视无睹,只是不安地盯着妈妈。当妈妈在老师的建议下准备转身离开时,多米崩溃地尖叫起来。老师皱眉分析道:"可能是这个孩子适应力比较差的原因。"但是由于多米之前表现得很是紧张,现在又非常崩溃,妈妈最终决定不把他独自留在学校,而是暂时带回了家。妈妈说:"多米只有偶尔碰到陌生人时才会有些退缩,除此之外,我从没见过他这个样子。"

临走前,当妈妈试图回头跟老师打招呼时,多米还紧紧地拽着妈妈的衣服,哭泣一直没有停歇,以至于妈妈都没办法跟老师正常交流。这位老师委婉地提醒妈妈,他们对多米太过溺爱了,这会导致多米过度依赖父母而没有办法独立。多米父母承认老师的分析和提醒可能有些道理，但也因为这其中的评判而感到恼羞，于是他们又反过来抱怨老师不够专业，不能帮助他们处理孩子的这种再常见不过的现象。

在生活中，这类相互抱怨的现象并不少见，实际上对我们没有任何帮助。相反，我们需要尝试更换角度来理解这类状况，比如，我们可以从多米的痛苦中感受到什么？我们怎样才能让多米更适应新学校的环境，并愿意和其他小朋友一起玩耍？我们如何避免多米在以后的人生中成为一个社交恐惧者？多米父母认为多米现在还太小，不适合上幼儿园，最后一致决定等到下一学期再让孩子重新入学，但是等到那个时候，多米的情况就会有所不同吗？

让我们先来想象一下：年幼的孩子发现自己被妈妈送到了一个完全陌生的环境，置身于一群完全不认识的人当中，这一刻，他会是什么样的感受呢？

想要完全理解这种感受的痛苦程度，就需要将焦点追溯至我们生命的起源，指向出生那一刻——出生意味着上一个经历的结束和下一个经历的开始。新生儿"失去了"妈妈的子宫，那个他无忧无虑生活了近 10 个月的地方。在液态的羊水环境

第4章 关于"不"的假象：社交恐惧的表现

中，他可以自动得到所需要的一切营养及保护。但是当他一下子被推到空气环境中时，他暴露在刺眼的光线和嘈杂的声音中。子宫中的空间是有限的，胎儿可以活动的区域也很有限，但是那里温暖而且安全。然而出生后，他发现自己处在一个无边无际的空间中，而且在很长一段时间内，他都没有能力移动自己的身体，不能靠自己获取食物和温暖，也不能保护自己免受各种危险。在这种环境中，婴儿会感到极端的无助和恐惧，会害怕死亡突然降临。所以，从某种意义上说，出生是我们一生中的第一个重大创伤。

法国产科医生弗雷德里克·勒博耶[①]提到，如果在婴儿出生的过程中，通过尽可能地创设类似子宫的环境，为婴儿适应空气环境提供过渡区间，使得婴儿的体验保持连续性，就可以极大地减轻出生创伤对婴儿的负面影响。这个类子宫环境包括：将产房的灯光调暗，分娩过程中保持安静，在剪断脐带之前先让新生儿吸吮到妈妈的乳头，将新生儿放入温水中，温柔且适

---

① 弗雷德里克·勒博耶（Frederic Leboyer），法国产科医生，毕业于巴黎大学医学院。曾在1975年出版《无暴力分娩》，并致力于推广无暴力分娩技术（又称：勒博耶分娩法）。此分娩法重在尊重新生儿群体，通过减少产房环境变化对新生儿的刺激，降低外界对新生儿的各种压力，从而减轻宝宝从母体中分娩而出时的痛苦。勒博耶分娩法关注的不仅是分娩中和出生时的短期效果，更重视在婴儿情感和身体发育方面的长远影响。

度地按摩等。做完这些之后，婴儿的哭声就会逐渐平息，紧绷的身体也会柔软下来，开始好奇地打量这个新世界。

很多针对婴儿的观察已经表明，在婴儿出生后的第一个月里，只有当婴儿可以随时获得妈妈的乳房以替代胎儿与胎盘的联结，身体被紧紧地包裹以替代子宫对胎儿的保护时，他才能获得足够的安全感。

当婴儿被妈妈温柔地抱在怀里，嘴巴紧紧吸吮妈妈的乳头，并被深情凝视时，婴儿会感到前所未有的幸福和安心。但是，当他感到失去与母亲的联系，不被母亲抱着时，这种幸福感就会很快破碎，并且让位于惊恐的哭泣和慌乱的肢体动作。在这里，我们能够明显看到分离恐惧的踪迹，比昂①称这种恐惧为灾难性焦虑。不论何时，只要触及改变或新的事物，我们都有可能被激起这种焦虑，甚至被这种焦虑压垮。

我们离心中的那个"家"越远，就会越不安，恐惧和无助会呈几何倍数增加。潜意识中，我们害怕再次体验到婴幼儿时期那种淹没式的恐惧，我们害怕被抛弃，害怕在孤独中默默死

---

① 威尔弗雷德·鲁普莱希特·比昂（Wilfred Ruprecht Bion，1897—1979），英国著名精神分析学家，克莱因思想的主要传承者，同时在精神分析领域有许多独创思想。

去。生活中所有的发生重大改变的情境，都可能让我们体验到这种感受。

我们的应对方式往往与年幼时被妈妈抚慰的方式一致。我们可以看到案例中的多米突然进入新环境后，恐惧感陡然增加，他害怕被抛弃，因而紧紧地抓着妈妈不放，并试图通过大声地哭闹、变得虚弱（生病）等方式得到妈妈的贴身照顾，从而紧紧地依附于维持自身生命和安全所必需的这种重要联结，且这种联结是他过往经验中最熟悉的。这也就不难理解为何很多漂泊在外的成年人在遭遇挫折后总想给远在老家的父母打个电话，虽然会节制抱怨，却能从坚硬、麻木的状态中苏醒，变得柔软而富有情感，他们会在那一刻感受到委屈、难过、羞愧、勇气、坚强、温暖等众多深刻的情感。

从孩子一步步长大的历程中可以看到，给孩子提供必要的连续性经验，可以很好地帮助他们应对外在变化。因此，如果多米妈妈不是坚持离开，而是在多米面前保持连续性，直至多米彻底熟悉环境之后再把他完全交给老师，就可以在很大程度上促进多米从家到幼儿园环境的平稳过渡。

到目前为止，我们探讨了突然的开始和结束对人的影响。在以后的岁月中，这种类似场景会不断重现。每一次吃奶的结束，每一次妈妈离开房间，每一次被放到自己的床上，对于婴儿来说都是一种分离，会让他逐步意识到：妈妈与自己不是一体的，自己不能完全控制妈妈，妈妈有她的意志，自己有时不得不与她分离。但是，这个过程一定要慢慢来，否则，孩子会认为每一次分离都是事关生死的恐怖大事。

只有多次经历"失而复得"的体验，即妈妈总是能够在婴儿感到恐慌、饥饿或者寒冷时及时出现并安抚他，婴儿才不会在绝望中崩溃，才能慢慢地意识到：当他有需要的时候，总有一个人会在紧要关头出现。在这个过程中，他的内心会形成一幅自己被妈妈温柔呵护的画面，并且逐步构建一个"好妈妈"的心理概念：不论发生什么这个好妈妈都会爱着他、照顾他，关注他的一切喜怒哀乐。

慢慢地，通过与妈妈互动所形成的美好体验会逐渐积累，并留在孩子的记忆深处，使得孩子能够在心里反复体验过往被妈妈温柔照顾的感觉，从而更长时间地忍受独自一人的时刻和各种恐怖感觉。在以后的日子里，当他被忽视时，一开始他可能还是会哭泣，但是通过反复练习，他越来越能够唤起内心里的那个温暖画面，其安全感也就逐步建立起来了，他便可以带着希望和勇气去探究外在世界了。相反，那些充满不安全感的人，则因为以前的过多的负面体验，在内心构建了一个"会随时抛弃自己的妈妈"。

用心的父母会学着去判断哪些是孩子能够忍受的状况,他们可以在孩子眼前消失多久而不会让孩子在绝望中崩溃。有些父母则会把孩子推到黑暗或者隔绝声音的地方,以使孩子屈服,不再打扰他们或者违背他们的要求。我曾经听一个男性朋友玩笑般地讲述了一段自己的儿时经历:"我小时候应该是比较调皮的,记得有一次被我爸直接丢到了红薯窖里,半天没能出来。"虽然听到这个玩笑的朋友都捧腹大笑,但是这个事实的背后是一个孩子在黑暗、阴冷的红薯窖中绝望地哭泣。我相信这个朋友几乎不能共情妻子的情绪,不能坐下来与孩子深入交流的风格很可能与这些经历有着很大关联。所以,如果一个婴儿过长时间或者反复地一个人待着,那他很可能无法形成良好的依恋关系,进而无法真正地建立任何一种形式的亲密关系。

相反,还有另外一类父母,他们完全无法忍受孩子的一丁点儿不安,但凡孩子有想要哭闹的迹象,他们就会立刻把孩子抱起来。这种做法通常也会影响孩子的人际发展,使他们无法学会使用自己的内部资源抵御焦虑。这样的孩子会变得很黏人,会过度依赖周围人给他提供的一切帮助。

对于很多父母来说,搞清楚孩子到底需要什么是非常困难的,因为他们的孩子通常会唤醒父母自身的内在小孩,他们会无意识地用自己在年幼时期被照顾的方式来照顾他们的孩子。

很多年轻父母在对着孩子大吼大叫之后突然惊醒,自己居然在用小时候最痛恨的方式来对待自己的孩子!这一刻他们愧疚、难过,并发誓以后绝不会这么干了。但是等到下一次吼叫之后,他们才不得不承认:"我竟不知不觉间变成了自己最讨厌的那个人"。这也许就是"家族的印记",无论我们是否愿意,都有可能被无意识地推动着,将这种"家族的印记"代代相传。

总而言之,小时候的真实妈妈以及长大后的"内在妈妈"始终都是我们的安全港湾,只有我们确定自己可以随时回到这个安全港湾,我们才能勇敢地去探索外在世界,去建立真正的亲密关系,去放松自由地社交。

4.1.2 因希望而恐惧,因恐惧而希望

案例:哭泣的钱悦

安静的咨询室中,只有对面这个叫钱悦的女人的低低的哭泣声,看着她无助的样子,自认为练就了一身"咨询硬功"的我还是被触到了内心最柔软的部分,我不由地很想保护她。虽然她已经 26 岁,但总给我一种错觉,仿佛她仍是一个还没有自保能力的小女孩。其实我只比她大一岁。她因总是过度焦虑,时刻担心未来会发生不好的事情,觉得周围人都不喜欢自己,排斥自己,常常无法抑制地流泪

而前来咨询。

钱悦毕业于某重点大学，在一线城市从事着让父母骄傲，让亲戚、邻居们羡慕的央企工作。在他们的想象中，她过着优雅而体面的生活。只有老天知道，她是多么地想要逃离职场，逃离同事，甚至逃离这"冰冷"的城市。但是她没有勇气做出决定，因为这会让父母失望，他们的大吵大闹是钱悦无法承受的。她纠结而痛苦着，感觉自己被困住了，什么都做不了。

在钱悦的记忆中，爸爸妈妈争吵了半辈子。妈妈常常后悔当年不顾姥姥阻拦，为了年少时所谓的爱情坚持嫁给了一穷二白的爸爸。婚后生活并不是她想象中的甜蜜样子，相反，爸爸相当愚孝，这导致在常年的婆媳斗争中，失败的总是妈妈。妈妈也因此多次离家出走。钱悦长大后才知道妈妈也就是回娘家住了一段时间再回来，但当时她还很小，并不知道这些。

她的记忆中有一个场景总是反复出现：妈妈因为家庭矛盾要离家出走，当时只有两三岁的钱悦，因为很怕妈妈丢下自己再也不回来，就抱着妈妈的大腿，哭着哀求她带自己一起走，但是妈妈拒绝了，她强硬地拨开自己，一个人离开了。看着妈妈决然的背影，小钱悦趴在泥地里哭得撕心裂肺，那一刻的她是那么无助和绝望。说到这里，她悲伤地望着我："你说，一个妈妈怎么能够如此狠心地丢下自己的孩子。而我是不是真的很讨人厌，所以她从来就没有爱过我，也根本不在乎我的感受。"

记忆中爸爸总是很忙，常常很晚才回家，基本是家里的透明人，也不怎么参与家里的大小事务。小学时，钱悦曾经非常想要一盒彩笔，爸爸答应了买给她。第一天晚上，钱悦满心期待地等在爸爸下车的地方，但是看到他迷茫的眼神，她知道爸爸把这件事忘记了。虽然失望，她还是微笑着提醒爸爸明天记得带。第二天晚上，同样的等待，还是同样的结果，爸爸又忘记了……那个夜晚，钱悦感到异常沮丧和失望。类似这样的事情发生了很多次，她渐渐就不再问爸爸要东西了。她猜测："大概我真的不太好吧，爸爸对我从来都不上心，他应该也是不喜欢我的。"

钱悦有些疲惫地评论着自己这短暂而又漫长的二十几年人生："我从小就很乖的，听大人的话，学习也上进，从不让他们多操心，还主动帮家里做很多家务。可是爸爸妈妈就是不满意，不在乎。我一直都很不开心，但没有人知道，应该也没有人在意吧。越长大越不想与人交往，太累。有时看到别人三五成群，有说有笑的，也会羡慕，但是已经没有精力参与了,那样的世界不属于我。领导和同事应该都不喜欢我,我也不愿意与他们多打交道。其实,我就想待在自己的出租房里,一个人安静地睡觉,这要求不算高吧,为什么连做到这都好难!"

孩子是弱小的,同时也是"自大"的,而且我们常常低估孩子们"自大"的程度。在孩子的世界里,周遭发生的一切都与他们有巨大的关联。他们会认为,如果家里发生了什么不好的事情,那一定是他们的错;如果奶奶生病了,他们会担心是自己使她生病的;如果家里遇到财务危机,他们会坚信是因为自己才导致家里变穷的;如果父母婚姻破裂,他们也会认为一定是自己做了错事才导致了他们离婚。孩子产生这种"自大"现象的原因在于:他们还太小了,没有能力完全区分头脑中的幻想与现实事件的差异,在他们的认知里,这些都是真实的。

我曾到很多寄宿式小学做调研,这些孩子多是因为父母工作太忙、家里有人生病脱不开身或是父母希望及早锻炼孩子的独立能力等被送到这类学校,我能够很清晰地从这些年幼的孩子身上感觉到痛苦、困惑、对父母的失望、对他人的不信任、退缩、抑郁甚至绝望。他们是如此谴责自己,觉得肯定是自己不够好或者做错了什么,才被大人们丢到这里。

有些年龄更小的孩子在刚开始上幼儿园时，甚至就已经觉得：妈妈之所以要送他们去幼儿园，是因为他们不是好孩子，还经常惹妈妈生气，太捣蛋了。带着这些幻想，他们会非常害怕被妈妈留在幼儿园。在入园前，一些妈妈跟孩子谈论起这件事时，孩子都会紧紧地抱着妈妈的脖子变得异常安静、乖巧，这很可能表明那时候的孩子就已经非常焦虑了。同时，有些妈妈在计划生二胎，孩子还会担心妈妈是为了生一个听话的乖宝宝，所以要丢掉他。

在"案例：哭泣的钱悦"中，钱悦的父母因激情之爱而结婚，又因生活琐碎而滋生矛盾。妈妈沉浸在自己的愤怒与失望里，几乎忽略了周围的一切，当然也包括她的女儿；爸爸则以工作为由远离家庭，以此掩盖自己的无力和挫败感。这一切都并非钱悦之过，但是年幼时的她并不能看清这一点，总觉得是因为她做得不够好，才导致了父母不快乐，所以她要拼命弥补，通过好好学习、听话、多做家务、善解人意等方式来试图讨父母欢心，但是直到现在依然是徒劳的。

长大后的钱悦理智上已经能够明白：自己不必为父母的矛盾买单，那不是她的错。但是一直以来爱的缺失，以及那些如附骨之疽般的自我谴责已经成为她的可怕习惯，让她对亲密关系既渴望又害怕——渴望在亲密关系中被爱、被关注、被在乎，这是她幸福的源头；同时又害怕自己就是天生不好，无论如何努力，都只能换来像过去一样的失望。她就如同被遗弃在沙漠中的难民，需要竭尽全力寻找水源，直至死去。即使偶尔被海市蜃楼欺骗，也从未放弃，但是同时为了保持活下去的意志，她又要一遍遍地催眠自己，让自己相信其实她并没有很渴，并不是那么需要水源。

钱悦就在这种两难境地中苦苦挣扎着，一方面她不能辞职，真正的原因不在于父母的反对，而在于她需要这份工作换取父母的一点点关注，即使这种关注像海市蜃楼般美好而虚假，但是她还是希望能够紧紧抓住。另一方面，受到成长环境的影响，不论是跟人还是跟工作，她都很难建立起较为积极的亲密关系。为避免重复体验失望的感受，她无意识地不断告诉自己："我并不需要这些，没有这些我能够活得更好、更轻松。"然而，越是这样的状态，她就越难以在工作和人际关系上投入精力、情感，那结果必然是糟糕的，这又恰巧印证了她最初的预测："看，这些方面总是要让人失望的。"因此形成了一个糟糕的怪圈。

4.1.3 "不"：既是恐惧也是希望

"不"在我们的日常用语中常作否定性的回答，这是一个极具拒绝色彩的文字，在我们的历史文化中并不常用。但是近些年来，随着对个人意志的推崇，开始涌现出很多有关"学会说不""拒绝的艺术"之类的新风尚。这确实让很多人从"我不想，但是我不能拒绝"的矛盾中解脱。从某种角度上来说，能够遵从自己的意志是人们内心更加成熟的表现。

如果留心观察，我们会发现，2岁左右的幼儿以及青春期的少年常常在说"不"，即使父母总是试图压制他们的叛逆。但是在孩子这里，他们就是要拒绝父母所有的建议，以证明自己已经长大，成为独立个体了。从这里也可以看出，说"不"是人们展现与别人不同、凸显自己的重要方式之一。

但在此处，我们必须区分几种不同性质的"不"。第一种是上述孩子式的"不"：他们没有发展出成熟的自我，也还没有完全搞清楚自己的需求，所以常会采用这种"为了拒绝而拒绝"的方式来证明"我与你不同"；即使父母的建议是有益的，在他们还没有能力辨识这一点前，常常会将有益的建议一并推开，所以这是一种"一刀切"的独立方式。这样的"不"充满了对自由的渴望和对自主的追求，但是因为不够成熟而很难真正解放自己。

第二种是钱悦案例中呈现的纠结式的"不"：她渴望被爱，但是同时又害怕这一希望落空，所以她一方面否认自己对亲密关系的需求，另一方面又未真正地从关系中抽离。这是一种假性自由，这样的"不"不但没能让她解脱，反而使她被束缚得更紧了。"我不喜欢这份工作""我不需要那些同事""我不能辞职是因为父母会大吵大闹""其实我更喜欢一个人待着"……这些"不"看似很有主见，很清楚自己要做什么，其实都不过是无意识地自欺欺人，同时满足了自己的渴望与逃避自己的恐惧的障眼法而已。因此，对钱悦来说，当下更重要的是认知自己的渴望，同时直面渴望背后的恐惧，唯有如此她才能够真正拥有属于自己的意志和决定权。

第三种则是有边界的"不"，是指人们拒绝的不再是某一具体的建议或要求，而是他人的某种控制。这样的"不"不需要反对一切，甚至从结果上来看，常常与别人的观点或期待相一致，但是这些人的内心从来都知道：虽然认同了别人，但这是我经过慎重思考后认为符合自身意志而做出的最终选择。所以这不是简单的服从，而是遵从了自己内心的结果。有些时候这恰巧会与别人的想法重合。这才是真正的独立宣言，同时呈现出了我们所倡导的"拒绝"的准确意涵。

"让自己变得更好"是人类生存的永恒动力，但"身在此山中"①的我们大都很难做到第三种"不"。我们的日常交织的关系网中附着着各种希望与恐惧，为了尽可能地平衡它们，我们

---

① 出自苏轼《题西林壁》："不识庐山真面目，只缘身在此山中。"

的潜意识进行了一系列隐性操作,这些操作复杂到我们越来越看不清自己,甚至忘记了初衷,最终演变成钱悦式的第二种"不"。

防御机制不是短时间内形成的,且会随着我们心理发育成熟度的不同而有所不同。防御机制其实就是在帮我们表达不同性质的"不"。在第一种"不"的层面上形成的防御机制多为一级防御机制,较为原始和不成熟;在第二种"不"的层面上形成的防御机制多为二级防御机制,有着少年般的不稳定特质,兼具成熟和原始色彩;在第三种"不"的层面上形成的防御机制多为三级防御机制,是真正成熟的、能够帮助我们更好地适应环境和关系的高级工具。

根据这些防御机制适应性的高低,对它们进行分类是非常有必要的。例如,选择学习一个关于自身问题的课程就比对自身问题视而不见更具适应性。成年人的基本防御机制主要体现为三种:分裂,压抑和隔离。一般来说,适应性较低的防御机制主要以分裂为基础,适应性较高的防御机制则主要以压抑和隔离为基础[1]。防御机制的等级越低,那么它所要防御的内容就越容易被关在潜意识世界中,越难以进入意识层面;防御机制

---

[1] 将压抑和隔离作为基本防御机制的分类方式主要参考杰瑞姆·S.布莱克曼(Jerome S.Blackman)的《心灵的面具——101种心理防御》。

的等级越高,那么它越能与人们的思维、行动相协调,越能表现出高适应性。

判断一个人防御机制适应性高低的标准是:此人是否拥有客体恒常性。客体恒常性主要指一个人能够在认知和情感层面都意识到每个人身上是可以同时拥有好和坏两个部分的。如果一个人能够接受"好和坏的情感可以同时存在于他自己或者周围人身上"的观点,那么他就能够妥善处理由焦虑或恐惧等原始感受引发的各种思想和情感,选择保留它们并使它们存在于意识之下(压抑或隔离)。但是如果一个人不能接受"好人身上也一定有污点,而坏人身上也必然有好的特质"的观点,那么他就需要将坏的从好的当中剥离,将好和坏界限分明地定义给不同人。要想做到这一点,他就必须把一些内在的情感体验归因于外在,变成他人的情感体验(分裂)。

从发展心理学的角度来说,"分裂"出现在婴幼儿身上是正常的,我们都是从这个阶段成长起来的。但是当一个人从小就被他的父母忽视或者指责,而他却想要在内心保留一个关于父母的美好印象时,他就必须让"分裂"持续下去,这终将导致其客体恒常性的缺失。

4.2 分裂：社交恐惧与交流渴望

4.2.1 黑与白

以分裂为基础的防御机制的适应性都比较低，因为我们需要付出非常高昂的代价才能使自己远离那些消极、负面的思想和情感。这个代价就是我们将失去以三维立体化的视角看待自己和他人的机会，让这个世界非黑即白，失去了多彩的中间地带。如果基于分裂的防御机制成了一个人防御系统的主体，那这个人在建立成熟的人际关系方面势必存在比较大的困难和缺陷。

很多人都曾发表过类似言论，他们认为处于逆境中的团体和个人会奋力营造一个形象鲜明的假想敌，进而迫使对方不得不迎战。比如善与恶、天堂与地狱、贫穷与富贵、热闹与孤独等，这样的对立和分裂广泛存在于人们的各种关系与信仰之中。

分裂形成于婴幼儿时期，是婴幼儿与妈妈之间互动的结果。这个时期的婴幼儿还不能理解他的妈妈同时具备好和坏的特征。我们能够很容易地能从婴幼儿身上观察到，他们在评价事物时常常使用绝对的"好"或者"坏"来帮助自己区分边界。

婴幼儿心目中是有两个妈妈的——一个是他们所爱的、能够及时满足自身需求的"好妈妈"；另一个则是他们所恨的、不断让自己体验到挫折的"坏妈妈"。他们之所以选择这种方式来区分边界，是为了避免体验对母亲的矛盾感受，这种矛盾的根源在于，他们所爱和所恨的妈妈在现实中其实是同一个人，但是他们还很难理解同一事物身上的冲突——他们的自我功能还不足以处理这些矛盾和焦虑，所以他们就得使用分裂防御机制。分裂就是为了让两种对立或相反的东西不同时出现在一个事物上，把它分成两半，放在两个极端上，一次只接受或者承认其中的一边，要么就只能是好，要么就只能是坏。

所以，使用分裂防御机制的人眼里只会产生"全好"或者"全坏"的思想和情感。如果好与坏同时出现在妈妈身上，这种矛盾的感受会淹没婴幼儿的自我，这对他们来说太危险了。所以使用分裂防御机制是婴幼儿让自己活下来的重要方式。也正因如此，我们才会看到，婴幼儿常会根据自己的单向观念，对某一人或物要么保持亲近、要么保持敌意。

"矛盾"在我们的日常用语中常用来表述自己做不了决定、不确定自己最想要哪一个或者最想做什么，"鱼与熊掌不可兼得"就生动描述了这种被不同方向的欲望拉扯的感受。我们都曾有过面对多种选项难以抉择或者不知道该怎么办的时刻，那种难受和纠结令我们印象深刻。

模棱两可或者不确定感带来的困惑会使得我们想要逃离，使得我们渴望获得确定感，让我们相信自己对某事毫无疑虑，即使我们实际上并不真的了解真相。严苛的道德要求、牢固的信念系统与狭隘的教条观念之所以不论在哪个年代都被人推崇,就是因为它们可以保护我们免受不确定感带来的痛苦。

当我们感到矛盾和不安时,就会本能地希望尽快解决掉这种不确定感。在咨询过程中,经常有来访者告诉我,一旦遇到让自己感到纠结的情况,他们就会手足无措,不停地思考,甚至为此整宿整宿地睡不着觉,直到他们做出决策。或许我们都有过类似的经历,有时候我们做出的决定并没有经过深思熟虑,并不在乎结果如何,只是想尽快结束那种不确定感给我们带来的折磨,那种感觉实在是太让人煎熬了。也有很多来访者希望咨询师帮他们分担这种焦虑,他们会一遍遍地在咨询中询问:"那你说我该怎么办呢?"

从程度上讲,分裂可能是轻微而且无碍的,也可能是扭曲的、病态的。所以如果发展正常,分裂将有助于我们内心世界秩序的建立,分裂将会是我们构建整个防御系统的先决条件,也是我们形成判断力的基础。

在我们的日常生活中,一旦陷入困惑或者受到极端威胁,我们都有可能不自觉地使用分裂的防御机制简化自己的复杂体验。所以说,我们终其一生都会有这种将世界分裂成好与坏、对与错、黑与白的倾向,这些倾向会深深地影响我们对人的态度。

4.2.2 爱与恨

"恨"①在我们的文化中是一种不太被接受的情感。在咨询中,常会有来访者纠正我对他们的共情:"我没有恨他们,他们也挺不容易的,我只是有些不开心而已。"通常情况下,"恨"是一种很不好的情感,抱着这种情感的人也是有问题的人。"恨"是很多心理类书籍常常鼓励我们去"超越"或者"放下"的一种情感,就好像我们能够完全摆脱它一样,而且只要摆脱了它,我们就能够获得自由。

当我们使用"恨"来防御时,会没有办法真实地看待世界和他人。但是有些人为了给自己的负面情绪寻找一个合理的发泄渠道,就需要用清晰的好坏标准来衡量对方,比如:可爱又无辜的小动物与伤害他们的残忍人类,纯净的大自然与污染它的无情资本家……他们只需要憎恨这些"恶"人,而不必去"细究"他们也是一个个有喜怒哀乐、有血有肉的人。我们在感觉自己的负面情绪有了存在的正当的理由之后,就会变得心安理得,甚至有时候我们会无意识地通过扭曲自己的立体认知来证明某种仇恨的合理性。

---

① 此处的"恨"可以代指所有包含冲突的负面感受。

李鑫因为亲密关系的困扰前来咨询，她一直对亲密关系中的好与坏深感为难。几个月前，她一直在两个不同的男友之间徘徊。她会轮着与他们约会，但都没有让对方知道另外一个男人的存在。

李鑫最开始是想跟第一个男生王文在一起的，但是之后又改变了主意，离开王文转而选择了第二个男生赵照。但她始终还是没有办法做出最终决定。

李鑫的两段情感是有共性特点的：最初和男生在一起的时候，李鑫都会觉得对方很完美，就是自己要找的人。她会有一见钟情的感觉，虽然总觉得还缺了些什么，但幸福感会让她自动忽略掉那些疑虑。情侣之间的常见冲突总是不可避免，渐渐地，她开始感到愤怒和绝望，并自动化地认为情感中的一切不幸都源于找错了人，然后就会抛下这个男生去和早前拒绝的另一个男生联系。

李鑫无法接受一段关系中的很现实的部分——对方跟自己都是独立的个体，因此难免做出一些不合彼此心意的事情。只要李鑫因为对方而感到生气或者挫败，就会将之归因为自己做了错误的选择。

李鑫对于关系和爱情的理解停留在了完美和理想化的层面，她完全无法接受情感中更加复杂的成分，一旦感到这种完美被愤怒、生气、失望、矛盾、冲突、仇恨"玷污"，她就会立刻采取行动予以抵制和远离。在这一点上，她采用的就是分裂防御机制。

但是在现实中，能够忍受关系中的矛盾和愤怒甚至于偶尔感受到的仇恨，并且不去用一种可能伤害到自己或对方的毁灭性方式表达出来，是我们长久维持一段关系的根本。这不但适用于爱情，也同样适用于友情、亲情等各种关系。

承受住关系中的矛盾心理，其实就是要学会体验每一种情绪，而不是反过来被矛盾所吞噬。同时，我们还需要清晰地知道，任何感觉都只是暂时性的。允许矛盾在关系中存在，就意味着我们有能力思考并且相信：我在这一刻可能是恨对方的，恨得咬牙切齿，但是这种感觉终将过去，我又会对他充满爱意，我希望彼此能够长久陪伴。

4.2.3 好与坏

大山的妹妹长期被校园霸凌，并遭到对方的威胁不准说出去。直到家人从她愈加沉默的行为上发现端倪才逐渐了解到事情的真相。他们随即采取行动向学校报告了此事，但是因为参与校园霸凌的都是些未成年的学生，且学校出于声誉考虑，一直没有给出明确的处理意见。

大山的家人感到极度愤怒，多次与学校交涉未果后，他们决定组织家庭会议，进行分工合作，齐心协力地想办法处理此事。每个成员都在发动周边的资源和人脉，力求找到让对方得到应得惩罚的途径。在想办法的这段时间里，一切都变得不重要了，整个家庭都围绕着这个事件奔波。每个成员都肩负起了为大山的妹妹寻找正义的责任。

在这种情况下，大山的妹妹的形象开始在家人的心目中变得柔弱、纯洁、善良、美好。大山的家人近乎疯狂地追求着真相和公正，让参与整个事件的"坏孩子"得到严肃的惩罚成了他们的共同目标，家人之间的恩怨情仇在这个事件上都变得无足轻重。类似这样的场景，我相信大多数的家庭都会这样做。

在追求真相和公正的过程中，大山的一个朋友，闲聊时向他抱怨自己的青春期妹妹很"可恶"，虽然对错很分明，但是大山在那一刻根本无法思考，他怒不可遏，向那位朋友发了一顿雷霆之怒，并决定跟他断绝来往。他的那个朋友的妹妹确实有着青春期孩子特有的一些让人头疼的行为，但盛怒之下的大山却指责是这个朋友不懂得如何爱护妹妹，居然还反过来说妹妹"坏话"。这个朋友成了"十恶不赦的坏哥哥"，成了大山必须断交的"狐朋狗友"。

这就像在战争时期，一个国家的人民会调转枪头一致对外，大山的家人在此刻选择了团结一致，他那位受到欺负的妹妹成了好人，家人之间互爱互助，任何对妹妹的评判和质疑都是无法被容忍的。那个抱怨妹妹的朋友就是大山要切掉的邪恶毒瘤，因为校园霸凌事件激起的愤怒和无助让他的内心充满了痛苦，他已经没有能力分辨那些模糊与矛盾的状况，他完全不能想象那个朋友的柔弱妹妹会做出叛逆之事。

两个月之后，学校终于对参与校园霸凌的学生们做出了处分，他们的父母也都分别站出来承认了孩子的错误，跟大山的家庭道了歉。至此，压在大山家庭头上的石头终于被放下，所有成员又各归其位，恢复到日常生活的状态。大山此时才开始理解朋友的立场，并去修复了这段友情。他终于能够从更丰富的视角觉察自己一直以来对妹妹的客观看法了。但是在处理事件的整个过程中，他要应对巨大的愤怒和痛苦，一个不和谐的矛盾观点就会超出他的情感承受范围。

将人或事放于跷跷板的两端，一端是好的，一端是坏的，这就是分裂的典型特征。使用分裂防御机制的人在人际交往中还可能伴随着对同一个人从极其肯定到完全否定的情感转变，或者倒置过来。总而言之，使用分裂防御机制的人的对他人的看法会产生很大波动，可能在一夜之间从天堂掉到地狱，反之亦然。这种非黑即白的情况比较常见。所以，分裂防御机制虽然能够暂时性地减轻人们因冲突带来的焦虑，并且维持人们的自尊，但是这实际上是在以扭曲事实的方式来掩盖真相。

4.3 压抑：关起来就不见了

4.3.1 想法与情感的"禁忌"

简单来说，我们内心的所有情感反应都包含两个部分：想法和情感，二者结合起来形成了我们的心理结构。其中情感可以是正向的，也可以是负向的；想法既可以存在于意识层面，也可以存在于潜意识层面。

很多时候不是我们有意隐瞒，但是一些经历实在太过痛苦和可怕，在当时的场景中没能被及时、仔细地处理，那由此产生的想法或者情感就会变成"禁忌"被关到潜意识中去。

例如，琳琳一想到自己下周要去参加一个聚会（想法）就感到很焦虑（情感）。在这个例子中，焦虑与要去参加聚会联系在了一起。如果琳琳感到过于痛苦，那她的内在自我就会试着将其中的某些部分关到潜意识中。这里有以下三种将想法与情感关到潜意识中的防御机制。

（1）第一种防御机制：将想法关到潜意识中，但保留对情感的意识，如图1所示。这样琳琳在这一周里就可能总是感到很焦虑，但不清楚是什么原因造成的。这种防御机制称为压抑。

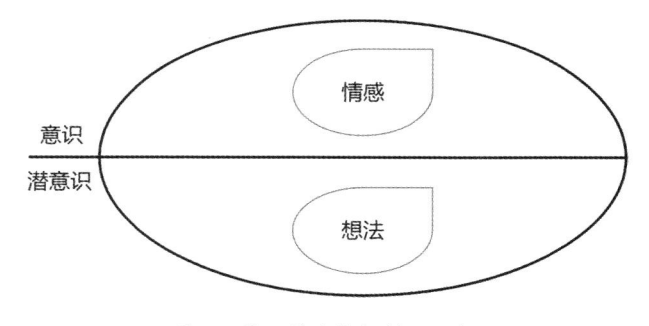

图1　第一种防御机制：压抑

（2）第二种防御机制：将情感关到潜意识中，但保留对想法的意识，如图2所示。这样琳琳就会记得下周要去参加聚会，但是没有什么感觉。这种防御机制称为情感隔离（简称：隔离）①。

---

① 也有很多资料将压抑和隔离的基础都划归为压抑——即压抑了情感或压抑了想法。本书中为了方便区分，依然采用了将压抑和隔离分开解读的方式。

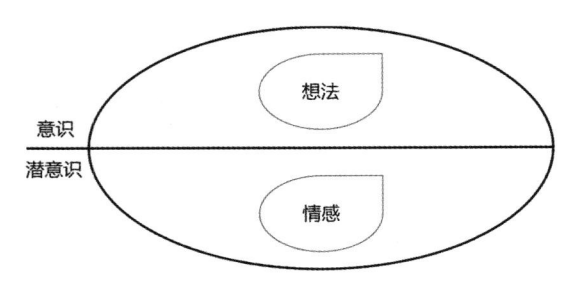

图 2　第二种防御机制：情感隔离

（3）第三种防御机制：既关闭情感，又关闭想法，如图 3 所示。这样琳琳就会忘记聚会这回事，也没有什么感觉。这种情况是自我同时使用了压抑和情感隔离两种防御机制。

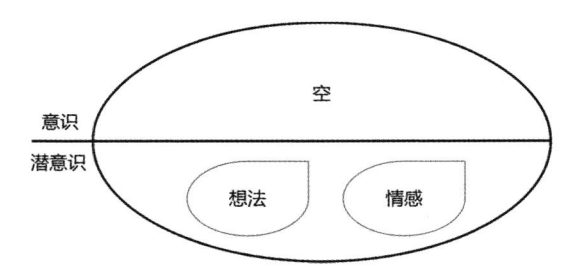

图 3　第三种防御机制：同时使用压抑和情感隔离

4.3.2　不能面对的痛

压抑是一种选择性遗忘和主动的抑制。与因时间久远、记忆力减退等生理原因产生的"自然遗忘"不同，压抑是一种有目的、有针对性的遗忘。"自然遗忘"是一个自然而然的规律，不需要人们主动来做什么。压抑是一个过程，需要不断消耗我们内在的能量去压制和监测需要被压抑的内容，以保证那些被

第4章 关于"不"的假象：社交恐惧的表现

压抑的内容不会挣脱"牢笼"再次回到意识中。因此，并不是所有的忽视或遗忘都是压抑防御机制在起作用，只有当某个想法或情感引起了人们极度的焦虑或痛苦，让人们觉得自己很难应对它时，压抑才会产生。

压抑也与否认①不同，它不是有意识地刻意否认事实，而是在无意识之中选择性地"忘却"了这个事实。被压抑到潜意识中的想法或情感并没有消失，会继续以一种更加隐性的方式影响我们的行为，以至于我们会在日常生活中做出一些让自己也很震惊、不明白的事情。弗洛伊德指出，人们在经历创伤体验后也会产生大量的压抑，比如遭受抢劫、强奸或虐待的受害者在事后可能很难回忆起当时情景中的一些细节。

> 姜芯是一位穿着得体、温柔善良、礼貌优雅的女士。她细腻敏感，总是能够捕捉别人的不安，给予及时关心。在周围人眼里，她婚姻幸福，孩子可爱，事业顺利，她是人生赢家的典范。但是她最终因焦虑、失眠、心慌而前来咨询。

---

① 否认，防御机制之一，详细解释见本书第 6 章 6.1 节的 "6.1.1 否认：我说没有就没有"部分。

最初我也会好奇还有什么是会让她焦虑的。随着咨询的深入，姜芯与丈夫婚姻中的隐性问题愈发凸显。在日常生活中，无论姜芯做什么，丈夫都会用"指责"的口吻贬低她"做事不过大脑"，总是不能做到有始有终。

我们在咨询中探索出来的结果是：姜芯潜意识中有很浓烈的愤怒情绪。这些愤怒大多是在原生家庭时期就已经形成并积压起来的。她爸爸是典型的大男子主义，家里的"一言堂"，绝不允许任何人反对他的决策或者对他表达不满。性格强势的妈妈总是不断陷入要与爸爸争夺权威地位的战争当中。在这样的背景下，没有人给姜芯提供任何情感支持。

在姜芯的婚姻中，被丈夫贬低也让她在潜意识中积压了很多愤怒，而不论这种愤怒是否完全合理。姜芯的原生家庭里没有任何关于如何容忍和处理这些情感的模板，所以她只能压抑对愤怒的感受。渐渐地，我们搞清楚了原来"做事不过大脑"实际上是丈夫对她不会处理也无力承受愤怒的一种无意识表达。

在一段并不是那么和谐和自由的人际关系中，很多人会压

第4章 关于"不"的假象：社交恐惧的表现

抑自己的敌意，但敌意并不会凭空消失，而是会借用更加隐秘和间接的方式伪装后再去呈现出来，那些过度的伪装甚至会变形到连我们自己都看不出来。

被动攻击是典型的使用压抑防御机制的结果。我们的文化并不鼓励直接表达愤怒或者做出一些攻击性行为，很多人只能通过在重要的事情上焦虑、抱怨、拖延甚至出状况，或者直接"忘记"要做的事来释放敌意。很多人都很难接受自己的愤怒，就如上述案例中的姜芯，她压抑了对情绪的感知，意识不到自己的愤怒，但无意识间又将它们以更加隐秘的方式呈现出来了。

弗洛伊德早期认为只要帮助来访者恢复早年的创伤性记忆，就能够达到治疗效果。但是随着经验的积累，他却发现很多来访者实际上"不愿意"恢复那些记忆，相反，还会通过很多方式阻止他揭露那些记忆。所以他曾推测，一定有某些精神层面的力量在阻止这些创伤性记忆从潜意识之中释放，来访者的抗拒说明他们是在压抑这些很难面对的伤痛。

我在日常的咨询工作中也常常从来访者那里感觉到抗拒，通过抗拒解读到压抑的存在。有时候我会向来访者面质[①]一些

[①] 面质，心理咨询技术之一，又称对峙、对质等。是指咨询师指出来访者身上或者话语中的一些矛盾之处，帮助来访者正视自己的问题。

问题，尤其指向那些他们始终不愿意面对的痛苦或者无法忍受的羞耻感，但是很多来访者常常坚持否认自己存在那些感觉，即使事实就摆在眼前。还有一些来访者看似会同意我的观点，但是马上会转移到其他话题上。更有来访者会直接反驳我，认为"是我理解错了"。当然的确有我理解错的时候，但更多的情况则是压抑在阻碍他们面对真相。

如果压抑过于牢固，还会出现一些更加严峻的情况，比如来访者总是迟到或者直接放弃咨询。曾经有一位来访者，他在童年经历过很多不幸，遭受了心理和生理上的双重虐待，目前的生活也处于极度痛苦之中。但是他自己并未意识到两者之间的联系。在咨询中他的语言系统与非语言系统完全在传达两套信息，当我尝试解释他的非语言系统实际上是想让我看见他的痛苦时，他显得迷茫而且消极咨询。

在接下来的一段时间里，他先是因为日程安排冲突而临时向我请假，之后又因为大量的学习安排而没有精力咨询。随后我们只咨询了两次，他便彻底终止了我们的关系。虽然现实因素偶有影响，但是当来访者没有做更多解释也不愿意就此进行分析就突然中断咨询时，其背后的原因就值得玩味了。我从这位来访者的经历中感受到了持久而顽固的压抑防御机制。当我试图靠近它时，来访者表现出了明显的抗拒。

第4章 关于"不"的假象：社交恐惧的表现

或许作为读者的你此刻也在抗拒本书中的观点，你会质疑防御是否真的存在，或者是否与你想要解决的社交焦虑有关联，甚至可能认为上面那位来访者终止咨询是个人的正常选择。你也可能就此放弃阅读这本书，以表达你的"不满"。当你的以上这些念头闪现而过时，很可能你已经在靠近你的防御了。不妨带着敞开的心态读下去，看看你的防御还将跟你分享哪些"秘密"。

4.3.3 被误用的压抑

案例：记忆中的杀人案[①]

1969年，8岁的苏珊在独自看望邻居的路途中失踪了。两个月后，人们在附近的水库中发现了她的尸体。验尸报告显示苏珊死于头盖骨骨折，显然她是被谋杀的。但是因为警方缺乏有效证据，当时并没有找出杀人犯。

20年后，死者儿时的玩伴艾琳·弗兰克林在自己家中与女儿玩耍时，突然回忆起了苏珊被害的全过程。她看见自己的父亲性侵了苏珊，并用石头砸碎了她的脑袋。

法庭依据弗兰克林的证词于1990年认定她父亲的谋

[①] 案例引自《人格心理学》（第七版）(Personality 7th Edition)，杰瑞·M.伯格（Jerry M.Burger）著。

杀罪成立。法官认为他父亲是一个"残忍而堕落"的人，判处他终身监禁。陪审团之所以相信弗兰克林的证词，是认为她提供了案件的细节，而这只有当时出现在案发现场的人才能描述得出来。

但是为何这些细节在20年之后才被记起，检察官认为是因为这些记忆太过痛苦和可怕，所以弗兰克林将它们压抑进了潜意识中。现在因为自己的女儿与苏珊长相相似，继而激发她回忆起了这段被长期压抑的记忆。

但是在服刑5年之后，新的证据出现并证明了弗兰克林的父亲是无辜的，检察官撤销了对他的父亲的指控。

弗兰克林案成了心理学原理被误用的反面教材，这个父亲也成了历史上第一个由于被压抑记忆的重现而定罪的人。

20世纪90年代"被压抑的记忆"风潮正浓，许多来访者在咨询师的引导下会突然回忆起早年被父母虐待或者性侵的经历。但是后来人格心理学家和记忆研究者通过研究发现："人们确信无疑的、被压抑的记忆其实可能并不是真实的。"《人格心理学》中还提道："少数治疗师因为误用了精神分析的压抑概念而造成了数千家庭的破裂。"

从事心理咨询行业的人都会发现一个很让人诧异的现象：来访者口中所描述的妻子、丈夫、父母或子女等人的形象，与咨询师在实际中见到的这些人的样子大相径庭。这可能就是所谓的"罗生门"吧。

我曾在第1章中提到，每个人都同时穿梭在两个世界——一个是内在世界，一个是外在世界。我们的内心是栖居在内在世界与内在体验之中的，所以记忆可能是虚构的，在现实层面毫无价值。但是同时体验又是真实的，这就是心理咨询工作的重点，心理咨询更关注一个人的内在。

4.4 隔离：我没有什么感觉

4.4.1 剥离痛苦的良方

将心理成分中的情感部分剥离出来压抑至潜意识深处是我们应对焦虑和痛苦的方式之一。这种隔离防御机制如果使用得当，可以获取很多益处。例如，如果心理咨询师在咨询中时刻挂念自己的私人痛苦，就不能高质量地倾听来访者；外科医生如果在手术中产生反感、害怕，就无法有效医治病人；执法者如果不能杜绝情绪化，将很难依法办事。

很多精神分析师将隔离视为理智化[1]、合理化[2]、道德化[3]等防御机制的基本元素。这些防御机制的共同特征是：将由事件、观念等引发的强烈负面感受压抑至潜意识。若一个人将隔离作为自身的核心防御机制，那他就会在日常生活中更加注重观点而忽略感受，这可能形成强迫性人格结构[4]。

王志实事求是地谈论了他的境况：在人际交往方面，他几乎没有朋友，他也从不参加饭局，面对同事的邀请，他有时会心动，但更多的时候是回绝。他对此的描述是：没有什么想法，就是不想去而已。

婚姻方面，他与妻子已经分居超过三年，妻子每天早

---

[1] 理智化，防御机制之一，详细解释见本书第 6 章 6.3 节的 "6.3.4 理智化：保持理性才能解决'问题'"部分。

[2] 合理化，防御机制之一，详细解释见本书第 6 章 6.2 节的 "6.2.3 合理化：我总有理由"部分。

[3] 道德化，防御机制之一，是指将很多欲念看作符合道德和责任的标准，常用此类防御机制的人往往要让自己站在道德的制高点。例如，老板粗暴地训斥下属，并声称这是在帮助员工成长；父母暴力地打孩子，却认为这是为了孩子好。

[4] 强迫性人格有别于强迫症、强迫性人格障碍。强迫性人格的特征包含：完美主义、固执、在人际关系中表现得冷漠、害怕犯错、犹豫不决、严守道德规范、高度责任感等。

上 7 点就出门，晚上 10 点以后才回家，她经常参加朋友聚会或者去酒吧喝酒。妻子从不关心他的生活起居，甚至根本不与他交流。王志面无表情地描述着他对婚姻的看法："没有什么感觉，就是想赶紧处理完这些事。"

王志很显然在使用情感隔离这一防御机制，他无法觉察在他轻描淡写地讲述自己人生故事的背后所隔离着的无尽悲伤、孤独、屈辱、愤怒、受伤、渴望等复杂情感。

如果更进一步细化，情感隔离还可划分为两种维度：一种是觉察不到自己的情感；另一种是觉察不到他人的情感。偏向第二种维度的人常常被周围人抱怨缺乏共情能力，但更常见的情境是，人们使用情感隔离防御机制是为了同时规避上述两种情感。

4.4.2 亲子关系中的情感隔离

工作忙——父母觉察不到自己的情感。很多父母会抱怨，他们被生活所迫要去工作，没办法陪孩子。这在意识层面的因果关系是：因为工作太忙，所以没有时间陪孩子。但是在潜意识层面，因果关系也许是相反的：因为要减少跟孩子的情感联结，所以要用很多时间去工作。这样，父母就用工作隔离了跟孩子之间的情感互动。可能很多已经为人父母的读者看到这里会很愤怒，那就请仔细回忆一下，你的工作是否真的需要占据你所有的时间？如果你还是感到愤怒，那恰巧说明你的情感隔离防御机制正在松动，因为你已经体验到了相关的感受。

我们可能很好奇，一些父母为什么要通过工作来减少跟孩子的情感联结呢？这有很多种可能性，以其中一种为例：也许他们自己在童年时期也常常被他们的父母忽视，而他们的父母给出的理由是太忙了。现在他们为人父母，他们爱自己的孩子，所以也会希望自己的孩子跟自己的感受是同频的。换句话说，在潜意识中他们会希望他们的孩子也能够体验他们的童年所体验到的，这样他们彼此才算是真的感同身受。共享信息是传递爱的形式之一，那这个传递自然也包含痛苦的信息。

学习难——父母既觉察不到自己的情感，也觉察不到孩子的情感。很多父母不知道该如何跟孩子沟通，就只能大谈特谈学习。学习成了他们之间情感隔离的"钢板"。很多孩子曾尝试各种办法试图突破这层"钢板"，比如，尝试和父母谈论别的东西、表现出父母想要的样子、做出一些滑稽的另类行为……但是沟通方式枯竭的父母只会很快地把话题重新聚焦在学习上。当孩子兴高采烈地向父母传递情感时，父母就可能感到自己的情感隔离防御机制可能要被撬动，他们害怕自己也变得像孩子一样兴奋、失控,就会立即把"钢板"再加厚一层:写你的作业去!

为你好——父母既觉察不到自己的情感,也觉察不到孩子的情感。补习班、兴趣班在社会生活中比较常见,孩子的业余时间被父母安排的各种"班"填满,因此,补习班、兴趣班也起到了一种隔离父母与孩子情感联结的作用。当父母只是告诉孩子"这都是为了你好",就强迫性地把孩子送到补习班、兴趣班时,他们既觉察不到自己对孩子的心疼,也觉察不到孩子的压抑和痛苦。很多在这种环境中成长的孩子都曾经发誓"等以后长大了,绝不会再这么对待自己的孩子",这无形中印证了孩子和父母之间是没有情感呼应的。

4.4.3 亲密关系中的情感隔离

手机就是全世界——他们觉察不到自己的情感。有人说手机是伴侣的"小三",这也成为很多亲密关系破碎的导火索。有太多的亲密关系中夹着手机以及手机中的整个互联网世界。为什么有人宁愿抱着手机也不愿意正视自己的另一半呢?这是因为看着伴侣会激起很多人的内在情感,但是这些内在情感又大都是他们内心无力承受的。另外,在象征层面上,手机也许是我们的一部分,是继一个人内心世界与外在世界之外的又一方小世界,沉溺于手机既是自恋,也是逃避。

用情感来隔离情感——既觉察不到自己的情感，也觉察不到伴侣的情感。伴侣之间的相互争吵，看起来是在用力地表达各自的情绪，但同时也有可能是在隔离另外一些情感。例如，掩盖自己对被爱、被尊重、被赞美的需要，同时也忽视对方有同样的需要。带着对潜意识的理解来看待夫妻间的冲突，就像是一种双方"共谋"的情感隔离：隐秘的相互亲密，但又彼此不承认，互相意识不到。

为了孩子——既觉察不到自己的情感，也觉察不到伴侣、孩子的情感。在有孩子的家庭，父母很容易将孩子当成夫妻间情感隔离的工具。例如，以教育孩子为借口，忽视与伴侣的交流，甚至回避性关系。在这种状况中，孩子就被迫要为其中一方扮演"丈夫"或者"妻子"的角色。夫妻间被隔离的那一部分情感会加注在孩子身上，使孩子产生不堪重负的分裂感。除此之外，这还会导致其他糟糕的结果，比如，孩子过多地被占据，使孩子没有精力面对自己的发展性课题，如学业压力、人际交往等，甚至可能影响孩子的独立成长，因为父母太需要他们了。

第 5 章

过度防御：借痛苦掩盖痛苦

> 事实总是友善的。人在任何方面每获得一点证据，都会使人更接近真实。
>
> ——卡尔·罗杰斯

5.1 过于僵化的防御

案例：总是完不成的工作

星期五的傍晚，保安检查完所有的教室后关上了学校大门，一周的课程已经结束，老师和学生终于可以喘口气，去轻松享受他们的周末时光了。这是一所以优质的教学质量和高效的家校沟通为特色的学校，广受好评。老师们每周都需要雷打不动地完成一项硬性任务——与每位学生家长沟通一次。学校没有明确要求一定要在工作日内完成所有沟通，但通常情况下，老师们只要合理安排时间，基本都可以在周五放学之前完成这项硬性任务。

但是这所学校一位名叫高铭的老师是个例外，他总是在备课上分配更多时间，"忘记"还有家长沟通这回事，直到周五才记起自己居然没有和一位家长做沟通！低头"认真"看教科书，等同事都走得差不多了，他才开始窸窸窣窣地收拾东西回家。为了避免在路上碰见学生家长和同事，他几乎每天都是最后一个离开办公室的。

高铭为周六的晨起设定了5个闹钟，每次间隔10分钟。当熟悉的闹钟再次响起，他摸索着关掉了最后一个闹钟。"我再缓一下就起床"的念头轻轻飘过，他就又迷迷糊糊地睡着了。1个小时后，他终于战胜瞌睡，张开了那仿佛黏住的眼睑，拿起手机看到已经是早上9点半，他瞬间又是挫败，又是懊悔。他快速地从床上爬起来，拖着还有些倦意的身体向书桌走去，打算继续他本应在周五放学之前就完成的影响任务。

第 5 章　过度防御：借痛苦掩盖痛苦

他找出学生家长的通讯簿准备打电话和家长沟通时，才发现手机只剩下 15% 的电量了，他预计这应该不能支撑他完成所有沟通，于是决定先给手机充满电再打电话。趁着等待的时间他去洗漱了一番，又感觉自己饿了，这才发现还没有吃早饭，于是又给自己准备了些早饭……当吃完早饭，洗好碗筷，看了新闻，洗了衣服后，他再次看时间，已经是上午 11∶20 了。他使劲搓了搓脸，感觉非常焦虑和懊恼，"天呐，我都干了些什么，工作还没开始！"他深吸了一口气，告诫自己："下午 2 点开始工作吧，今天一定要完成！"

他喜欢给孩子们上课，也喜欢这份工作，但不知道为什么，他总是不能按时完成与家长沟通这一任务。回避社交和拖延在学生当中是非常常见的现象，但是高铭的教师身份和自我定位让他对频繁出现在自己身上的社交困难和由此产生的拖延行为很是痛苦。他认为自己都做不好，又有什么资格和底气教育孩子、要求家长呢？

学校也显然注意到了高铭的这一问题，校主任就找他非常严肃地谈了话，提醒他注意工作效率，不能拖学校后腿，损害学校形象。他无力辩解，也觉得很丢脸，但是周六的场景几乎每周都还在重复。痛苦挣扎无果后，高铭终于预约了心理咨询，这个打算已经在他脑海里盘旋了近 1 年，只是一直都被搁置了……

周六下午，戴着黑框眼镜，文质彬彬的高铭，迟到了 10 分钟到达咨询室。他看起来有些瘦弱，30 岁左右，进来后立刻微弯腰给我道歉："非常抱歉，不好意思我迟到了。"态度真诚而急切。

我并未着急回应他的这一道歉，而是微笑着示意他坐下喘口气。他只坐了一半的沙发，离沙发靠背还很远，身体也略微收在一起，看起来有些拘谨。他并没有开口，而是看着我，似乎在等待我的指示。

"我们开始？"我问道。

他立刻回应道"好的"，同时直了直腰，似乎想要表现得认真一些，之后继续看着我，好像在等着我来开场和提问。

我微笑着看着他，没有再开口。

他显得有些局促和尴尬："我没有做过咨询，不知道该怎么开始。"

"从你觉得舒服的地方开始吧。"我说。

第5章 过度防御：借痛苦掩盖痛苦

他低垂了视线，开口道："我就是挺迷茫的，对别人来说很容易的事，我就是做不好。"他顿了顿，抬头对我苦笑了一下接着说："可能我问题挺大的吧。"

"哦？什么样的问题呢？"我问。

他又低垂了视线，沉默了一小会儿后开口道："我感觉我有大家常说的'拖延症'，而且还挺严重的。"

"跟我说说你的'拖延症'吧！"我回应道。

"嗯……哎！"他拖着长腔叹了口气，"就是很多事情我知道我应该做，但就是总有其他事情挡在前边，拖拖拖，拖到最后也还是要做，我感觉我的整个前半生都在这种挣扎里面度过了。"

"再多说一些你的'前半生'吧！"我继续追问道。

他向前俯下肩膀，双手合掌夹在大腿中间，看着我说："我总是习惯制订很多计划，但是很难真正地按计划行事。一些必须完成的工作我也能完成，但就是会拖到最后一刻。这种感觉非常不好。虽然其他人有时候也会这样，大家也并不觉得这个事情有多严重，我最开始也这样想，但是后来越来越发现这样挺耽误事儿的。虽然也没有出过什么大的意外,但我感觉这个问题已经越来越严重了。"

"你刚才说你的'整个前半生都在这种挣扎里面度过',听起来这种模式已经存在很长一段时间了。"我说。

他的眼睛微微睁大了一下,然后皱起了眉头,"上学的时候,我就会给自己安排非常繁重的任务,但我通常从最不重要的地方开始,然后在这上面耽误很多时间。等到马上要考试了,却没有时间复习真正重要的知识点,导致我要经常熬夜甚至通宵,占用休息时间去复习。不过也恰恰通过这种方式,我才发现原来自己的潜力是无穷的,因为那个时候我的考试成绩还是非常不错的。"说到这里,他盯着我有些腼腆地翘了翘嘴角,短暂地笑了一下,"我记得读书的时候,老师还开玩笑地说我以后是当大官儿的料,因为我总是压轴出场的那一个。"

"你是说很早之前大家都知道你的拖延?"我问。

他有些无奈地笑了笑,"是啊,虽然我最后也都完成了各项事务,而且我认为我的实力是没有问题的,我的工作也都完成得很好,但这个毛病周围人还是都知道的。而且我发现所有跟人打交道的任务,我会拖延得更严重。上学的时候,但凡参加同学聚会或者单独见老师,我都必然迟到；上班之后，给领导汇报工作，跟家长做回访，总是拖到最后一刻，一到这个时候我总是很忙，但是到最后我也不知道自己在忙什么。"

"那这给你周围的人造成困扰了吗？"我问。

他清了清喉咙，"大部分学生家长对老师还是非常尊重的，所以不论我回访早晚，他们也并没有说什么。就是我女朋友总跟我吵架，她期望我们周末能多在一起约会，但我总是因为工作要加班而不得不取消。我就不能理解，难道男生努力完成工作、有上进心不好吗？我也是希望工作尽量做好一点儿，能够有更多机会，这样也能为我们以后结婚多争取一些保障。但她就觉得我不够爱她，故意拖延不想跟她见面什么的。"他环顾了一下咨询室，看上去有些疲惫。

我注意到虽然他意识到了自己有拖延方面的问题，但是他并没有以任何方式承认他的拖延会给别人带来麻烦，并会下意识地为自己开脱。

"你的这个习惯使你女朋友感到不满，就像校主任对你不满一样？"我问。

他耸了耸肩，"应该是吧，我女朋友总是脾气很大。"

他直起腰变换了一下坐姿,"她觉得我总是说话不算数,说好过年要去她家的,但我一直拖着没有去。说好假期一起旅行、周末一起见见朋友什么的,我也都一直拖着没有约。她中间有几次跟我闹分手,但都没有真的分开,每次我哄哄就好了。直到校主任也跟我谈到这个问题,我自己总结了一下,感觉这些麻烦都跟拖延有关。"

说到这里,他停了下来看着窗外。

"如果把你看着窗外的这个动作翻译成语言,它会说什么呢?"我问。

高铭把目光转到我身上,轻轻笑了笑,说:"我第一次听到这种问题。我刚才也没想什么,就是觉得我女朋友人还挺好的,我并没有想过要跟她分开。如果她真的跟我分手,我以后应该再也找不到这么好的女孩子了。"他的眼睛微微湿润,再次将目光转向窗外,似乎在掩饰这一刻的情感涌动。

又沉默了一会儿,我问:"这一会儿你想到了什么?"

这个时候他的表情变得有些严肃,"我在想我女朋友。前几天我们聊微信的时候,我跟她说了校主任找我谈话的事。结果她说:'终于有人跟我一样受不了你了!你努力工作我很支持,但拿要努力工作冠冕堂皇地拖延我们之间的问题,以前还让我无话可说。但是现在你工作中的领导也这么说,看你还有什么可解释的。难道你还要继续这样浑浑噩噩吗?如果你再找借口拖延,不解决自己的问题,那么你的工作迟早会保不住。而且我也不知道我还能忍你多久,等我也累了的时候,可能就是我们结束的时候了。'"

他揉了揉发红的眼睛,吸了一口气接着说:"她这次说的时候挺冷静,跟之前吵吵闹闹的状态不一样。感觉她这次是认真的。"他停顿了一下,用僵硬的声音又加了一句:"不过这是我情感上的事,跟工作还是不太一样的。"

"跟工作中的什么不太一样?"我问。

"什么?"他问,似乎有些不太明白我的问题。

"你的工作中除了你刚刚谈到的,还出了什么问题吗?"我问。

"校主任找我谈话的时候,除了指出我的拖延问题,还问了一下我对自己职业发展的看法。因为他观察到我总是独来独往,也不跟其他老师多交流,学校举办的各类活动、聚餐,我也是找各种理由能不去就不去了。他就问我是不是并不打算长久做这份工作?"他苦笑着说,"我没想到我在领导心目中居然是这个样子。我挺喜欢这份工作的，也想以后长久发展。但是在他们眼里我居然成了那个不合群、不上进、还拖学校后腿的人。为什么最后总是会变成这样？"

"你说的'总是会变成这样'是什么意思？"我问。

他稍微伸了伸腿，又缩回去："嗯，就是明明我本意不是这样，最后却被别人误会成'我故意的，我不想，我不喜欢'什么的。"

"以前发生过这种事情？"我问。

"嗯，是的。"他皱着眉头说，"有时候我都懒得解释了！我也不想这样，但是我努力试过了还是不行，他们都不理解，就觉得我是有意为之。也许这一次他们的误会对我来说影响比较大了。"

说到这里，他的身体突然僵住了，脸色发白，然后猛地摇头，就像要把他想到的内容甩掉一样。"其实也没什么，事情总会过去的，这次肯定还是这样！"他小声加了一句，就像是在安慰自己。

"所以你认为没有必要把周围人的看法当真？"我问。

第5章 过度防御：借痛苦掩盖痛苦

"我想要跟他们解释，但是人们更愿意相信自己眼睛看到的。不过他们眼里也不只有我一个人，不可能天天盯着我，时间一长，应该慢慢就忘了。"他摩挲着沙发扶手。

"那你女朋友呢？"我问。

他怔怔地看着我，再次僵硬了身体，接着才又继续摩挲着沙发扶手，"嗯，我还会像以前一样多哄哄她。我自己也在努力改变，何况过去我也总有办法让别人不在我的拖延问题上纠缠。我绝对不会让自己变得事业和家庭都一无所有的。"他停止了摩挲，而是握拳用力按在沙发上，指关节都微微泛白。

深吸了一口气，他转头看向墙上的时钟，意识到咨询时间到了，跟我约定了下周同一时间见面后，他离开了。

第二次咨询时，高铭迟到了6分钟，他是皱着眉头走进来的，刚一坐下就看着我，似乎有很多想说的，但又在等待我的允许和开场白。我微笑着看着他，并没有开口。

他局促地等了一小会儿，试探性地开口说："那我就直接开始了？"看我一直是认真倾听的模样，他似乎得到了确认，就又继续说："哎，从上次我们见完面之后又发生了很多事情，几乎没有什么好事儿。"

"哦?发生了什么?"我问。

"学校主任又找我谈话了,感觉他比第一次跟我谈话的时候推心置腹了不少。他告诉我最近市教育局的领导要过来视察,而且还要同步举办一个'最美老师'的网络投票评比,这跟学校今年的一些人事调动息息相关。主任说他对我的教学水平还是比较认可的,但对于我是否能够在教育局领导面前表现出众,以及是否能够在网络评比中获得大量学生家长的支持,他完全没有信心。

"他说这些的时候,我感觉他对我很失望。他还让我表态对工作到底是怎么考虑的?如果想要在学校好好干,想要往上走,那就要表现出相应的能力,而不是每天活在自己的小世界里。"高铭说到这里很是垂头丧气,"我很想跟他说说我现在的这个问题,但又怕他认为我是在找理由、找借口。我能感觉到主任最开始是很看好我的,也想着重培养我,但我始终没有表现出他想要的样子。他现在都有点儿放弃我了。"

"听起来好像还发生了什么别的事情?"我问。

他微微看向斜上方,"我想想",轻吟了一下后接着说,"我们是上周周六见的面,主任是本周周二找我谈的话。那

第 5 章 过度防御：借痛苦掩盖痛苦

应该是周三，女朋友又跟我闹起来了，开始各种跟我翻旧账。她甚至……"说到这里他停了下来，脸色很不好看，嘴唇抖了几下，都没有发出声音。

我开口问道："你刚刚说了一半儿停下来了，好像有什么很难说下去。'甚至'什么呢？"

他吞了吞口水，一只手用力地捏着另一只手的指头，并且深呼吸了两下，"我女朋友自从那天跟我吵完之后，一直到现在都没有再接过我电话。"

"然后呢？"我追问道。

"我们之前吵架，她从来没有这么长时间不理我。"他眼睛瞪得大大的，摇着头说："感觉这次是来真的，可能她真的要跟我分手。屋漏偏逢连夜雨，我这边儿女朋友还没有和好，那边儿周五又该完成家长的回访任务了，但是我根本没有心思做，可能也不想做！反正还是拖到了今天，这也是我刚刚为什么会迟到的原因，被这个任务搞得焦头烂额，差点儿赶不上咨询。一会儿还有个同事聚餐，我根本不想去，但想到主任的话就不得不去，好烦啊！"

"嗯，确实发生了很多事情，我们从哪里开始讨论好呢？"我带着一些疑问。

他摇头苦笑，同时用拳头揉了揉太阳穴，"以前我从来没有想过这么多事儿会落到我的头上。"

"落到你的头上？这个怎么说？"我问道。

"我这几天都已经没有办法好好上课了，总是会跑神儿。明明上周跟你谈完还是好好的，但是过完周末开始上班之后，主任给我施压，女朋友也跟我闹分手，学校还要组织各种我不想参与的活动。搞得我现在晚上也睡不着觉了。"他再次用拳头揉了揉太阳穴，苦笑道："难道我要从网上买一些安眠药之类的吗？你这儿有推荐的吗？"

我回应道："确实有一些药物可以帮助睡眠。但是从长远来看，我们更需要通过你的痛苦去理解这些麻烦是怎么产生的，这样你也就能搞清楚很多事情，将来不会再重复这样的麻烦。你的睡眠状况自然就会改善了。"

他皱着眉头听完，思考了一会儿，点了点头说："你说得对，"同时又有一些犹豫地补充道："不知道你要怎么帮我尽快走出这样的困局？我现在的状态都已经开始影响工作了，教育局领导马上就要过来视察了，我很担心到时候再出什么问题。"说完这些，他抬起眉毛看着我问："所以我们现在该怎么往下走？"

我回应道:"我记得之前听你提过,你的前半生都在这种状况里面挣扎,也许我们可以从这里开始。不过这次我们时间到了,我们得先停下来。下次如果你想到了更多的事情,我们都可以一起谈谈看。"

他再一次轻轻地点了点头,结束了这次咨询。

5.2 自我欺骗的防御骗局

第三次咨询时,他还是迟到了几分钟。但是此次他等待我先开场的时间短了一些,见我还只是微笑地看着他,就接着上一次我们未完的话题直接说起来了。

"我最近也一直在思考,我的拖延到底是从什么时候开始的?为什么会变成这样?我不知道这些事情之间到底有没有关联,但我先跟你说说我的家庭吧。我是我们家的独生子,我爸是医生,我妈是律师,他们两人对我的要求都很严格。虽然我知道他们是为我好,但我爸对待我就像对待病人身上的病毒一样。而我妈呢,对我的要求就像法律条款一样多。他们要求我每天要比其他同学提前一个半小时起床,美其名曰锻炼意志力,还强制我一听到闹钟必须立刻起来,不能赖床。不过这还不算什么,下了学比这还夸张。"他看着我苦笑了一下，并轻轻摇了摇头。

"我妈把我写作业的时间精确到几点几分，晚饭时间是固定的，不能看电视，而且我永远都说不过我妈，因为她是辩论高手。他们还给我安排额外的复习资料，作业完成得越快，额外的复习资料就越多。10∶30必须上床睡觉。我爸还要求我必须保持卫生，要把房间打扫得干干净净，要定期消毒，就连洗手都要保持正确的步骤和姿势。这真的一点儿都不夸张，我同学说只在电视剧里见过这样的剧情。"

"听起来几乎没有你的想法和空间，你的时空快被各种要求占满了。"我略带同情地回应他，"在这样的环境下，你当时的感受如何呢？"

"我早就受够了！"他的声音变大，脸憋得通红，拳头也攥得死死的。停顿了一下，他深吸了一口气，接着说："但是直到离开家上大学，我才意识到我有多恨这种生活，才知道自己到底忍得有多痛苦。就是现在回想起来，都不知道小时候是怎么熬过来的。"说这些话的时候，他的面部还抽搐了两下。

"哦？离开家以后发生了什么，让你开始意识到你的感受了呢？"我问。

第 5 章 过度防御：借痛苦掩盖痛苦

他紧皱眉头，"当时我读大学的那个城市有我爸这边的一个亲戚，我叫她姑姑。姑姑家有两个孩子，年龄都比我小一些，大的妹妹在读初中，小的弟弟还在上小学。我爸要求我周末多到姑姑家里看看她，保持关系。姑姑也总是打电话让我去她家里吃饭。很多时候，当我以旁观者的视角看他们家的互动时，就感觉看到了我家的影子。"他动了动有些僵硬的肩膀。

"这个姑姑也是不断地去要求她的两个孩子，规定他们要什么时间做这个，什么时间做那个。但是我发现那两个小孩儿并不像我小时候那样呆。他们很讨厌这样，我完全可以从他们脸上的表情看出来。他们跟我不一样，他们会通过各种语言和行动来反抗姑姑。比如那个妹妹感到烦的时候会直接跑回自己的房间，用力把门反锁，不论姑姑怎么威逼利诱就是不出来。"

他的呼吸很用力，好一会儿才平复下来，然后盯着我继续说："你都不知道看着这一切发生在眼前，当时我的心跳得有多快。你刚问我怎么意识到的，就是在看着我姑姑想方设法控制她的两个孩子时感受到的，那时候的烦躁、生气让我意识到我对我爸妈到底有多愤怒。

"我记得还有一次，我们三个正兴高采烈地讨论一个话题,姑姑就不断地插话,对着小弟弟一遍一遍地唠叨:'你作业写完了没有?写作业去!'当时弟弟跟我们聊得正开心,对于在我们面前被妈妈不断唠叨这件事,他看起来感觉很不好。刚开始时他故意忽略妈妈的话,假装没听见,不理她。到后边儿实在听烦了,就冲着她妈妈大声说:'我的作业就剩一点儿了,我一会儿会写,你不要再管我了。'"

高铭在描述这些事情的时候,声音里充满了愤恨,"我从来没有像这个小弟弟一样反抗我爸妈,但通过这件事情我能想到当我爸妈也这样对我的时候,我该是多么痛苦,甚至比姑姑家的两个孩子痛苦得多,因为我从来没有吼出来过。"

"为什么你没有吼出来呢?"我问。

他歪头思考了一会儿,"就好像小时候潜意识里面认为这样做是不对的,如果对他们这样说话,我会感到很内疚。而且如果我真的吼出来肯定会被我爸妈教训的,所以我可能还有一些害怕吧。"他有些不好意思地笑了一下。

"多说说你的内疚和害怕吧。"我追问道。

"我从来没有像他们姐弟俩那样。我爸妈看似都有高学历,但骨子里是非常传统的人。他们认为孩子就应该听话,

第 5 章 过度防御：借痛苦掩盖痛苦

反过来对着父母大吼大叫就是大逆不道，这对他们来说是完全没办法接受的。"

接下来的一段时间，通过在咨询中不断探讨，高铭对于他拖延问题的根源有了更加深入的理解，也开始明白生气、内疚以及担心被控制的焦虑在他的前半生中不断地重复着，这深刻地影响了他。

"我小时候的记忆基本上一片空白，对于上学之前的事情都没什么印象，感觉那时候就是傻傻的。"他在一次咨询中这样开场，"但是听爸妈说我那时候就是个'混世魔王'。很不听话，鞋子非要左右脚反着穿，衣服要把前边穿到后边，总归是让干什么就反着干。如果他们强制我改过来的话我就会发脾气，各种大哭什么的，犟得很。据说我在'猫狗都嫌'的年纪之前就开始这样了，应该是2、3岁吧。"他有些得意地轻笑，随后又补充道："'犟'这个词还挺熟悉的，好像我女朋友也这么说过我。"说完他有些讪讪地摸了摸脖子。

"太小时候的事情几乎都不记得了，但我对上小学时候的事情还有印象，就是老师要求我们写日记。有一次老师大夸特夸一个同学的日记写得好,还在课堂上念给我们听。大概意思是这个同学感觉他的父母特别辛苦,早出晚归挣钱很不容易,结果她自己还出去玩,有时候不听父母的话,觉得自己做得很不好,很内疚,很对不起父母。并发誓以后一定要好好学习,回报父母。

"当时老师夸赞了这个同学,同时还顺带贬低了其他同学,包括我。记得当时我很羞愧地低下头不敢看老师,觉得老师和那个同学说得很对。就开始自责为什么自己没有看到父母的辛苦,觉得自己很坏。我好像也是从那个时候开始觉得,如果不尊重或者不听父母的话,就是一个彻头彻尾的坏人,会被老师当着全班同学的面批评。"他苦笑着低下了头。

"从那时候我就开始担心,如果抱怨父母不好,或者向别人说父母的坏话,父母会病倒,我也会被折磨得不成样子。而且我后来读各种故事书,都常看到'卧冰求鲤''孝感动天'之类的故事,自己就想:书上说做人要真诚、孝顺地对待对自己不好的继母,更何况是对自己的亲父母呢,如果不孝顺他们,我肯定就是个特别坏的人,会受到很严重的惩罚。"他冷战了一下,往沙发上靠了靠。

"我们那儿还有一句方言——梗着脖子,具体出处不知道了，就是用来形容父母教训孩子，而孩子不服气跟父母对着干的时候，孩子的那个样子。小时候我理解这句方言的意思是，如果梗着脖子看大人就意味着我是坏小孩，所以我常常低头活动脖子，避免脖子僵硬。等到长大一些后才明白'梗着脖子'就是很犟、不听劝的意思，所以当有人形容我很犟的时候，我就担心自己会受到惩罚，会被折磨到'不成人形'。"带着一丝羞赧，他仰头沉默了一会儿，然后收回下巴平视我："又是'犟'，我想我多次拖延女朋友的提议，跟她总是说我'犟'有很大关系，我一听到这个字就会很生气。不对，应该是不论谁这么说我，我都会很介意。"

我本想邀请他继续谈论关于"犟"的一些联想，但是他赶在我开口之前继续说道："这些都是我很小时候的想法，而且从没有跟其他人说过。我妈常说我懂事之后就变得特别乖，知道主动学习，学了知识就是不一样。从那时候开始，我就表现得像'别人家的小孩'。

"我不记得小时候有什么烦恼，只是自从有了这种'不听话就会被惩罚'的信条之后就变得不那么快乐了。"他在这时皱紧了眉头，"可是记忆里，我从来都没有像姑姑家的两个孩子那样真正地反抗过我爸妈，我到底在怕什么？"

高铭有些困惑,"等到上高中之后,我站那儿都比我妈高一头了,但我还是认为要乖乖听话,不能反抗他们。他们也习惯了充当权威,喜欢自以为是地控制一切,认为自己说的都对!"他憋红了脸,低声吼道。

他顿了一下,吐了一口气说:"我觉得'我必须听他们的话'的这个想法很大程度上跟小时候的那种害怕被老天爷折磨的恐惧有关!"

高铭开始意识到并且承认他不敢反抗父母与害怕被老天爷折磨的恐惧是息息相关的,这标志着他开始对自己防御机制背后的潜意识动机有了意识层面的觉察。

围绕他的这个问题,我们继续进行了为期几个月的探索,他的防御机制变得越来越清晰。在这个过程中,不断地有阻抗出现,这些阻抗使他拒绝面对他的问题——这其实是他自主形成的防御机制在起作用。直到接下来的这次咨询,他不再迟到,而且开始"梗直了脖子"看着我。

沉默了一会儿,他主动展开话题:"你之前问到我父母的教育方式。我觉得他们就是在不断地给我洗脑,让我相信'他们所做的一切都是为了我好'。永远做不完的练习题，永远都没办法让他们满意的社交礼节，总有一大堆的道理等着我，我根本无从反驳。就是到我十几岁的时候，他们也还是告诉我他们所做的一切都是为了让我将来可以发展得更好、生活得更幸福。但是问题并不在于他们告诉我的这些事情，因为有一些道理我确实不知道，当时听了还挺有收获的。真正的问题在于很多事情都是他们一手决定和安排的，从来没有问过我的想法，这就让我很反感了。你想想看，我都十几岁了，还要事事听他们的安排……"他欲言又止地叹了口气。

"在我们不断探索你最近工作中遇到的难题以及与女朋友之间的问题时，你联想到了这些过往与父母之间的情境。你感觉它们之间有什么关联吗？"我问。

"嗯，我不是读师范专业的嘛，我们有一门学科是《教育心理学》，会学一些跟心理学相关的知识。"他说到这里还抬头瞄了我一眼，接着说："不知道跟你们学的心理学是不是一回事儿。我只是记得其中有一节课上老师讲到'孩子的问题往往不只是他自己的问题，而是整个家庭的问题。当一个家庭不允许孩子按照他自己的方式自由表达想法和情绪时，就会发展出一些不会受到惩罚但可能畸形的其他行为方式',我自己教学这些年来,也确实看到很多学生就是这种情况。"

他停下来思考了一会儿,组织了语言后接着说:"就比如说同样是不想写作业,如果一个孩子直接告诉他爸妈'不想写',那他很可能挨揍。如果另一个孩子哭着说'我尽力了,但是我写不出来',那他很可能不但不会受到惩罚,还会被安慰与呵护,也不会再被强迫一定要马上写完了。我记得我当时听到这个理论时还挺有感触的,其他的倒是也没深想,但这节课的内容就一直留在我脑子里了,到现在还记得很清楚。"

我想了一下,问道:"你之前说,你从来没有像你姑姑家的那两个孩子那样直接对你的爸妈说'我不想',是因为你害怕被折磨得'不成人形'。但是当你有一个好的说辞,你就可以学着第二种说法'我想,但是我做不到',不知道这样理解对吗?"

他听完之后眨了眨眼睛,又挪动了一下身体,似乎在争取足够的时间思考我的问题。

"我觉得应该是吧,但是我爸妈他们永远都站在道德的制高点上,我找不出理由来反驳他们的道理,也想不到好的说辞来反抗他们对我的安排。"他在这里停顿了一下,再次调整了身体的重心,"我几乎从来不说'不',不管是我想做还是不想做的,我好像都很难拒绝别人,尤其是有感情掺杂在里面的时候,我总是会感到内疚。"

我再次确认道:"你是说,当周围人要求你做你不想做的事情时,你会想用'我想做,但是我做不到'的说法来反抗他们的安排?"

他皱着眉头,坐直了身体盯着我看:"我找说法来反抗他们的安排?我没有这么做啊,我只是暂时没有时间做而已。"

"我觉得你对学校安排的家长回访任务的拖延所传递出来的意思似乎是:'我还有很多教学任务要完成,我如此努力地去完成那些重要工作,以至于没有足够的时间去做家长回访了''因为我还要完成家长回访任务,为我们的将来奋斗,所以我没有足够的时间去跟女朋友完成一场约会。'是这样吗?"我看着他问。

他的嘴紧紧地抿成了一条线,"我觉得不完全是这样吧,家长回访任务是有必要,但绝对没有必要一周一次,学校纯粹是为了做面子工程。如果学校少安排点儿这种无聊的任务，我也就不需要经常加班了。而我的女朋友有大部分女生的通病，总是希望我安排一些既浪费时间又无聊的约会，还要去见她那些爱抱怨、爱八卦的女性朋友们，真是不明白她们为什么总是对这些鸡毛蒜皮的小事很执着。不过主要还是我真的没有太多时间去安排这样的约会。"他微微低头，活动了下脖子。

高铭并没有完全搞清楚造成他目前职业困难及情感危机的自身原因，他更多的还是将问题归结为外部因素，并对自己的行为进行了合理化[①]的解释，这些线索都在提示我：这是他问题模式的又一次重现——"不是我不想做，而是各种外在因素让我没办法做……"如果要帮助他克服拖延问题，就必须继续帮助他逐渐靠近他的那些阻抗和防御机制，直到他可以更加坦然地面对自己在现实中所扮演的角色。

"你之前提到过，在学习《教育心理学》的课程中，当听到'当一个家庭不允许孩子按照他自己的方式自由表达

[①] 合理化，防御机制之一，详细解释见本书第 6 章 6.2 节的 "6.2.3　合理化：我总有理由"部分。

想法和情绪时,就会发展出一些不会受到惩罚但可能畸形的其他行为方式'这一部分时你很有感触,这个感触是否跟你自己的某些经历有关呢?"我问。

"没有啊,我小时候哪会想这么多。你为什么一直揪着这个问题问呢?"他有些烦躁地挠了挠头瞪着我。

我接着说:"我记得在我们最开始见面时,你曾提到过你一直都有拖延方面的困难,但是并没有产生非常严重的后果,甚至到最后你还能取得不错的成绩。如果我把这个语言翻译一下是否可以说:'反正最后结果是好的,那这个过程就不重要了,即使我是因为不想做而磨蹭拖延的,但这个可以完全忽略不计'。"

"嗯……我没有这么想过,但是听着有些道理。"他沉思起来。

我继续说:"在之前的咨询中你还提到,你经常拖延女朋友的约会要求。如果把这句话翻译一下,是否也可以理解为:'你女朋友容忍了你的拖延,而你其实假定了你的这种行为是可以被接受的,因为你的女朋友一直没有真的跟你分手'。"

他的脸憋得通红,张了张嘴想说什么,却没有找到合适的语句。他最终呼了一口气,看了眼墙上的挂钟说:"时间到了。"他沉默地起身,很快离开了咨询室。

事实上此时离我们约定的咨询结束时间还有 2 分钟,他选择了提前离开。过往我们在每次咨询的最后都会做一些简短的总结,并且互相道别。但是这次我没有强留他去完成这个仪式,因为我感觉我的面质已经让他很难再多待 1 分钟,而且他的表情和声调都告诉我,现在的他没有一点儿多余的心理空间再来思考和进行任何分析了。

咨询中的面质技术常会让双方都倍感压力,在这次咨询中我也对此充满了焦虑和不安。我一直在担心这次的推动到底有没有意义?我在此时此刻选择这种方式对他到底有没有帮助?以我目前的经验和能力而言,对他的问题的判断是否会有偏差?是否会给他造成不必要的伤害?他是否会就此停止咨询,还是会在下一次咨询中准时出现?……我不得不保留这些不确定性,等待下一次咨询的到来。值得庆幸的是,下次咨询开始时,高铭出现了!

5.3 过于幼稚的防御

高铭这次略带拘谨地走进咨询室,尴尬地对我打招呼。之后就停了下来,似乎想把主动权再次让给我,等待我先开场。我还是像之前一样微笑着看着他,但没有说话。他等了一会儿似乎才回过神来,逐渐找到之前咨询中开场的感觉。

"你可能也看出来上次咨询的最后,我的情绪不是特别好,主要是你在不停地提问,让我确实有一些生气。"他表达这些的时候声音比以往轻柔很多。

"我的哪一部分提问让你很生气呢?"我问。

"我一直都知道我没有办法像姑姑家的那两个孩子一样跟我父母说话,我说不出口,这很好理解,因为这跟我们之前分析的我害怕被老天爷折磨有关。但是你不停地对我在不同场合的行为模式进行翻译,结果听起来都好像在说:我在找借口,逃避责任,同时拒绝听从周围人的建议和安排。我意识到你一直都在说我的'犟'。"他的声音变得更大,"这就好像我家里的父母、读书时候的老师、现在的校主任、女朋友,还有好多其他的人都在我耳朵边上不断地絮叨'你应该、你应该、你应该',还有'找借口、找

借口、找借口'……上次你不断地提问的时候,我感觉都要窒息了,必须马上出去透一口气。"他始终低着头,不断地活动着脖子。

"你现在似乎很难接受这些说法?"我问。

"生活里没有人会像我们在咨询里面这样谈话。"他指了指我,又指了指自己,"我知道你的那种翻译方式是在提醒我,让我意识到自己的行为模式,并没有指责和评判我的意思。但是生活里面的人不一样,当他们说我很犟,说我找理由,说我应该怎么做的时候,他们其实是在说'我有问题''我不好'……我不希望被人这样看待。我觉得我的'犟',有时候是没有办法的办法,对那些自以为是、喜欢命令别人的人,除了这样,我还能怎么办呢?以我目前的能力和地位注定没办法很直接地怼回去。"

"这种感觉很像在你还是一个孩子的时候,父母和老师对你的命令和要求?"我问。

"是的。我非常非常讨厌他们那样对我,尤其是我爸妈,而现在的校主任和女朋友也都是这么做的!我感觉当时从《教育心理学》课程中听到的理论分析是对的,在这种'不正常'的环境中只能形成扭曲的应对方式,这就是我反抗爸妈的方式。每当我完不成他们的'完美计划'时,他们就会恼羞成怒、暴跳如雷、气急败坏。"他在这里连用了三个成语,还咧嘴笑了一下。

我注意到了他最后的这个表情,于是问道:"当你在描述他们的失败状态时,词语是丰富的,而且你在笑,能跟我说说这是在表达什么吗?"

他立刻收回了笑容,有些僵硬地看着我说:"我刚没有留意到,但是我觉得这没什么特殊的意义啊,就是跟人正常沟通时候的社交微笑而已。虽然我不喜欢,但这不是应该的吗?"他停顿了一下,又补充道:"我经常对人笑的。"

"确实,社交微笑很常见,我相信你的微笑里包含有这样一层含义。但是除此之外,你刚刚在描述'打破别人的完美计划后,他们所表现出来的状态'时,你的笑容特别明显,所以除了刚刚的解释,你还有想到什么吗?"我问。

"额……我没有想到什么呀。但是你的这个问法就好像在暗示我,我很开心看到他们挫败,我是故意的。我觉得我没有这样想。"他一边说一边又活动了下脖子。

"就像我们之前谈论过的,我们的语言和行为的背后总是同步包含着很多个人感受,能跟我说说这一刻你的感受和想法吗?"我问。

"我没有什么想法和感受,就是有些冤枉,我觉得我不是你说的那样,我一般很少攻击别人,也从不愿意给别人带来麻烦。实际上,总是有各种各样的原因让我没有办法按照他们的计划行事,我会给他们做出合理的解释,让局面不会变得更糟糕。"

我对他那一刻微笑意义的提问,其实并没有任何潜在的暗示或者对他的指责,更多的是提醒他去觉察他所表达的内容与表情的不一致之处。但是我没有着急做过多解释,一方面是因为在那一刻他所解读出来的含义是与他的内在相关的,另一方面是为了避免干扰到他对自我表情与语言不一致之处的思考。

"听起来是你在掌控整个局面?"我问。

他歪头想了想说:"可以这么理解。"

"比他们更能把控全局,这种控制的感觉如何?"我追问道。

"还挺好的吧,至少我不用成为被控制的那一个。"伴随着思考，他一边说着一边更加肯定自己的感受，于是又补充道："我挺喜欢这种把控全局的感觉。"

"也许这就是你刚刚的笑容想要表达的含义。"我回应了我之前的提问的意图，又鼓励道："跟我再多说说你'喜欢的'的感觉吧。"

"就拿咨询来说吧，在咨询的过程中你让我觉察到了更多的感受，但是有时候我就是不想承认。这听起来有点儿奇怪，但我有时候就是会想：'凭什么你说是就是呢？'在那一刻我觉得只有跟你不同，我才能感觉到自己。生活中总有人想要给我提建议或者安排我做某些事情，当没有满足他们的期待时，我就会觉得终于超越了他们。"说到这里他看着我笑了笑，似乎联想到了什么："这也许就是为什么当你不断地翻译我的行为模式，不断地提醒我的'犟'和'找理由'时，我会那么不舒服，是因为当你把它们说出来的时候，就好像我再也不能使用这种方式了。那我跟人打交道的时候岂不是就要处处被人压制，只有被动'挨打'、受欺负的份儿？"

"为什么你会认为你这么做的时候等于拿到了跟人相处的主动权呢？"我问。

他愣了一下，显然之前没有思考过这个问题，随后告诉我："还真没有人这么问过我，我觉得可能是因为我每次表述的原因都让他们无话可说，所以他们就没有再进一步压制我了。"

"听上去你是一个很会讲道理的'好老师'，就像现在这样。那么关于'没有再被进一步压制'的这种状况，你还有什么想法吗？"我问。

他有些腼腆地笑了一下，"嗯……我再想想。"他在思考的同时调侃道，"感觉这比高考还难啊，让我想一下怎么说……"他又很专注地思考了一会儿，"我也不明白为什么，仿佛只要我态度诚恳地解释，事情总是能够很轻松地过去，至少在我谈恋爱以前是这样的。大家越容易接受我的解释，我就越是听不进去他们的任何建议和安排了。就好像这一刻是我控制了整个场面。"

"看起来你几乎不让自己在这件事情上进行更多的反思，跟我说说你是怎么想的？"我问道。

他活动了一下肩膀说："打心眼儿里讲，我从来都没有觉得这是一个好方法。但是它又确实很好用，一方面可以让我感觉到我与周围人是不同的，我不是他们的玩偶或者附属品。另一方面，就好像在这一刻我才能成为焦点，不用去顾及周围人的感受，不用去小心翼翼地遵从规则。而且只要我的理由是在做'正经事'，比如学习、工作之类的事，他们必然哑火。"

他嘴唇有些干，拿起纸杯喝了一些水，皱着眉头左右看了看，问："你这里又干又热。"

"似乎这一会儿你的身体里面也感觉有些不太舒服。"我回应道。

他有些怀疑地看着我："也许吧！"他低着头摆弄了一会儿手指，就好像那是一个极其吸引人的玩具，然后才慢慢地说："我妈很容易相信我的这些理由。她会想尽一切办法阻止周围的麻烦，只为我的学习让道。所以我只要给出他们想要的理由，一切就都不是事儿。"说到这里，他的表情有些复杂，似乎既有内疚又有嘲讽。内疚于对父母的"欺骗"，他故意利用了父母的信任；嘲讽于在父母眼里，只有"正经事"是重要的，而自己真正想要什么并不重要，他们也不在意。

"说实话，即使我跟你把拖延当成一个问题在谈论，即使我很痛苦，我依然不得不承认它其实还是有些好处的。

就比如在我不断挣扎、不断从同事队伍中脱离出来时，我才更能感觉到自己与别人的不同，也更明确了自己的存在感。拖延让我看起来更加'努力'，也因此才能得到更多的支持和认可，甚至享受了一定的特权，所以这使我看起来总是与众不同的。"他慢慢停了下来，看向别处，侧脸在光线之下显得有些落寞。

我等了一会儿，也调整了坐姿，刚准备讲话时，他则率先开了口："我知道你想怎么引导我，道理我都知道，但是我改变不了。"

"哦，告诉我你觉得我会怎么引导你、改变你呢？"我问。

他扯了扯嘴角，笑得很勉强，回应道："你会提醒我'要改变这种畸形了的应对方式，这些想法是不正确的'，等等，但是这样的话也意味着我可能失去自我，也可能失去自己与众不同的感觉，失去对抗别人操控的武器……这是我所熟悉的保持自我的唯一方法。"

"你通过这种方法获得了独特性和控制感，就好像这是真实的、唯一的方法，这些在你这里是重要的，似乎你还没有准备好放下它。但是你忽略了现在的你已经是成年人了，你有足够的能力、强大的大脑、丰富的资源来支撑你掌控局面，这些都是我们那个内在小孩儿无法想象的。"我回应道。

他的身体开始变得拘谨，就像他刚来咨询时候的样子，"感觉你说得蛮有道理，但是我之前从来没有这样想过。我想想看。"

这时候我们的咨询时间到了，助理老师跟下一个来访者打招呼的声音很清晰。他紧蹙着眉头一边站起来，一边对我说："我下次再跟你聊这个事情。"

在下一次咨询的开始，他就像我们从没有分开过一样，直接继续了上次的话题："我认真想了下我们探讨的话题，当我开始意识到你希望我怎么改变时，我发现理论上是对的，我就是做不到，这该怎么办呢？"他盯着我问。

"你是如何知道我要怎么改变你呢？"我问。

"因为我就是带着这个问题来的呀，所以你最终肯定是要帮我改掉拖延、不想社交这些毛病的。"他理所当然地回答道。

"哦？当你这样理解时，感觉如何呢？"我继续问。

"其实分析到现在我明白了,我的拖延和不想社交从内里看是一回事儿,背后都满足了我的一些东西。比如,让我看起来跟别人不一样,不总是随大流,同时能够让我感受到自己是有独立想法的,虽然也许最后还是要按照别人的命令走,但至少这个过程能够让我清晰感受到自己的不情愿——我也是一个活生生的、有自己意愿的人。这个过程很痛苦,但如果放弃,我要怎么证明自己还活着呢?唉,这好矛盾呀。"他有些苦恼地揪了揪头发。

"对了,我想要插一句,我发现咱们每次沟通的时间都不够,总是刚找到一点儿眉目就要结束了;回去之后当我有了一些新的想法时,想要立即跟你沟通又实现不了,等来见你的时候,我对那些想法又已经没有什么感觉了。上次咨询也是这样,我感觉还有很多要说的,但是时间已经到了。"他眼神闪闪地看着我。

"我也有类似的感觉,仿佛我们目前约定的咨询时间是不够用的。也许我们可以尝试调整频率,增加我们见面的次数。稍后我们可以约定一下时间。"我回应道。

他听到这个提议,似乎轻轻地松了一口气。然后继续刚刚的话题,"你问我'这样理解时,感觉如何',嗯……我想应该是'空'吧,就是会不知所措,不知道自己该干

第 5 章 过度防御：借痛苦掩盖痛苦

什么，这应该叫空虚？迷茫？"他有些不确定地看着我。

"关于'空'，你怎么看呢？"我继续追问。

他塌下了肩膀，有些低沉地说："虽然这种方式两败俱伤，自己和别人都不舒服。但至少能够让我感觉到力量和掌控感，如果连这个都放弃了，我不知道我的内里还剩下什么，这就是空虚吧？"

我们彼此都沉默了一会儿。他接着说："不知道为什么我感觉有些内疚，就好像我要背叛周围人一样。当我拖延的时候，我和周围人都是有撕扯的，要么是在撕扯他们，那么是在撕扯我自己。如果我不再这么做，那么周围人跟我还有什么关系呢？就好像我要失去一切了。"

他苦笑着摇了摇头，"这样说真的好奇怪，明明是我因为不想被议论，不想被控制，主动选择远离了周围人，结果却是我在用这种方式保持与周围人的关系。明明是我不想被安排，拖延了要做的事情，但又因为这样，我与被安排的事情保持了更长时间的紧密联系，我会焦虑，脑子里会反复出现要做的事情，会不断与这件事情纠缠。用远离周围人、用拖延要做的事情的方式来保持关系，但是这样做的结果又很糟糕，我可能马上就要保不住工作，女朋友也想跟我分手。好矛盾呀!"

这一刻他的声音听起来有些颤抖,眼睛里也充满挣扎,"我知道我的生活想要回归正常,就必须放弃这种方式,可到底该怎么做呢?"他求助似地望着我。

"听起来你突然间变得非常急迫,这是在表达什么呢?"我问。

他目光直直地看着我,"以前没有意识到,但我现在好像陷入一个死循环了。当我来这里找你的时候,我又进入了另外一种被迫的状态——要求自己改变。事情为什么总会变成这样?不是强迫别人,就是被别人强迫。主任这样、女朋友这样、现在连我自己也这样!"他的声音越来越高,似乎有一股愤怒在燃烧着。

他抿了抿嘴唇,想要用力压下这股情绪,"我不是经常能感觉到生气的,大部分时间,我的怒气总是潜伏在焦虑和纠结之下。所以我觉得我一直在用这种方式表达不满,找一些他们不能反驳的理由让事情陷入僵局,让他们的完美计划总是落空。"胜利的表情在他脸上一闪而过,"过去我好像已经形成了一种自动化的反应,可以大概感觉出不同的人能够接受哪一类理由,以及他们对我的容忍程度。

就像那些学生家长和我的女朋友，等到快到极限的时候，我也是可以按照他们的期待出结果的。但是现在好像不再百试百灵了，就像在工作中，领导不再给我很多解释的机会，而是直接告诉我再这样下去的结果。"说到这里，高铭的愤怒似乎再次被点燃，"为什么只有'长袖善舞''溜须拍马'才算好员工，说好的能力最重要呢？老师的本职工作不应该是提升自己的教学能力吗？"

我思考了一下，说道："虽然这个咨询是你主动预约的，但就像你说的，你自己都成了强迫自己的人，那我从某种意义上来说也就成了你的'帮凶'。你刚刚提到了对工作、对女朋友甚至对自己的生气，却跳过了我。我在想你是否也会很生我的气，但是你没有办法直接告诉我，就像你在生活里没有办法直接把这些怒气表达给惹你生气的那些人听一样。"

他盯着我看了一会儿，慢慢点了点头，肯定了我的推测，"从我开始来见你，就一直是我在说，你都没怎么开口。就好像这只是我一个人的事情，而你跟我没有什么关系。你在咨询里是一个什么都知道的大师，却又什么都不告诉我，让我惴惴不安，我会担心自己在你眼里是否就像一个小丑？有时候我就很生气为什么你要给我造成这样的感觉？"这一刻，他的声音听起来有些尖锐。

说完这些，他变得沉默起来，低头把玩着自己的手指，过了一会儿才轻声地说："我知道这是我的问题，但我也说不清楚为什么会有这些感觉。"

我回应道："听起来你好像是在告诉我，当不能掌控局面时，你会体验到一种强烈的无助感。就像在校主任、女朋友包括我这里，你要顾及大家的感受，强迫自己遵守他们的规则。这种状况会让你生气，但是你表达生气的方式会让关系或者局面变得更加糟糕，以至于你要付出很大的代价，这又会让你更加无助。"

他想了一下接过话题说："在我刚刚描述对你的感受时，我突然意识到也许就是这种感受让我总是在咨询中迟到。刻板的时间、你很少的话语、依然还在痛苦的感受……所有这些都让我感觉自己很可怜，像是在花钱买罪受。我那个时候常会怀疑自己——'我到底在干什么呀？'我那么配合，就像一个乖学生，不管刮风下雨都来咨询，你说的每一句话我都认真思考。就好像我一定要遵从你的引导，否则我就还是在孤独地承受压力。但是我遵从了你的引导后就又和之前的问题一样了，唉，我总是这样矛盾，我讨厌这种感觉。"

5.4 过于复杂的防御

刚出生的婴儿是没有规则感的,他们需要通过不断的学习来掌握自律的能力,在这个过程中,父母是他们的主要老师。父母对孩子一定程度的控制可以帮助孩子学习该如何与外在世界相处。这个教与学的过程会让孩子逐渐掌握应对自己强烈欲望的方式。同时父母的爱可以帮助孩子抵抗满足感被延迟的焦虑,以及不能完全控制住自己横冲直撞的欲望的恐惧。一般情况下,父母会在给孩子一定的约束和允许孩子犯错之间找到平衡点,让孩子可以顺利地学会规则和自控。但是如果父母过度控制和约束孩子,那么渴望成长的孩子就会充满愤怒和无助,这是年幼的他们还无力应对的。

被过度控制和约束的孩子常常是压抑的。一个有能量、有能力的成年人在被领导压制时,可以有很多方式改变局面。但儿童不一样,他们没有足够的力量和心智水平来应对强大的压力,也无力公开反抗,就只能将压抑感放在自己的内心去消化,而消化的结果也会因人而异。

因为恐惧是一种让人不舒服的感受,所以人们普遍不愿意接受和面对它,大家宁愿通过一些其他的情感、认知和应对方式来保护自己免受折磨,此时就会形成大量的防御机制来回避痛苦。这个过程往往是在潜意识中自发、自动完成的，我们不需要刻意思考，甚至根本没有留意过。

当恐惧来临时，大部分人会压抑[①]、否认[②]或者隔离[③]它，然后选择一种压力较轻的方式去表达。高铭在很早的时候就形成了被动攻击式的拖延，这是一个巧妙的平衡，来同时满足两种对立和扭曲的情感：一种是对来自父母或者外在环境强迫自己的行为的愤怒，另一种是对自己反击之后可能受到惩罚的恐惧。高铭压抑了愤怒，并使用了被动攻击式的拖延，让他既可以释放愤怒，又没有直接地表达出来以免受惩罚。他最终还是会按照要求参与社交或者完成工作，但是具有攻击性，有试图反压制对方的潜在倾向。

高铭的潜意识决定从解决这些负面情绪入手。他最先提出对父母愤怒但又无助的感觉——他对愤怒反击的后果的恐惧感到无助，加之无力应对父母的过度控制，无助感再次被强化。

[①] 压抑，防御机制之一，详细解释见本书第 4 章 4.3 节 "压抑：关起来就不见了" 部分。

[②] 否认，防御机制之一，详细解释见本书第 6 章 6.1 节 "6.1.1　否认：我说没有就没有" 部分。

[③] 隔离，防御机制之一，详细解释见本书第 4 章 4.4 节 "隔离：我没什么感觉" 部分。

他开始逐渐触及和意识到自己的愤怒:"说起来父母其实都没有真的打过我,所以我就是再愤怒,也不可能真的去伤害他们。"

但是他又补充道:"如果非要问我想做些什么的话,我想我会要求他们把一桶饭快速地一口一口全塞嘴里,还不许吐出来。他们对我做的事情就是这种感觉。然后我还要在旁边不断地催促他们:'吃、吃、吃,快点吃,为什么这么慢?赶快塞进去!这就是你们喜欢做的事情。'如果他们反抗,我就要摁着他们的头把米饭塞进去!之后让他们去洗手,我就拿着医院发的那种科学洗手手册在旁边监督,一旦出错,就要重新再洗,直到全对才可以停下来!然后带他们去不停地参加各种聚会,要求他们跟在场的每一个人打招呼,而且必须保持得体的微笑,去跟不喜欢的人交朋友,然后再当着别人的面批评他们做得多不好,同时要求他们继续保持热情。"他说这些的时候,每个字里面仿佛都裹挟着浓烈的恨意。

"听起来你想要对他们做一些他们曾经'强迫'你做过的事情,我完全可以理解。但同时你又说不会真的去伤害他们,这个'真的去伤害'指的是什么呢?"

他仿佛越聊越轻松,"就是我不会真的在现实中攻击他们,比如殴打他们什么的,我肯定不会这么做的。"

这是他第一次以幻想的方式轻松自然地谈论了他对父母的敌意,我没有急于去公开这些'否认',但是这些否认确实就隐藏在他认为自己现实中绝对不会做的事和他幻想中想做的事之间的差异上。我们花了几次咨询的时间去修复那些敌意和愤怒的感受。他还曾经想象要把父母扒光丢在人群中,以报复他们对他人际交往的过度干涉。当愤怒得以释放,隐藏在其下面的无助感就逐渐浮现了出来。

在咨询室的安全环境中,他将这些"可怕"的情感进行了言语化,并且反复体验到其实并没有什么可怕的后果发生时,他对着我说:"说了这么多之后又有什么意义呢?就好像在现实里面,我对我爸妈其实什么都说不出来,也做不出来。我有想象过像姑姑家那两个孩子那样激烈地反抗我爸妈,但我知道我做不到。这种感觉好无力啊!"

"关于'说不出来、做不出来',你有什么联想吗?"我问。

第 5 章 过度防御：借痛苦掩盖痛苦

他沉思了一会儿，慢慢开口："应该是道德绑架吧。就是当我表达自己的意愿或者给出不想做的理由时，他们总会驳倒我，如果实在没有好的理由，就会跟我打感情牌，总之会想尽一切办法让我不得不去做。那个时候我就什么都说不出来了，还会内疚、会自我怀疑、会相信如果我不做就会成为千夫所指的人。慢慢地，当我有不同观点，或者被邀请参加聚会时，我就会闭紧嘴巴，让自己缩起来，变成他们眼中的透明人，也变成自己眼中的透明人，这样还能少被控制一些，自己也没那么痛苦。"

"'就什么都说不出来了'是一个什么样的状况呢？"我问。

"就是他们会告诉我他们所做的一切都是为了我好，即使背负骂名，那也是忍辱负重，不计回报地在为我付出。所以但凡我表达了不同的声音，我就应该是那个'不听话、没有礼貌、不懂得感恩、狼心狗肺的坏小孩'。虽然我现在可以很直接地跟你说出我的感受，也可以表达内心那些折磨他们的幻想，但是我小时候没有想到这么多。那个时候就是觉得无助、无力，说不出来什么更有力量的话。这听上去有些讽刺，因为现在我是一名教师，表达是我的强项，告诉孩子们该做些什么是我的主要职责。"

"这似乎就像是你的大脑看到的事情和你的情感反应之间有一个断层。在工作中你可以对你的学生们侃侃而谈,但是在被校主任和你的女朋友要求时,你的无助感一旦出现,你就又回到过往被动攻击式的拖延的模式里了,你变得愤怒而无助,并且无法直接表达自己的真实意愿。"

他沉默了一会儿,说道:"我明白了。"

在这个充满坎坷的咨询工作中,高铭逐渐明白:在早期经历中,他常常是愤怒的。在这种愤怒中,他逐渐发展出了一些"安静、安全"的对抗权威的防御机制。当他把这些新的认知和体验整合到自己的关系模式中时,他深刻地理解到让他深受困扰的职业和情感生活中的愤怒与无助感其实只是自己头脑中的幻想,自己其实还生活在过往的阴影之下。当他可以运用自己成人化的反思能力和问题解决能力时,他会意识到这些阴影远没有儿时感觉到的那样可怕。

一旦高铭克服了自己对愤怒的压抑和无助感的恐惧,他就完全可以用自己成人化的、健康的方式取代过往那种扭曲的、高代价的拖延模式。他可以更加自信地面对权威、领导和家人,也可以更加真实地做自己。

第 5 章 过度防御：借痛苦掩盖痛苦

他清醒地认识到顺从职业要求和中国式的人际交往模式与被强迫、被压制的无助感是两码事后，便可以自由自在地与不同人交往了。同时他也认识到，那些他觉得被误解、被批评、被议论的情况大多是他沉浸在过往模式里的必然结果，比如因为拖延而很晚才完成家长回访工作、隔绝与同事的交流而被校主任约谈和警告，因回避女朋友的约会邀请而激怒了对方，进而破坏了关系，等等，这些实际上都是他拖延的结果，而不是拖延的原因，也就是说使他感到内疚和受到惩罚的大部分情况都是他咎由自取。总的来说，他现在已经能够意识到：他是一个成熟的成年人，拥有足够的能力和策略去管理自己对他人、对工作的反应，而不必还像个孩子那样埋头缩起来。

通过不断的分析和自我观察，高铭重新整理了他过往那些复杂、多重的情感和思想，尤其是有关爱与恨的冲突、无助、失望以及对力量的期待。尤其令他感到触动的是：在发现自己内心愤怒的起源以后，他对校主任、对家长回访工作、对女朋友以及对我都不再像过往对父母那样充满怨恨和内疚了。

当一个人完全陷在情感之中时，他就无法使用最客观的认知来看待自己的经历。

高铭意识到，那些发生于他婴幼儿以及青少年时期的重要事件，尤其是对他性格形成、行为模式定型至关重要的记忆，都还在以扭曲的方式持续主宰着他现在的工作和生活。他也同样发现，只有在不断认知自我的过程中逐渐认可自己的力量、智慧和能力，才能放下防御，矫正现状，化解冲突，得到心灵的平静，并达成自己的人生目标。

高铭回到学校，解决了他的职业问题，让校主任重新看到了一个有着很大潜力，可以很好完成工作的年轻教师。他也不再总是激怒女朋友，而是通过健康有效的沟通来解决两人之间的正常分歧。他终于让自己的生活回到了一个充满希望的轨道上。

第 6 章

多重博弈：坚固又沉重的心灵铠甲防御

> 病人渴望知道，然而他们又不想知道，因此，我们会反反复复地遇到完美"合作"病人的阻抗。
>
> ——莎朗·努玛

6.1　一级防御：婴儿式的自恋防御

自恋是一个跟每个人都相关的话题。"你太自恋了！"生活中一提到这句话，我们往往想要表达的意思是：你太自大、太自私、太自我、太骄傲、太不顾及别人的感受、太没有团队精神了……就好像自恋是一个确定无疑的贬义词，让人避之不及，这也与我们的文化中一贯讲究集体、家族的理念背道而驰。所以大家都更倾向于给自己树立这样一种形象："谦虚的、谦卑的、有大局观"。然而国内著名心理学家曾奇峰却说："骄傲使人进步，谦虚使人猥琐。而且是越谦虚越猥琐，如果谦虚到骨子里，你就会猥琐到骨子里。"

其实，在心理学的概念中，自恋并不是一个贬义词，甚至被推崇的意味更多一些。凡事皆有度，自恋也一样，分为健康和不健康两种。精神分析家科胡特[①]认为："自恋如果发展充分，是丰富个人人生的关键资源，而不是一种需要被消除的不成熟和自我中心的形式。"健康的自恋会发展出智慧、爱、成熟、幽默和创造性，不健康的自恋则会发展为自恋性人格障碍，恶性自恋的极端形式是自杀。

"很多年轻人，有自己目标，比如想做首富是对的，（这就

---

① 汉斯·科胡特（Heinz Kohut，1913—1981），著名精神分析家，自体心理学派创始人。科胡特认为个体人格的发展，不是来自本能的性驱动（传统精神分析观点），也不可能离群索居而独自练就。婴儿出生之初，并不具备自我，而是父母依照想像中婴儿的自我来对待婴儿，这种亲子间的关系酿就了婴儿的自我概念。也就是说：婴儿参照父母给定的方向，逐渐塑造了自我观，自我就是人的内部潜在能力在亲子交往过程中的逐步显现。

有了）奋斗的方向，但是最好先定一个小目标，比方说我先挣它一个亿！"万达集团创始人王健林这句话一经公开，就成为经典网红句。大多数网友对这句话是既佩服又自叹不如，但是对于喜欢埋头苦干同时又很精明、野心勃勃且善于抓住机会的王健林来说，他是一个能力撑得起目标的典型代表，所以敢说这句话的他其实就是一个典型的拥有健康自恋的人。

拥有健康自恋的人爱自己，也相信自己，他们实践着与需求相称的行动。例如，有人认为自己应该是享受更高物质水准的人，因此他努力工作，不断为自己积蓄财富来实现这一目标。有人认为自己应该是一个很有智慧的人，因此他努力读书、学习，来扩充自己的学识。所以拥有健康自恋的人，会不断地发展自身能力，以满足各种内在需要。

自恋是一个人凭借自己的努力获取某方面的经验，从而产生的一种真正的价值感，是一种认为自己值得骄傲、值得被爱的真实自豪感。所以说自恋不但不是坏的，还是我们发展的动力之一，适度的自恋是非常有益的！

被健康自恋滋养的人具有非常强大的人格魅力。他们的自恋会衍生出一种温和而充满光泽的气场，会在不知不觉间使我们想要靠近他。人们常说某人"气场强大、光芒四射"，其实就是在说他的自恋辐射范围很广大。在这个范围内的所有人都会受其影响，而不会觉得被强迫或受到指责。之前有位来访者对一位心理大师说："老师，你看不起我！"心理大师想了想说："我没空看不起你，我在忙着担心别人会看不起我！"那人听完一愣，继而哈哈大笑起来。

哈佛大学医学院心理学专家马尔金[①]写道："如果你的'健康自恋'得分很高，那么你可能很容易给予或获得情感支持，并且享受亲密关系。"所以，当你的能力撑得起你的自恋，而且没有对周围人造成伤害，那就坚持你的自恋吧，为自己的优秀发声，为自己的需求努力，为自己的目标行动！

只有当一个人过分夸大自身的能力和重要性，并常常因为不满足而产生各种症状时，才是不健康的自恋。古希腊神话中有一位很俊美的少年，传说他在丛林中奔跑时，无意间看到自己在水中的倒影，就爱上了这个倒影，从此再也不愿离开，日夜相望，茶饭不思，最终憔悴死去。这个少年的希腊名叫Narcisse，翻译成中文即"自恋"，人们常用它的另一个含义"水仙花"来形容一个人过度自恋。

[①] 克雷格·马尔金（Craig Malkin），心理学博士，哈佛医学院教授，哈佛医学院附属医院首席心理学家，临床心理咨询师，著有心理类畅销书《自信向左 自卑向右》。

第6章 多重博弈：坚固又沉重的心灵铠甲防御

我们不禁好奇：为什么有些人会有不健康的自恋呢？它又是怎么形成的？在生命的最早阶段，当一个孩子试图跟母亲联结以产生亲密关系时，母亲不回应或者给予缺乏共情性的回应，就可能使孩子形成不健康的自恋。我们可以试着想象，一个幼小的孩子在妈妈面前又蹦又跳，努力欢笑，极尽所能地表现自己，但妈妈始终视而不见，那这个孩子的内心该有多受伤。慢慢地，他就必须把投注在妈妈身上的注意力、期待、愿望等作用在自己身上。我们很容易就能感受到这个孩子对妈妈是多么地失望，同时又对自己是多么地失望。

不健康自恋者的脑海中是无法共存自我与他人的，也无法共存自我身上的好与坏，这是处于分裂位的人的共性特征。加之不健康自恋者的"自我界限"受损，他们常会模糊外在事实与内在幻想，这就导致他们会轻易地否定、抹杀或歪曲外在事实，将内在的心理活动与外在事实混为一谈。例如，一位女士上一周觉得她的闺蜜完全理解自己，是与自己最亲近的人，而她的丈夫则是个不断伤害她的坏人；但是在下一周，她的看法又颠倒过来了。这就是典型的理想化防御与贬低化防御的转化。也因此，以分裂为基础的防御机制又称为自恋性防御机制/一级防御机制。

在这里我还必须澄清，即使是成年人，使用一级防御机制的行为本身也并不一定是消极的,当一个心理健康的人遭遇重大变故或面临极大压力时,都有可能重新使用这种较为原始的防御机制。只有当我们持续使用这种原始防御机制,以至于无法匹配成人化的现实生活环境时,才被称为适应不良。

6.1.1 否认:我说没有就没有

婴儿处理不愉快情绪的方式之一是拒绝承认它的存在。这是一个非常原始的反应,就好像"如果我不承认,这件事情就没有发生""如果我不接受这个事实,它就伤害不到我""如果我不去体检,我的身体就是健康的""我只是每天喝上一瓶白酒,这不是什么成瘾,只是个小爱好而已",颇有些"掩耳盗铃"的意味,这源于儿童时期的以自我为中心的自恋式反应。

一个人发现他的同事的工作做得比自己好得多,但是他不愿意面对这个事实,不愿意承认"自己比对方差",因为这真的太伤自尊了。于是他会不断地对别人说"他这次做得好完全是运气""他肯定私底下找人帮忙了"或者"他之所以做得好,是因为老板给他布置的任务更加简单",以此来证明对方根本没有那么好,这就是在使用否认防御机制维护自尊。

我们有时也会使用这种防御机制来安慰别人,比如,"虽然你们已经离婚,但他还是爱你的,只是你们没有缘分而已""你这几次都没有考好，那是因为老师出的题太难了"……使用否认防御机制的人坚信所有的事情都会往好的方向发展，保持这样的信念常可以使自己或者他人感觉更好一些。

因此，否认是自我通过部分或完全拒绝承认外在事实，以避免承受某些负面情感的一种防御机制。生活中的多数人会偶尔使用否认来抵御不愉快，如果某人存在紧张情绪却又不被允许退缩，那最好的选择就是否认自己的紧张。也有很多人频繁利用否认来应对外在的巨大压力或沉重打击，比如，年迈的母亲无法接受孩子离世的事实，坚持孩子还活着，每天坐在门口等待孩子归来。

否认有时可以激发人们的潜能，实现不可思议的效果。例如，商场上常有"惊心动魄"的故事发生——传奇商人临危不乱，力挽狂澜，通过否认一些看似无解的困局挽救了濒临破产的企业。

否认也可能引发严重的后果。有人否认自己的社交焦虑，反而将其归结为"我只是不喜欢社交"，好像这样就能证明自己没有社交层面的问题；有人身体不适但拒绝去医院，好像这样便能证明自己的身体是健康的；有些伴侣不承认对方的家暴行为，好像这样便能证明自己的婚姻还是幸福的；有人否认酒精的影响而坚持驾车，这可能酿成非常严重的后果。总而言之，否认是一个常用语，比较通俗易懂，大众对其的理解精准度与学术定义相差无几。

值得注意的是，否认与压抑、隔离比较容易混淆，其实它们之间有着本质的区别：否认以分裂为基础，是较为原始的一种防御机制，主要针对外部世界，较少影响内在现实。压抑和隔离则是将内在现实的某个维度排除在意识之外，关进潜意识深处的行为方式。

否认起作用的方式是，一个人借着扭曲其在压力情景下产生的想法或情感的方式来逃避心理上的痛苦，或者将不愉快的事情"否定"，当作它们从来没有发生过来获得心理上的暂时安慰。压抑和隔离则是在意识层面"真的忘了"或"确实没感觉"。

6.1.2 投射与内摄：我的就是你的，你的就是我的

之所以将投射与内摄两种防御机制放到一起来进行诠释，是因为它们有着相同的本质，就像是同一扇门的正反两面。二者均呈现出分裂的特质，且都出现了无法清晰区分内在世界与外在世界界限的现象。婴儿在发展之初是没有能力分辨体验的来源的，他们无法区分肚子里的胀气式疼痛与外部碰撞导致的疼痛有什么不同。这种难以区分的状况会使婴儿逐渐发展出这两种原始的防御机制。

第6章 多重博弈：坚固又沉重的心灵铠甲防御

庄子与惠子游于濠梁之上①。

庄子曰："鲦鱼出游从容，是鱼乐也。"

惠子曰："子非鱼，安知鱼之乐？"

庄子曰："子非我，安知我不知鱼之乐？"

惠子曰："我非子，固不知子矣，子固非鱼也，子不知鱼之乐，全矣。"

庄子曰："请循其本。子曰汝安知鱼乐云者，既已知吾知之而问我，我知之濠上也。"

投射就是把自己的一些想法、情绪、需求等投放到别人身上，并坚信这些就是对方的所感、所想。成熟、适当地使用投射可以形成关系中"感同身受"的基础。因为我们总是无法完全了解另一个人，更没有办法完全解读对方的内心世界，此时想要理解别人，往往就会通过投射自己的体验来理解别人。例如，他最近挣了一大笔钱，我们会觉得他肯定很开心。有人的

---

① 出自《庄子·秋水》篇之濠梁之辩。

地方就有投射，投射无时无刻不在发生着。

内摄则正好与投射相反，是把他人的一些想法、情绪、需求等投放到了自己身上，并相信这些就是自己的所感所想。婴儿通过父母的"眼睛"了解了自己是一个什么样的人，这就是最初的原始性认同。所谓的亲人"相像"，除了基因方面决定的生理上的相似，还有就是婴儿通过模仿成长过程中的重要人物的想法、情绪和需求等获得的认同。例如，父母认为家里没有男孩儿是一件很让人抬不起头的事情，他们的女儿就很可能也会认为自己的性别是一件让自己羞耻的事。

不恰当地使用投射和内摄会导致一个人的社会功能产生多方面的瘫痪，尤其是会导致人际关系方面产生很大的冲突。以投射为例，如果投射的内容与客观事实存在严重偏差，或者投射的是一个人身上不好的、不能接受的东西，他将其放到别人身上，并理直气壮地认为那就是对方的问题，那他的人际关系方面的困难就变得显而易见。被投射的人可能因为被误解而愤怒，感觉自己受到了侮辱、评判、指责等。下面我将列举几种关系中的常见投射。

首先是职场中的投射。在上下级关系中，很多下级在面对领导时会很紧张，总是担心自己哪里做得不好，进而招致领导的惩罚或者责骂。这有可能是下级把自己想要攻击上级的愿望投射到了领导身上，那他在意识层面感受到的就变成了"领导总是针对自己，想挑自己的错，攻击自己"。之所以会在此时使用投射防御机制，可能性有很多，比如有可能是这个下级早年就对父母有敌意，但是这个敌意没有被很好地处理，就斗转星移到了目前他和领导的关系中。

在同事关系中，投射现象同样随处可见。比如一个人希望把公司当作自己的家，把同事们当作自己的兄弟姐妹，同时他投射性地认为公司和同事们也应该会有这样的愿望，但是实际上他没有办法从别人身上看到与此相关的任何努力或行动，那他会感到很失望并且抱怨世态炎凉、人情冷漠。如果一个人不断地攻击团体中的另外一人，认为那人锱铢必较、目光短浅、不负责任、口是心非，或许是因为他不能接受自己身上的这些缺点，就将其投射给了别人，并通过不断攻击对方将自己放在了对方的对立面，以此来把自己"择干净"。

其次是亲密关系中的投射。例如，其中一方总是认为对方瞧不起自己，无论对方如何辩解，他都更相信自己的直觉。这很有可能是他自身的自卑在作祟，他总认为自己不够好，不够优秀，不能做一个称职的伴侣，等等。事实上是他自己在攻击自己，但是意识到这些太痛苦了，于是他把它投射出去变成了是对方瞧不起自己。

在夫妻之间的沟通上，很多夫妻没有办法直接表达自己的需求，不能表达对对方的依恋，甚至会用相反的言语伤害彼此。这很可能是因为他们在认知上有一个扭曲的看法：承认需求和依恋对方是一种非常软弱的表现，这是很可耻的。投射给对方，就变成了对方总是想要嘲笑自己，所以绝不能向对方直接表达自己的真实感受。同时，为了保护自己，自己随时随地都处于备战状态，甚至要先发制人，通过不断地指责对方来显示自己的"强大"。很显然，这么做貌似保护了自己，实际上是主动破坏了关系。

在夫妻的忠诚问题上，其中一方也可能把自己的欲望投射到对方身上。例如，妻子虽然找不到任何证据，但是她依然怀疑丈夫在出轨。实际上是她压抑了自己对激情的欲望，并将其投射到了丈夫身上，认为是丈夫有这方面的冲动。

最后是亲子关系中的投射。家长辅导孩子写作业导致自己崩溃发狂的视频频频冲上热搜，引起很多家长的共鸣，这其中可能包含了两种投射。第一种是关于学习能力和意志力的投射，家长对自己的学习能力很可能是不自信的，对自己的努力程度也是抱有质疑的，但是他们不愿意承认这两点，于是将这些投射给了孩子。孩子在做作业过程中流露出任何的迟疑、停顿、犹豫，即便是因为他们在思考，都很有可能被家长划归为孩子太笨、不够努力、不够专注、马虎、粗心、大意等。在这样的状况下，父母就变得越来越理直气壮，越来越不耐烦。这种长期的投射，很可能反过来被孩子内摄，孩子可能真的变得越来越"笨"，越来越不努力。第二种是关于学习态度的投射。很多父母本身手机不离手，学生时代也并没有很热爱学习，但是他们对自己的逃避和懒惰行为没有任何觉察，而是一股脑地投射给了孩子。所以他们总是能够随时随地捕捉到孩子学习态度不端正的细节。因此，从某种角度来说，孩子学习态度不端正，实际上是他们通过内摄父母的言行进而展现了他们父母的学习态度。

发现自己是否在使用投射防御机制的一个小技巧是：观察自己对哪些现象或者他人的哪些行为、特征异常敏感，那我们就很有可能是在使用投射防御机制，以避免发现自己身上的这些东西。

6.1.3 见诸行动：冲动是魔鬼

见诸行动是人们借助语言之外的渠道表达内在世界的一种方式。人们为了避免觉察到痛苦，有时会不自觉地将无意识中的一些愿望和幻想以行动的方式传递出去，这是一种逃避情绪的方式。

见诸行动既可以指代某种具体的行为，比如，来访者通过"忘记"咨询时间以使咨询师空等了一个小时的行为来表达对咨询师的不满；也可以指代某一类惯性的行为特征，比如，通过强迫洗手、强迫关门、强迫数台阶等行为来表达更加复杂的内心冲突。

见诸行动者内在有一个理念：只要一行动起来，不好的感觉立马就消失了。实际上我们都知道，这种消失并不是真的烟消云散，只是被暂时藏起来了，那些不好的感觉还会在一个又一个的轮回中重复出现。

一位有着情绪化母亲和冷漠父亲的女医生，因为无法摆脱父母对自己的影响，同时对自己与丈夫的关系纠葛感到痛苦而前来咨询，她对丈夫既依赖又不断幻想会离开。在咨询进展到第三个月的时候，她告诉我要先请两周假去出差，至于第三周能不能回来要到时候看情况再定。我视频咨询的建议也被她婉言拒绝，因为她"担心"出差的时间不可控。

除了现实因素，我猜还可能是因为随着咨询的进展，她逐渐产生了亲近咨询师的愿望，但是潜意识中又担心咨询师会像她的父母那样反复无常，因此做出了既想离开又不想中断的动作（与她婚姻中的夫妻相处模式极为相似），通过将内心的渴望和恐惧付诸行动来缓解痛苦。正如这种推测，此类付诸行动在她的咨询中多次出现。这类情况常与害怕被拒绝的感受相关。

在精神分析视角下，人们的行为可大致分为两类：见诸行动和"基于领悟的行动"。见诸行动是咨询中需要处理的令来访者纠结的防御机制，而"基于领悟的行动"则是来访者通过咨询希望达到的目标，这是来访者成熟的一种体现。

"基于领悟的行动"又可分为两种，一种是源自经典精神分析对成熟行动的理解，即"被理性充分分析过后采取的行动"，另一种则是当代精神分析对行动的解读，即"在深刻体验、觉察之后采取的行动"。从这个分类上来看，除了这两种"基于领悟的行动"，人们的其他行为都可以被划归为见诸行动的类别。

见诸行动可能酿成严重后果，但也可能有助于实现自我成长。因为能够采取行动，这本身就是一种有力量的象征。所以从积极的角度来看，无论行动化的伪装多么隐晦，我们都是有可能将无助和脆弱转化为自主和强大的，"随心所欲而不逾矩"是我们在行为上不断追寻的出路。

6.2 二级防御：少年般的不成熟防御

6.2.1 退行：我还只是个"孩子"

随着年龄的增长，孩子各方面的能力自然而然会得到发展。我相信正在阅读本书的你也是希望从书中获取资源，缓解社交恐惧，更好地成长自己的。所以成长意味着各种能力的提升以及人格的完善，是一个不断前行的趋势。退行则跟成长、发展完全相反，是指人们本来已经获取了某些能力，但是这些能力在退行中被削弱甚至完全没有办法起作用。长期处于退行之中，会使得一个人的人格变得支离破碎。

如果对人的成长过程做一个阶段性划分，大致可以分为以下三个阶段：依赖阶段、假性独立阶段、成熟独立阶段。这三个阶段并不完全是单向线性发展的，而是会随着成长中的境遇来回波动，但大体方向一定是向前的。

首先，依赖阶段是指一个人必须依赖另一个人才能活下去。对于刚出生的婴儿来说，这是合理的，他必须依靠另一个重要的人的养育才能生存下去。但是对于一个已经进入社会生活了十年的成年人，如果他还是需要依靠父母或者重要他人的支持才能活下去，那他就变成了我们所说的"啃老族"，这些成年人可以说是退行到了婴幼儿时期。

其次，假性独立阶段是指一个人有了独立的愿望，但是还没有独立的能力。他需要依靠对抗他人才能看见自己，并利用他人来感知自己的独立。"你让我选一，那我就偏选二，这样我就跟你不一样了，我就是有'独立'思想的人了"。这是一个介于依赖阶段和成熟阶段之间的阶段，常会左右摇摆，需要一个漫长的过程实现平稳过渡。一个五岁的孩子已经可以很好地控制排便，但是当妈妈有了二胎妹妹，对他的关注度减弱之后，他又开始尿床，这就意味着它退行到了和妹妹一样的婴儿状态，在他的想象中，唯有如此才能"理直气壮"地要求妈妈给他更多的关爱。

最后，成熟独立阶段是指一个人已经拥有了独立思想，并能够很好地照顾自己，同时具备了爱自己和爱他人的能力，拥有完整、自由的人格。处在这个阶段的人一般不会退行。

有些成年人一遇到困难就"关机"躲起来，这是一种象征层面的退行，跟婴幼儿时期一遇到困难就躲到妈妈身后是一个道理。成年人的另一个显著特征是拥有性生活，但是很多夫妻中的一方很早就丧失了对性的欲望，这也是退行到婴儿状态的一种表现。我们的文化中还有一些集体的退行现象，如家庭成员之间过度依赖，每个人都要为别人而活，通过别人来体现自己的价值和意义，等等。

下面我将列举一些常见的退行现象。

社交技能的退行：部分社交焦虑者回避社交是因为如果他们要融入一个群体，势必需要努力适应环境，但是这种适应会让他们产生即将丧失自我的危机感；或者他们会极力否认自己对他人的需要，因为这可能导致他们产生屈辱感。

记忆力的退化：我们想要吸收知识，就一定要依靠记忆来存储和分类。不论是躯体记忆还是大脑记忆都很重要。一个没有生理问题的年轻人如果产生记忆力退化，那就是一种功能性障碍了。人们一般倾向于忘记那些痛苦的记忆，但是也有相反的状况，有些人会反复回忆起那些让他感觉痛苦的场景，却会忘记那些让他感觉幸福愉快的画面。

专注力的减弱：对于想要高效学习、工作的人，专注力显得尤为重要。专注力是一个人实现独立的特征之一。但是现实状况很不乐观，很多孩子的专注力被不同程度地损害了。家长大声斥责孩子"你要专心一点"时，孩子的专注力就已经被破坏了。因为当父母要求孩子在这种枯燥、高压状态下保持专注时，孩子专注的很可能是这种高压状态而非学习本身。另外，被其他人强硬地要求专注，孩子很可能产生一种被迫服从的屈辱感，这势必影响孩子专注能力的培养和提升。

娱乐与工作、学习转换能力的退化：很多人无法从娱乐的放松状态转化到专注工作的状态，反过来也有很多人无法从高压工作状态转化到轻松娱乐、享受生活的状态。原因是他们赋予了工作或者娱乐太多象征层面的意义，比如说娱乐意味着堕落、浪费生命、攻击周围人等，工作则是被虐待、被支配，或者说娱乐意味着一个成年人内心还住着一个无法工作的幼儿。很多人都认同周一早上起床上班是人生最痛苦的时刻之一，这就是他们的转换能力退化的体现。

6.2.2 反向形成：越标榜，越虚伪

这是一种很耐人寻味的防御机制，它很巧妙地将一种情感转向了它的反面。这种转向通常发生在一个人不愿意面对原本的感受的时候，于是他会让自己在意识层面只体验到它的反面，且相信这才是自己唯一的真实感受。比如一个人潜意识中对上司有很深的敌意，但他实际表现出来的却是对上司的过度讨好和恭维。总体来说，事出反常必有妖——一切在程度上超出了正常范围的情感，本质上都极有可能是该情感的反面。

案例：5·25美国警察暴力执法事件

据《新华社》报道[①]：

25日晚（2020年的5月25日晚），（美国）明尼阿波利斯市警察局接到关于一起造假案的报告，警察随后赶到现场并控制了嫌疑人弗洛伊德。根据社交媒体上的视频，弗洛伊德当时被肖万等3名警察按在地上，脖子被肖万用膝盖顶住，另外1名警察站在一边。弗洛伊德神情痛苦、声音嘶哑，一直在说自己无法呼吸，随后疑似陷入昏迷。弗洛伊德在被送往医院后不治身亡。

对肖万的起诉书说，肖万用膝盖顶住弗洛伊德脖子长达8分46秒。另据亨内平县法医办公室的尸检报告，弗洛伊德患有冠心病、高血压、心脏病等。

事件令全美舆论哗然，虽然明尼阿波利斯市警察局随后将4名涉事警察解职，但未能平息众怒。连日来，该市爆发大规模示威活动，抗议警察暴力执法，呼吁为弗洛伊德寻求正义。抗议还逐渐蔓延到纽约、洛杉矶等地。

[①] 引自新华网《粗暴执法致非裔男子死亡的美国前警察被逮捕》，报道链接如下：
http://news.cctv.com/2020/05/30/ARTIZpRouipp9ZiU2s9epmPy200530.shtml

第6章 多重博弈：坚固又沉重的心灵铠甲防御

无独有偶，据《央视网》报道[1]：

非洲裔美国人乔治·弗洛伊德之死引发的大规模抗议活动尚未平息，美国俄克拉荷马州首府俄克拉荷马城警方又公布了一段2019年5月20日的执法录像。

视频中，名叫德里克·斯科特的一位非洲裔男子在收到警告后转身逃跑，被现场警员制住，他躺在地上大喊"我不能呼吸了"，可压制他的警员却回了句"我不在乎"。几分钟后，斯科特陷入昏迷，随后在医院中死亡。

警察：你身上有武器吗？过来，背过身去，趴到地上。

德里克·斯科特：我不能呼吸了。

警察：我不在乎。

德里克·斯科特：妈妈、妈妈。

德里克·斯科特的母亲：这样的事一遍遍重演，这样的死亡一遍遍重演，然后到了乔治·弗洛伊德，有许许多

---

[1] 引自央视网《又一起事件被曝！非洲裔被捕时喊不能呼吸 警察称不在乎》，报道链接如下：http://news.cctv.com/2020/06/12/ARTIvGJ3ULfZGYQOyIIRfKzK200612.shtml

多的乔治·弗洛伊德,我的儿子只是其中的一个。

警察局局长拉里·威斯罗:在这起事件中,嫌疑人已经声称他不能呼吸,根据一名警官的说法,那时候嫌疑人已经开始失去意识。

抛却美国的历史种族问题,单从这类悲剧中警员对"嫌疑人"的过度执法行为上就可以看出,这些警员完全没有意识到自身的严重暴力倾向,他们不愿意看到自己内心强烈的攻击性以及破坏性冲动,就将这些伪装成了某种"高尚的正当行为",把自己变成了正义的执法者。

据俄亥俄州立鲍灵格林大学一项研究结果,2005 年至 2019 年,美国警察每年在执法过程中开枪导致近 1000 人死亡,其中 104 名警察因执勤时开枪被逮捕并被控谋杀罪或过失杀人罪,但仅有 35 人被判有罪。

....

据美国媒体的统计,在弗洛伊德案审理的 21 天里,有

63人被警察枪杀，其中绝大多数是有色人种[1]。

破坏与崇高，就构成了反向形成。在防御的掩盖之下，一个充满暴力的人在做着残忍的事，却自认为是在维护正义。

反向形成可以对两极化的情感进行相互转换，例如将攻击性转化为过度顺从、将恨转化为爱、将爱转化为攻击、将嫉妒转化为喜爱，等等。一个人开口讲话时，如果总是先强调"跟你说实话吧"，那么他后面谈到的内容反而有可能不是实话；如果一个人在不必要的情形下反复跟你强调"我真的不想伤害你"，那么大多数时候，他的内心可能有很多想要伤害你的潜在愿望，他是在用反向形成的方式很努力地处理他的这部分情感。

反向形成的现象无处不在，反同组织的一些人最后发现自己居然就是同性恋，因为他的内在无法承受同性恋这个标签背后的恐惧和羞耻感，于是就让自己站在对立面，成了最坚定的反同者。那些常常对别人进行道德绑架的人的内心可能有着最强烈的冲动以及最不符合伦理的欲望。相比于直面这些感受的痛苦，回避看起来更轻松一些，于是他们用行动来贬低这些想

---

[1] 该数据引自《人民日报》，报道链接如下：https://news.cctv.com/2021/04/27/ARTIDmxVv6bJO1p2kZKmZ0ws210427.shtml

法，将自己放在对立面，标榜自己是"无辜"的，这样就可以不用面对"真相了"，这就是反向形成的由来。

6.2.3 合理化：我总有理由

从字面意思上也很好理解合理化，它不仅是一种防御机制，也是一种人们津津乐道的现象。人们会通过制造借口来缓解焦虑，这通常发生在否认某些现实之后。所以合理化可以理解为自我创造了一些所谓的很有道理的正当理由来帮助自己处理那些难以接受的问题情境或情感。

当我们满怀憧憬地进入恋爱世界后却被对方要求分手，便可能告诉自己并不是非他不可；当某些坏事降临到自己头上，我们还会安慰自己说"塞翁失马，焉知非福"……这些都是合理化防御机制在起作用。合理化的行为还包括：无法晋升时，就觉得资本企业都这样不公平；二十年寒窗苦读也只得到了一份很普通的薪水，只能自嘲"这也是一种人生历练"。

> 阿辉被工作了十年的公司解雇，他告诉家人的是：这其实是件好事，因为他也已经"不满"现状好多年了。
>
> 阿辉为保护自己免受被解雇时的愤怒、挫败以及失落等情绪的困扰，就通过压抑这些情绪，然后在意识层面制

造了另一个可以被接受的合理理由来帮助自己渡过难关。

灵活且聪明的人更喜欢使用合理化，此方式能够让人身处低谷却不低落，也较少抱怨。但合理化的危害也同样是显而易见的：如果在每一件事上都习惯性地使用合理化，人们就会仅凭一腔热血行事，而很少反思自己，出了问题也可能很少承认是由于自己欠考虑而冲动行事。例如，老师将体罚孩子合理化为"是为了他们好"，父母将自己无法放下手机的习惯合理化为是在处理工作，过度消费者将虚荣合理化为是在提高生活质量，等等。

6.3　三级防御：成人式的成熟防御

通常情况下，防御机制都是在人们无意识的状态下自发运转的，人们意识不到它的存在。所以一个人很难在意识层面完全地理解"我就是因为渴望社交，所以才回避社交的"——在某些人的内心，渴望的背后是无助与深深的匮乏感，那这个渴望就不能被他感知到，因为那会给他带来屈辱，以至于他的意识层面感受到的是变了形的，甚至相反的东西。

成人式的成熟防御是指我们的内在小孩经过一步步成长，

渐渐地能够分辨哪些是来自内在世界的冲动、愿望、幻想，哪些是来自外部世界的规范、要求、法律，能够使用比较有效且被外部世界接受的方式处理危机、解决困难、满足自己的本能愿望，等等。因此，成熟防御可能是有意识的，也可能是无意识的，但在策略上都会更高级，能够帮助我们维持自尊并温和地包容那些痛苦的情感。

6.3.1 升华：体面的释放

升华源于物理学的一个概念，是指固态物质不需要经过液态直接变为气体的过程。在心理学意义上，升华指的是将个体内在非常痛苦、不舒服的情感和想法直接从无意识状态转化为意识层面中的有益活动，这些活动在某种程度上直接象征了潜意识中的状态，而不需要经过潜意识意识化的中间阶段。

德国著名作家、诗人歌德曾经爱上了朋友的女朋友，且那时他自己也已经与一位名叫约翰·克里斯蒂安·凯斯特纳的法律工作者订了婚。处在这种状态下的歌德内心极度痛苦，曾经想过要自杀。后来他用了四个星期的时间将这份痛苦写成了一部闻名世界的书信体小说《少年维特之烦恼》。

在小说中，他让维特经历了与他相似的境遇，并在最后自杀了。通过这种形式，他满足了自我毁灭的欲望，抵消了爱情中的痛苦，并使自己从自杀的念头中摆脱出来。这就是一种健康的升华，他将自身的欲望升华为了文艺创作。

弗洛伊德最早注意到升华这种防御机制，并将其定义为：有社会价值地释放个体的生物冲动，这些生物冲动包含吮吸、撕咬、排便、打斗、性行为、窥探与被窥探、忍受疼痛，等等。例如，将吮吸升华为享受美食、将攻击冲动升华为格斗类运动、将窥探欲升华为写真摄影，等等。

升华之所以被视作改善我们心理困境的有效策略，其原因在于：首先，升华可以帮助人们减少自虐性或破坏性行为，并促进更多正向行为的产生；其次，升华能够顺利释放我们内在的冲动而无须过度地自我消耗，不需要像前文提到的那些防御机制一样在伪装和改造冲动的形式上耗费很多精力（如：反向形成、投射、见诸行动、合理化等），也不需要费力去对抗这些冲动（如：否认、压抑等）。通过升华来转化冲动，并以有益的形式平衡内外世界的冲突，非常有助于个体保持在一个和谐稳定的状态。

一个男孩儿有很强的攻击性，如果他把这种攻击性用在武术、跆拳道等需要大量消耗能量的运动上，那他就会成为一个被社会认可的人，其行为也会被社会接受，甚至还可能因此获得赞美或奖赏，这就是一种攻击性的升华。一个骨子里很自卑的人会对自己当下的状态产生持续性焦虑，总认为自己不够好，如果他通过不断地鞭策自己努力工作从而使自己变得很有成就，他的这个过程也是一种升华。这种升华会化解他的部分自卑和焦虑。所以，我们将升华看作比较成熟的防御机制的原因就在于：当我们的内在欲望与外在秩序之间存在冲突时，升华可以转化这种冲突，并催生具有创造性、建设性以及适应性的正向行为。

很多人在了解了众多防御机制之后可能产生一种误解，认为我们自我成长的目标就是要摆脱那些原始的本能欲望，让自己不再受"低级趣味"的干扰。但是事实恰恰相反，我们内心能够保持活力与我们内在一直活跃着的本能性冲动息息相关。我们不需要也不可能摆脱这些欲望和冲动，但是我们能够使用一些高级的防御机制来与之和谐共存。

6.3.2 幽默：优雅的自嘲

幽默本身并不能改变什么，生活中的幽默常指会开玩笑，能活跃气氛，有时只是指简单的玩乐。但是当幽默被用来化解令人不适的想法或情感时，就是典型的防御了。

如果人们是在有意识地使用幽默，那这种行为就具有高度的适应性。但是如果人们长期使用幽默来回避自身或关系中的痛苦，就可能存在一些问题了。例如，某人在妻子和他认真谈论他们之间的关系问题时打岔和开玩笑，并把这一切当成无足轻重的小事情，此时的幽默就阻碍了他们亲密关系的进一步发展。

这里所要讲的幽默通常指拿自己开玩笑，多为自嘲。因为拿别人开玩笑时总有可能拿捏不好，给别人带来不适感，而自嘲多数情况下是一种相对安全的表达和保护自己的方式。恰当的幽默能够提升人们忍受痛苦的能力。近些年比较流行的脱口秀、相声类电视节目等都带有一些"黑色幽默"的风格，非常受人欢迎。幽默感被视为一个人内心状况比较好的显著要素，是人们抵御残酷现实的一种心理机制。

6.3.3 利他主义：燃烧自己，帮助他人

利他主义是一种被社会高度认可的防御机制，是指通过为他人服务来缓解自身的痛苦情感。当这种利他是基于意识层面的自主选择行为时，它就是一种非常成熟的行为表现。如果利他是被无意识推动着的一种过度自虐行为，那它就是病理性的行为表现了，会对自身产生较多伤害。

摆脱社交恐惧——
用高级防御摘下心灵面具

国内著名女歌手王菲与演员李亚鹏曾有过一段婚姻。在情感正浓时,他们有了爱的结晶,满心期待爱女降生的二人在看到宝宝的一瞬间却发现孩子天生唇裂。在孩子还小的时候,夫妻二人到处奔波为其治疗,最终在美国成功为孩子完成了手术。

作为父母,他们深刻体验到了在孩子出现问题时的悲伤感受,并在治疗的过程中了解到和女儿一样的唇裂孩子在我国还有很多,而女儿在美国接受的矫正手术在当时的我国尚属空白,所以他们以女儿命名,创建了"嫣然天使"基金会,旨在帮助那些和女儿一样的唇裂儿童。

在这里,利他主义既有助于处理当事人的哀伤和令人困扰的情绪,也切实地帮到了其他人,这就是一种成熟的利他主义。这种利他是共情性的,同时是和谐的,是乐于分享和慷慨的价值观组合。

病理性的利他则带有一种毁灭自己的趋势,比如,有些人会用非常盲目的方式将自己的大部分积蓄赠予或投入一些虚假的事业或冒牌组织之中。著名的哲学家卢梭说过:"一些为了别人把自己拖垮的人,事实上都是很笨的人。"

张梅夫妇多年以来一直靠摆地摊维持生计，每月收入勉强可以糊口。张梅自身还患有过敏性哮喘，医生告诫她要照顾好自己，不能过度操劳，不能接近动物。但是因为他们夫妻很可怜那些被遗弃的小生命，所以在这些年里陆陆续续收养了几十只小猫和小狗。

他们每天和猫狗同吃同睡，给它们喂食、治病，把它们当成自己的孩子。他们收入的一多半都被用来给猫狗买口粮和治病用了，导致他们自己不敢生病，不去医院，坚持摆摊不休息，才能维持家庭的收支平衡。

6.3.4　理智化：保持理性才能解决"问题"

理智化可以说是情感隔离[①]的高阶版本，是指将情感从想法中隔离出来并将其关进潜意识，只留下各种逻辑想法、解决问题的策略等。这种做法可以帮助一个人不必"真的"去体验自身的感受。这里之所以如此表述是因为保持理智化的人并不会完全回避感受，他们也可以处变不惊地在理智层面谈论所谓的感受。例如，他们会说："他刚刚攻击我的时候，我肯定是生

[①] 情感隔离，防御机制之一，详细介绍见本书第 4 章 4.4 节"隔离：我没有什么感觉"部分。

气的。"说这话的时候他们表情冷静,语调平和,表明他们那个时候可能确实是生气的,但是他们的怒气被压得很深,不太可能被别人感受到。

理智化在处理过度情感方面有着极大的意义,这与情感隔离的应对原理相似。主要目的都是避免面对那些不断涌动的强烈感受。为此,理智化的人会习惯性地事先做好心理准备,事发时思考解决策略,事后反思、讲道理。

李达,一位38岁的出轨男士,在咨询中承认了自己对妻子的不忠诚,当我指出他在出轨这个行动中透露的一些情感需求时,他开始告诉我在这件事发生后他都做了些什么来补救婚姻;当我指出他挽救婚姻的动作背后透露的对于家庭的深厚情感时,他开始谈论宇宙之大,以及家庭琐事之渺小。最终我解释说如果只跟我讨论宇宙空间的问题,他会感到不那么痛苦,可以回避他对性的渴望以及对失去家庭的恐慌。他表示了认同,随后才开始跟我谈论更多让他充满矛盾的经历。

理智化可以帮助个体在巨大的消极感受中保持清醒和理性,在事件被顺利解决之前,保持大脑的正常运转。我们会认为如果一个人在足够大的压力状况下没有自乱阵脚，还能够从容应对，没有过激行为的话，那这个人就是一个足够成熟的人。

理智化当然也会带来一些弊端——当理智化被过分地当成一种防御来使用时，它就会变成人们用来排斥情感的工具，那么不论人们的逻辑思维多么清晰，问题解决方案多么巧妙，总会给人不真实之感。习惯将理智化当成唯一防御的人，对性、娱乐等的兴趣都不大。在很多演讲或比赛中，我们会发现那些表达刻板、内容枯燥的选手很容易就会被淘汰，最终成功的则不一定是"最专业的"选手，而很可能是最打动人的选手。如果一个选手缺乏情感，裁判和观众会很难感受到他比赛的激情，也就很难记住他的清晰形象。

最后，我们要注意大脑本身的思考也带有理智化的色彩，理智化的思考是健康的智力活动，与被过分使用、用来抵御情感侵袭的理智化的防御是不同的。

6.4 评估你的防御系统

我们以往了解防御机制的主要方法是会谈和自我分析。除此之外，应用问卷能够比较全面、省时地收集有关防御机制的较标准的资料，更加便于比较和研究。在这里，我所介绍的是由 M. Bond 编制的一份自评问卷,名为《防御方式问卷(DSQ)》,这份问卷于 1983 年问世,并分别于 1986 年和 1989 年进行过两次修订。这里介绍的是最后一次修订的版本。此问卷的目的是收集参与问卷者较完整的防御机制资料,为人们提供一个连续的心理社会成熟程度指标。本问卷适用于正常人及各种精神障碍和躯体疾病患者。

6.4.1 防御方式问卷(DSQ)

指导语:

请仔细阅读每一个问题,然后根据自己的实际情况认真填写,不要去猜测怎样才是正确的答案,因为这里不存在正确或错误的答案,也无故意捉弄人的问题。

每个问题有 9 个答案,分别用 1、2、3、4、5、6、7、8、9 来表示。其中 1 表示完全反对,2 表示很反对,3 表示比较反对,4 表示稍微反对,5 表示既不反对也不同意,6 表示稍微同意,7 表示比较同意,8 表示很同意,9 表示完全同意。请在每道题前的括号中写下你的答案。

( ) 1. 我因帮助他人而获得满足,如果不这样做,我就会变得情绪抑郁。

( ) 2. 人们常说我是个脾气暴躁的人。

( ) 3. 在我没有时间处理某个棘手的事情时,我可以把它搁置一边。

( ) 4. 人们总是不公平地对待我。

( ) 5. 我通过做一些积极的或创造性的事情来摆脱自己的焦虑不安,如绘画、做木工活等。

( ) 6. 偶尔,我把一些今天该做的事情推迟到明天再做。

( ) 7. 我不知道为什么会遇到相同的受挫情境。

( ) 8. 我能够相当轻松地嘲笑我自己。

( ) 9. 我受到挫折时,表现就像个孩子。

( ) 10. 在维护我的利益方面,我羞于与人计较。

( ) 11. 我比我认识的人中的大多数都强。

( ) 12. 人们往往虐待我。

( ) 13. 如果某人骗了我或偷了我的钱,我宁愿他得到帮助,而不是受到惩罚。

( ) 14. 偶尔,我会想一些坏得不能说出口的事情。

( ) 15. 偶尔，我因一些下流的笑话而大笑。

( ) 16. 人们说我像一只鸵鸟，把自己的头埋入沙中，换句话说，我往往有意忽视一些不愉快的事情。

( ) 17. 我常常不能竭尽全力地与人竞争。

( ) 18. 我常感到我比和我在一起的人强。

( ) 19. 某人正在谋划剥夺我所得到的一切。

( ) 20. 我有时发怒。

( ) 21. 我时常在某种内在力量的驱使下，不由自主地做出一些行为。

( ) 22. 我宁愿饿死也不愿被迫吃饭。

( ) 23. 我常常故意忽视一些危险，似乎我是个超人。

( ) 24. 我以有贬低别人威望的能力而自豪。

( ) 25. 人们告诉我：我总有被迫害的感觉。

( ) 26. 与我感觉不好时，我有时会发脾气。

( ) 27. 当某些事情使我烦恼时，我常常不由自主地做出一些行为。

( ) 28. 遇事不顺心时,我就会生病。

( ) 29. 我是一个很有自制力的人。

( ) 30. 我简直就像一个不得志的艺术家。

( ) 31. 我不总是说真话。

( ) 32. 当我感到自尊心受伤害时,我就会回避。

( ) 33. 我常常不由自主地迫使自己干些过头的事情,以至于其他人不得不限制我。

( ) 34. 我的朋友们把我看作乡下佬。

( ) 35. 在我愤怒的时候,我常常回避。

( ) 36. 我对那些确实对我友好的人保持的警惕性,往往比对我应该怀疑的人保持的警惕性更高。

( ) 37. 我已学得特殊的才能,足以使我毫无问题地度过一生。

( ) 38. 有时,在选举的时候,我往往选那些我几乎不了解的人。

( ) 39. 我常常不能按时赴约。

(　) 40. 我幻想得多，可在现实生活中做得少。

(　) 41. 我羞于与人打交道。

(　) 42. 我什么都不怕。

(　) 43. 有时我认为我是个天使，有时我认为我是个恶魔。

(　) 44. 在比赛时，我宁要赢而不愿输。

(　) 45. 在我愤怒的时候，我变得很愿挖苦人。

(　) 46. 在我自尊心受伤害时，我就公开还击。

(　) 47. 我认为当我受伤害时，我就应该翻脸。

(　) 48. 我每天读报时，不是每个版面都读。

(　) 49. 我沮丧时，就会避开。

(　) 50. 我对性问题感到害羞。

(　) 51. 我总是感到我所认识的某个人像个保护神。

(　) 52. 我的处世哲学是：非理勿信，非理勿做，非理勿视。

(　) 53. 我认为：人有好坏之分。

(　) 54. 如果我的上司惹我生气，我可能在工作中制造麻烦或磨洋工，以报复他。

( ) 55. 每个人都和我对着干。

( ) 56. 我往往对那些我讨厌的人表示友好。

( ) 57. 如果我乘坐的飞机的一个发动机失灵,我就会非常紧张。

( ) 58. 我认识这样一个人,他什么都能做而且做的合理正直。

( ) 59. 如果我感情的发泄会妨碍我正从事的事业,那么我就能控制住它。

( ) 60. 一些人正在密谋害我。

( ) 61. 我通常可以看到恶境当中的好的一面。

( ) 62. 在我不得不去做一些我不愿意做的事情时,就会头痛。

( ) 63. 我常常发现我对那些我理应仇视的人很友好。

( ) 64. 我认为"人人都有善意"是不存在的,如果你不好,那么你一切都不好。

( ) 65. 我决不会对那些我讨厌的人表示愤怒。

( ) 66. 我确信生活对我是不公正的。

( ) 67. 在严重的打击下,我就会垮下来。

(   ) 68. 在我意识到不得不面临一场困境的时候（如：考试、招工会谈），我就试图想象它会如何，并计划出一些方法应付它。

(   ) 69. 医生们决不会真的弄清我患的是什么病。

(   ) 70. 当某个和我很亲近的人去世时，我并不悲伤。

(   ) 71. 在我为了利益和人争斗之后，我往往因为我的粗鲁而向人道歉。

(   ) 72. 发生与我有关的大部分事情并不是我的责任。

(   ) 73. 当我感觉情绪压抑或焦虑不安时，吃点东西，可以使我感觉好一些。

(   ) 74. 勤奋工作使我感觉好一些。

(   ) 75. 医生不能真的帮我解决问题。

(   ) 76. 我常听人们说我不暴露自己的感情。

(   ) 77. 我认为，人们在看电影、戏剧或书籍所领悟的意义，比这些作品所要表达的意义要多。

(   ) 78. 我感到我有一些不由自主要去做的习惯或仪式行为，并给我带来很多麻烦。

( ) 79. 当我紧张时，就喝酒或吃药。

( ) 80. 当我心情不愉快时，就想和别人待在一起。

( ) 81. 如果我能够预感我会沮丧的话，我就能更好地应付它。

( ) 82. 无论我怎样发牢骚，从未得到过满意的结果。

( ) 83. 我常常发现当环境要引起我强烈的情绪反应时，我就会麻木不仁。

( ) 84. 忘我地工作，可以使我摆脱情绪上的忧郁和焦虑。

( ) 85. 紧张的时候，我就会吸烟。

( ) 86. 如果我陷入某种危机，我就会寻找另一个和我具有同样命运的人。

( ) 87. 如果我做错了事情，我往往认为我不能受责备。

( ) 88. 如果我有攻击他人的想法，我就感觉有种做点事情的需要，以转移这种想法。

6.4.2 测试结果评定方法

1. DSQ 介绍

DSQ 为自评问卷，共包括 88 个题目，呈现了比较广泛的防御方式。这些防御方式整体上划分为以下四种类型、24 种防御机制。

（1）不成熟防御机制。具体包括：投射、被动攻击、潜意显现、抱怨、幻想、分裂、退缩和躯体化。

（2）成熟防御机制。具体包括：升华、压抑和幽默。

（3）中间型防御机制。具体包括：反向形成、解除、制止、回避、理想化、假性利他、伴无能之全能、隔离、同一化、否认、交往倾向、消耗倾向、期望。

（4）掩饰因子。是指受测试者为了制造较好的社会形象而不能如实作答的倾向。

2．四种类型、24 种防御机制对应的题目编号

（1）不成熟防御机制类型

- 投射：4，12，25，36，55，60，66，72，87
- 被动攻击：2，22，39，45，54
- 潜意显现：7，21，27，33，46
- 抱怨：69，75，82
- 幻想：40

- 分裂：43，53，64
- 退缩：9，67
- 躯体化：28，62

（2）成熟防御机制类型

- 升华：5，74，84
- 压抑：3，59
- 幽默：8，61，34

（3）中间型防御机制类型

- 反向形成：13，47，56，63，65
- 解除：71，78，88
- 制止：10，17，29，41，50
- 回避：32，35，49
- 理想化：51，58
- 假性利他：1
- 伴无能之全能：11，18，23，24，30，37
- 隔离：70，76，77，83
- 同一化：19

- 否认：16，42，52
- 交往倾向：80，86
- 消耗倾向：73，79，85
- 期望：68，81

（4）掩饰因子类型

- 掩饰：6，14，15，20，26，31，38，44，48，57

3. 测试结果统计方法

$$防御机制得分 = \frac{对应防御机制各题目得分之和}{对应题目数量之和}$$

例如，如果要测试抱怨防御机制的得分，首先，由上文可以查到抱怨防御机制对应的题目总数量为3，分别是第69，75，82题；其次，假设抱怨防御机制对应的三道题目的得分分别为6，4，7，那么，该防御机制得分的具体计算方法如下：

$$抱怨防御机制得分 = \frac{6+4+7}{3} \approx 5.67$$

对于测试结果而言，得分越靠近9，说明测试者应用某类防御机制的频率越高。你可以逐个统计自己的防御机制得分，从中找出得分偏高的防御机制，以了解自己惯常使用的防御机制。

第 7 章

直面困境：突破不良防御群的桎梏

> 当我接受了现实的自己时，我就发生着变化。
>
> ——卡尔·罗杰斯

7.1　灰暗的世界，打开抑郁者的枷锁

　　自恋与抑郁之间存在着很大的关联。近些年流行病学的调查结果显示，在中国有超过 7000 万人患有抑郁症，这是一个让人悲伤的数据，这意味着我们身边有一个庞大的抑郁群体。

　　我们在无意识中夸大了自己的能力，有时候的确可以增强自

信,帮助我们维持足够的动力去完成一些高难度的事情。但是,现实中有更多的麻烦是我们搞不定的,这时候那个夸大的自我就会被击碎,抑郁随之产生。因此可以说,抑郁是自恋被击碎之后的产物。

案例:大客户,真可恶!

孙玥是一位有些出乎我意料的来访者,根据预约时备注的基本资料看,她是80后一代中较为年轻的企业高管,又一直在国内一线城市工作,收入颇丰。在我的想象里她应该是意气风发、打扮时髦、优雅精致的形象,这跟现在坐在我对面的这位女士简直判若两人。对面的孙玥看起来面色灰暗、无精打采、穿着随意、略显沧桑,她精神萎靡地在我这里开始了第一次咨询。

礼貌的问候和对咨询设置做了简单介绍之后,她就迫不及待地开口了:"欣欣是我同学,她建议我来找你谈谈看。欣欣你还记得吗?她说你可能没有印象了,因为她找你咨询已经是好几年前的事情了,而且只在你这里做过几次咨询。但是她觉得咨询对解决她的问题很有帮助,所以也向我推荐了你。"她下意识地不断在指尖摩挲着衣袖,似乎想把袖子捋得更平整一些,"我该怎么开始?需要我先说些什么吗?"

"从你觉得重要的地方开始吧。"我回应道。

她看起来有些茫然,过了一会儿开口说道:"我不知道是应该直接说问题,还是先向你介绍一下我的基本情况。你们通常是怎么开始的呢?"

我注意到她对这个咨询如何开始有些纠结,而且似乎"忘记"了就在刚刚她才问过相同的问题并且已经从我这里得到了答案。于是我回答她:"我看到你在登记的资料中提到你在人际交往方面遇到了问题,并且影响了你的事业和生活,也许你可以跟我说说这是怎么回事。"

她听后想了想说:嗯,是的,我感觉现在的状态很不好。但是我觉得直接谈这个会说不太清楚,我还是先给你说说我的基本情况吧,这样你才能搞清楚是怎么回事。

"我读书的时候都还挺顺的,高中毕业,顺利进入大学,读的金融类专业,很多人都觉得这种专业非常虚,不像财会、法律那些有技术含量、热门、好找工作的专业,但我那时候还不错,毕业就进了一家很有实力的金融公司。哦,对了,我在大学那会儿还认识了我老公,他追求的我,毕业之后我们就结婚了。工作没几年,我就拿到了CFP[①],这是我们金融行业一个还不错的资格证。

"在读书的时候,我一直都是前几名,学校也是国内的211;在工作的这些年里,我积累了大量的人脉、资源、经验。照这样的情况发展,很多人都认为我接下来应该可以自己创业,在这个行业开创完全属于自己的事业了。说实话,我自己原来也这么想。"她塌了下肩膀,微微低了头,"但实际情况证明我太乐观,也太高估自己了。"

"哦?"我鼓励她说下去。

"我当时……"她说到这里自我打断了一下,面带犹豫,"算了,那个等会儿再说吧。先说一下我现在的状况,我现在已经从公司辞职,但并没有开始创业,处于一个空窗期。我辞职的原因说起来也有点那什么……"她盯着我看了一会儿,似乎有些不确定我是否能够理解她,"当时我们公司组织外出旅行,我们去了崆峒山,一个有名的道家圣地。不知道是心理因素还是什么?当我在山上呼吸着新鲜空

[①] CFP:国际金融理财师(Certified Financial Planner),是金融理财行业面向全球开放的一个资格证书。这个证书的认证需要综合教育、考试、从业经验和职业道德四部分来评定。

第 7 章 直面困境：突破不良防御群的桎梏

气，闭着眼睛感受大自然的时候，内心出现了一种从未有过的无为、平静、开阔的感觉，跟在大城市的喧嚣、汲汲营营的状态完全不同。那时我就想：我干吗要这么逼自己呢？现在的状态太不对劲儿了，也许这个行业根本不适合我，我需要换一种方式，回去之后我就果断辞职了。"

她看了我一眼，"现在想想，我也不知道当时是不是太冲动了，算不算一种逃避？这也是我想在咨询中解决的一个疑问。但我可以确定的是，那个时候真的很别扭，让我对创业也失去信心了。我甚至在想，也许我根本就不适合做这一行。这段时间，我状态很不好，很迷茫，很焦虑，也很低落，不知道自己该干什么。"

"跟我多说说这个不对劲儿和别扭吧。"我问道。

她看向虚空，陷入回忆，"我刚刚说过，我在辞职之前的那段时间，曾经想过自己创业。为了给创业做准备，我就开始调整工作重心，主攻大客户。刚开始对接客户公司的时候进展都还不错，应该说一直以来都是这样。"

她看向斜上方停顿了一下，"但是一到我去和大客户面对面洽谈的时候，就画风突变了。并不是说那些大客户突然变卦，或者不需要我们的金融服务，他们都明确表示有合作意向。但是接下来的情况总会不对劲儿,跟我最开始的预期的偏差越来越大。"

"发生了什么?"我问。

她继续试图将平衣袖布料上的褶皱,"我感觉这可能跟公司没有关系,应该是我自己的问题吧。"孙玥的表情看起来有些迷惑。

沉默了一会儿,我问道:"这会让你有什么感觉呢?"

"我也不知道,"她皱起额头,似乎在思考,"我就是发现自己越来越反感公司的客户,尤其是大客户,比如企业老板、公司高管之类的大客户,他们都是社会地位比较高的一群人。"

"这些大客户也感觉到你的反感了吗?"我问。

"我不知道,"她的声音降低了一些,有些小心翼翼地瞄了我一眼,继续说道:"不过我猜他们应该能够感觉得到。我的下属都看出来了,我在跟这些客户打交道的时候的状态是不太对的。我自己也总结过,发现这些客户大部分是所谓比较'成功'的中年人,男女都有,当然男的居多,这还挺有意思的。"

第7章 直面困境：突破不良防御群的桎梏

"但很奇怪，要说我人际沟通有问题吧，我又不总是这样，比如我平时跟老公的相处就挺好的，虽然生活中吵吵闹闹不可避免，但是大体上还是没有问题的；我平时也会跟同事交流，相处也挺融洽的。都没有像面对大客户的时候那么别扭。不过我确实一直都非常不喜欢那种高高在上、自以为是的老男人、老女人。"说到这里，她的声音变得有些尖锐，呼吸也变得急促。

我在这个地方停顿了一下，问道："当我问你那些大客户是否能够感觉到你对他们的反感时，你告诉我你和你的下属都看出来你在面对那些大客户时的状态是不对的，而且你还特意总结过他们的年龄特征——中年人，同时你感觉'这挺有意思的'，跟我多说说这些线索之间的关联吧。"

孙玥刚刚的情绪起伏似乎还没有完全平复，沉默地听我说完，她看起来又多了一个困惑，停顿了一会儿，"我不明白你想说什么。"她的情绪起伏似乎又开始剧烈起来了。

看起来，她又"忘记"了这是刚刚出自她之口的内容，她对我所做的简单提炼有些生气。我很好奇在刚刚这一会儿她的内心到底经历了什么。但现在显然不是揭开"内幕"的合适时机，我还是先回到刚刚的问题上，"在面对那些高高在上、自以为是的中年男人、女人时，你是什么样的感

293

受呢?"

她的表情看起来不再萎靡和低沉,而是有些戒备地盯着我,表情严肃地沉默着。

"我注意到你这会儿的状态有些变化,你想到了什么?"我问。

她的目光变得锐利,紧盯着我,声音略显冷漠地说:"我在想这个咨询到底是否真的能解决我的问题。我刚刚说了这么多,而你一直在提问,但是我还没有听到任何我想听到的。你过往处理过跟我一样的人的问题吗?有效果吗?"

我回答道:"我会很乐意回答你的问题,而且我认为如果你想,你有权利知道这些,稍后我会回答你的这些问题。在这之前,我们刚刚是在谈论你是如何的不喜欢那些高高在上、自以为是的大客户的,而你刚才的问题提醒了我,是否你在我这里也体验了那种不喜欢呢?"

从一开始我就对激怒孙玥的大客户保持着关注,并且一直在留意这些大客户的年龄、地位、权威、性别以及行业等属性,暂时还不能确定到底是哪一部分或者哪几部分影响了孙玥的状态。同时,我还时刻对我们之间的咨访关系保持高度警惕,因

第 7 章　直面困境：突破不良防御群的桎梏

为咨询师在来访者的感觉中常有与那些大客户相似的属性，比如权威性。

她放松了紧盯着我的目光，沉默了一段时间后说："我不知道你有没有看出来，我有时候说话还挺噎人的，我总能找到别人的弱点，击碎他们的自尊。有些时候我还会感觉不知道该说什么，大脑会宕机，而且当时根本感觉不到，缓过那个劲儿之后，我才能意识到自己的状态。"

她又开始摩挲衣袖，"我不知道别人能不能看出来，但就是这些原因导致我没有什么朋友。我控制不住的时候，说话就会比较难听，即使那些话是对的，我肯定还是会得罪人。有一些人后来就与我老死不相往来了，但也有一些真心的朋友会劝慰我，让我明白到底发生了什么。"

"所以你认为是你的这种人际交往方式阻碍了你与客户的顺利合作吗？"我问。

她看着我，又像是在看着虚空，似乎在回忆着什么，"我想这就是我来找你咨询的主要问题。虽然我安慰自己说我来咨询是为了调整一下状态，因为辞职之后我感觉整个人都不好了，现在想想这应该就是抑郁吧，但我觉得这是结果而不是原因。如果不能解决这个原因，那么我就不知道自己该何去何从，即使去创业，结果也是显而易见的。

"我就纳闷儿了，我跟老公的关系一直都不错，即使遇到矛盾，沟通几次也就好了。"她的目光重新聚焦在我身上，"但是跟客户打交道，如果不能一击即中基本就宣告失败了，因为现在竞争这么激烈，客户没有闲情给我多次沟通的机会。现在问题就出在这儿，我总是不能跟客户处理好关系，自然也达不成合作。"

"跟我说说你跟这些中年男人、女人谈合作的时候，发生了什么吗？"我问。我刻意借用了她对这些客户的称谓以避免给她带来对立之感，也减少初期咨询时我们关系之间的张力，让她在一种熟悉的氛围中更轻松地谈论她的感受。

她在这个问题上立刻做了回应："我并不是对所有的中年人都有看法，之所以这拨人都是中年人，只是因为在大概率上，他们需要打拼和努力很多年才能取得这样的成就。所以我真正反感的并不是中年人的年龄，而是这些上位者身上的傲慢。"她打着手势极力澄清这一点。

"作为客户的这群中年人，他们基本都是各个行业中叱咤风云的人物，没有一个是善男信女。如果他们真的心思简单、像表面上看起来的那么'正义凛然',根本不可能坐到现在的位置上。"她注视着我,仿佛我也是她正在描述的那群特殊中年人中的一分子,"他们现在身居高位,掌握着成百上千人的饭碗,权力会让人膨胀,再加上周围人的讨好与追捧,让他们有点儿忘乎所以,感觉自己无所不能,他们会觉得自己的决策绝对正确,带着高人一等的优越感,他们想让别人都自愧不如。"

"哦?这个怎么说呢?"我问。

"就比如说我们在谈判的时候,如果是对方让我先说,而且没有表现出一副'你最好不要在我面前耍小把戏'或者'你最好能说些我不知道的'的姿态,那么我是很愿意坐下来跟对方好好谈谈的,这本来就是一个双方互惠互利、平等合作的事情,没有谁非要求着谁。但是实际情况就没有这么乐观,很多时候我还没开口就已经感觉到这个合作可能要吹了。

"就拿我辞职前的最后一位客户来说吧。去见他之前,我就知道要打一场'硬仗',所以提前做了很多功课,还详细了解了他们行业的前景,他们公司的发展状况,等等。到那之后,我还没有开口,他就一脸不耐烦地对我说:'直接说你能给我带来些什么吧。'你听听这话说得,我又不是来求着跟他合作的。他的这种态度很让我反感,就好像我还是个职场新人,是个任人欺负的小白。"她的呼吸变得有些急促,紧握拳头,指节都微微泛白。

"我刚刚的描述已经客气多了,你都不知道当时他的表情和语气有多么地目中无人。所以其实不管这个谈判如何开始,但凡他表现出这个样子,结果都是一样的了。"她呼了一口气,又补充道,"我接触到的绝大部分大客户都是刚刚那个样子,一点儿都不夸张,真正有涵养又谦虚的大客户几乎没有,可能即使有,我也没有发现吧,反正给我的感觉大都是这样的。"

我抛出了一个时间性问题:"在见到这位大客户之前,你就用了'要打一场硬仗'来形容这次会面。"

她想了一会儿,在准备开口时,又停下来先抬头看了看表,"咨询时间要到了,不够我讲清楚这一点,不然我们下次再说这个事情吧?"她转身拿起了自己放在旁边的包,拿出手机点亮屏幕看了一眼主界面,似乎在确认是否错过了很多消息。随后又抬头看着我:"接下来要怎么约?"

"一个固定的时间和频率见面,对我们彼此双方都很重要。如果你的时间方便,我们可以定在每周的这个时间段。"

我解释道。

"嗯……"她歪着头想了一会儿说,"这个时间段应该没问题,先这样定吧。"随后起身准备离开,但是在跨出第一步之前,她又笑着看着我问:"你还没有回答我提出的问题。你之前处理过跟我一样的人的问题吗?咨询真的会有效果吗?"

"我曾经碰到过很多像你一样也在这些方面存在困扰的来访者,大家的问题是类似的,但根据我的经验,没有哪两个人形成这些问题的原因也是一模一样的。当排除生理问题的可能性之后,任何想了解自己,想解决内心冲突并愿意为之努力的人基本都能从咨询中获益,只是效果的好坏没办法一概而论。这跟我的能力、经验以及来访者的状态都有很大关联。"我一个一个地回答了她的问题。

她认真听完,勉强笑了一下说:"听起来还不错,但你这么说,似乎就是在告诉我咨询效果是我一个人的责任。"潜台词就好像在说:"你把咨询效果的责任都推给我,那要你有什么用呢?"这句话并没有被说出来,她只是看着我停顿了一下,随后又继续一边整理衣服和提包,一边跟我道别:"算了,下次再说吧。"

7.2　失控的生活，穿越愤怒者的围栏

接下来的咨询一开始，她就主动开口："还记得上次最后我问你咨询到底会不会有效的那两个问题吗？我猜你会好奇当时我为什么要这样问。其实我也在想，如果我被问到这类问题该怎么回答。但更重要的是，我对于你会怎么回答是有倾向的。对于你没有像那些营销人员一样大包大揽地跟我承诺咨询一定会有效之类的话，我是有些泄气的。"她瞥了我一眼，又继续说："我的意思并不是说我希望你大包大揽地做出承诺，虽然我不是这个专业的，但来咨询之前我也是做了一些了解的，我知道咨询最终会不会有效跟你我都有很大关系。我泄气的点不在这里，而在于我已经做好准备，如果你说了那些过度承诺的话，或者在另外一个极端，比如你表现出很不耐烦的样子，我都准备好'掀桌子'了。"她舔了舔嘴唇，似乎有些口干。

"这种感觉是否类似于你上次提到的，在去谈判之前就已经做好准备打一场硬仗了？"我问。

她的眼睛动了动，思考了一下点了点头："嗯，差不多是这种感觉。确实就像你上次提醒我的，在一切开始之前，我就已经进入'备战'状态了。"她停顿了一下，随后又立

即诠释道:"我不知道你会不会经常跟这类人打交道,但是在我的工作环境中,但凡做出一些成绩,有了一定社会地位的人,就会以一种上位者的眼光看待那些不如他们的人。本来这个行业女性就少,也更难出头。然后在他们眼里,女孩子都还要嫁人生子,那就更耽误事儿了。所以他们觉得女性在公司里最好做一些行政、人事之类无关痛痒的工作就行了。最无语的是,就连那些成功的女性也大都这么认为!感觉她们走到这一步,已经忘了自己还是个女人了,或者她们可能认为自己的女性身份就是个拖累吧。"她有些义愤填膺地说。

"那你在去跟这些客户谈合作时,怎么安放这些感受呢?"我问。

她张了张嘴,但没有发出声音,就像唱片突然卡顿了一下,随后又恢复正常,"我肯定不会直接说:'你们这群自以为是的暴发户,做出点儿成绩就以为自己是天王老子了,就可以不把别人放在眼里了。别说我还没到你们这个岁数、我有没有能力,就是熬,我也能把你们熬死!'但我的态度估计也表现出来了,我不怎么会掩饰情绪,而且我确实想让这些中年男人、女人们知道我的态度,我也不是任人搓扁捏圆的。"她微抬高了下巴,让自己的气势看起来更足一些。

"对于我们上次提到的那位客户,你当时是什么反应呢?"我问。

她瞬间泄了气,塌了肩膀,有点儿无精打采地说:"我当时很快就结束了战斗,合作也'成功'告吹。也就是那次从他那里出来后,我就清楚地知道必须停下来了,我这种状态是不对的,再这样下去别说创业了,就是我当时工作的公司也会有损失。所以我就果断辞职了。"

"跟我说说当时具体发生了什么吧?"我问。

她又开始摩挲衣袖,"当他让我直接说我能给他带来什么的时候,我的火气就已经开始噌噌地往上冒了,当时我被噎地好一会儿没说话,也突然不知道该说什么,然后他看我一直没说话,就又补了一句:'麻烦你稍微快点,我一会儿还有个会。'

"这时,我的情绪再也压不住而彻底爆发了:'不是我能给你带来什么,而是你请我来跟你谈合作的。至于为什么要合作,你应该比我更清楚。你们公司这几年业绩不断下滑,传统的营销套路早就过时了,而你们还在故步自封。你的财富也在跟着缩水,明眼人都能看出来你和你的公司现在在走下坡路了。'我知道我的语言太犀利了，但也都是实话，当时就是生气地想到什么就直接说了，根本就懒得修饰。说完之后我就知道，这个合作肯定没戏了。"

说到这里，她叹了口气，继续描述道："那个老板听完并没有跟我急，而是告诉我他的会议是在20分钟之后，所以我们还能聊一会儿，然后示意我继续。我大概又说了十几分钟，他看了看表后，示意我时间差不多要到了，随后感谢我辛苦跑这一趟，他会考虑我们的合作问题，后期再联系。一听到这种官方说法，我就更加确信不会有结果了。果然，之后他再也没联系过我。"她停止了手上摩挲的动作，专注地看着我。

"这就是让我一直很不舒服的地方，在这个讲究'男女平等，不分贵贱'的'男权'社会里，我们有了渴望平等的心，却没有可以平等的力，这就很痛苦了。他们可以无所顾忌，说任何想说的话，而不必在乎别人的感受，还自以为是地认为自己说的都是对的。为什么我就不行呢？要小心翼翼地考虑措辞，要担心是不是得罪了他们，要克制自己的怒火。"她的语气流露出浓浓的不甘和痛苦，"所以说他们很自大，也很任性，而我就必须小心翼翼，随时随地自察有没有哪句话得罪他们了。

"如果我想在这个环境中成功,就必须一直这么夹着尾巴做人,去适应他们的个性。我在想即使我自己创业了,也还是要跟他们打交道,还是要这样才能有业绩。这就是为什么我开始怀疑自己是否适合创业,是否适合干这行的原因。"

她沉默下来,我在这种沉默中感受到了她深深的愤怒和挫败。

"你之前提到过,处在这种生气的感觉中时,你的大脑有时候会宕机,会不知道该说什么。"我说。

她的眼睛斜向右上方,一边思考一边说:"我压制生气的唯一办法就是让大脑宕机,那些想要喷涌而出的东西才会暂时消停。但这治标不治本,我一直没有办法完全消除那种感觉,我觉得这时候我就像一个什么都不懂、什么都说不出来的小白。更准确地说,我像是一台坏掉了的高配电脑,再没办法运行了。"她皱紧眉头,似乎想要努力摒弃这种看法。

"我在那个大客户那里说出第一句话后就有这种感觉,其实……"她犹豫了一下,但还是说下去了,"其实在跟你的第一次咨询中,我也有过这种感觉。就是在你不停地提

第 7 章　直面困境：突破不良防御群的桎梏

问一些细节，试图澄清什么的时候，我当时也宕机了一会儿，之后我告诉你我还没有从你这里得到任何有价值的内容，并且询问你到底有没有成功经验。其实，对于你，我在最开始时并没有感觉到愤怒，你既不是中年人，也不是我的客户，我知道我不会在你面前失控到大吼大叫的。就算你的一些提问让我有些生气，我也会很快平复。但是工作中不一样，我对那个客户的傲慢完全是零容忍。他那句话一出口，我就控制不住我自己了，什么难听说什么，哪句扎心我就想说哪句。"

"你是说，你的大脑会宕机，很大程度上是因为你对自身愤怒的感觉？"我问。

她停了下来，垂下眼睑思考了一会儿。当时我感觉我们的时间可能到了，就歪头看向钟表，她抬头时恰巧看到我的动作，不自觉地跟随我的目光一起看了一眼钟表，然后抿了抿嘴唇，说道："你刚才的这个问题，我从来没有这样想过。但我会回去再好好想想的。"随后开始收拾提包和外套。

她站起来准备离开时，又停了下来："我知道离解决这个问题还有很远一段路，但说出来之后我感觉串联上了很多东西，感觉上好一些了。处理这些问题真是有必要的。"

她像是在给我，也是在给她自己建立信心。

说完这些，她徘徊了两步，还是没有离开，"但还有很多事情，我都没有来得及跟你说。比如我们一直在谈论公司和客户的问题，这就像我在现实中的节奏一样，工作总是最先出现，也耗费了我最多的精力。辞职之后，虽然我很焦虑，也很不开心，但是我更明确感受到无论我变成什么样，无论我经历了什么，家才是那个会一直等我的地方。"她眼圈泛红，但忍住了眼泪，小声跟我说："下周我想谈谈这个。"

我点头表示同意，这次她终于转身离开。

下次咨询开始前，我在门口碰见她，她看起来疲惫、无神、精神萎靡，还有若隐若现的黑眼圈。我们坐下后，她未语泪先流。努力控制了情绪，眼泪慢慢停歇，但她依然很不安，就像有什么动力在推动着她的不安，"上次最后我跟你说，我想谈谈家庭。"似乎这个话题的开启触到了她很多感受。

她一字一顿地慢慢说道："我跟我老公大学时候开始恋爱，毕业之后就结了婚，到现在已经快十年了。"情绪再次涌动出来，她无法遏制哭泣，于是索性拿纸巾捂住嘴，闭上眼睛任由眼泪流淌，呜咽了好一会儿。

我等了几分钟，才开口问道："跟我说说你的眼泪在诉说什么？"

听到我的声音，她的眼泪流得更多了。没有立刻回答我的问题，而是做了几个深呼吸，再次努力平息了情绪，直到她可以重新睁开眼睛看着我，才张口道："我想我的命运是在5岁那年开始偏离的。在那以前，我跟姥姥住在老家，生活单调而宁静。没有玩具，没有洋娃娃，只有光着脚丫一起玩泥巴的小伙伴，但就是这样简单，我也很开心。"描述这些的时候，她的嘴角带着淡淡的微笑。

"然后5岁时，我该上幼儿园了，爸妈就把我接到了他们所在的城市生活。刚到一个新环境，既有不适应，也有向往，毕竟哪个小孩不想跟父母生活在一起呢。"她喃喃自语，"我爸妈那时做些五金电器的生意，很忙。我爸有时候会带我一起去进货，开车2个小时去我们的省会城市，停在一个熙熙攘攘的大型批发市场前，看着热火朝天的景象，我很是新奇。我会一直跟在爸爸身后，听他跟人谈笑风生，讨价还价，别人喊他老板，你来我往的很有意思。

"回去的路上，我跟我爸说：'我以后也要像你一样做大生意。'其实那时候我爸的生意只是刚有起色，而且就是小本买卖。但是我爸意气风发的样子，让我觉得他已经是大老板了。我想跟他分享我的自豪和向往，想像他一样去跟那些批发市场的老板们侃侃而谈，做大买卖。"

她说到这里神情又黯淡下来，眼泪蓄满眼眶，"但是没想到我爸却告诉我：'女孩子家家的，做什么生意，抛头露面又辛苦。好好学习，将来找一份风吹不着、雨淋不着的稳定工作，然后结婚生子好好过日子才是正经。'我永远记得当时那种受伤的感觉，准确来说应该是'心碎'的感觉。"

她擦了下眼泪继续说："我那时候是很爱我爸妈的，虽然他们把我丢在老家，但姥姥一直告诉我他们在外边儿也很不容易。那天在批发市场看到的场景也让我完全理解他们，知道他们是在做'正事'。但是他对我的否定，真的伤到我了，从那之后我再也没有跟他说过这个话题。不只是他，我妈其实也跟我说过类似的话。"她停下来，有些困惑，"我有时候挺不能理解的，我妈不也是女的吗？不知道我爸和我妈是怎么看待妈妈的这个女性身份呢？"

突然，她的眼泪停了下来，似乎发现了什么真相，有些吃惊地看着我："难道我爸妈经常吵架就是因为这个？难道是我爸很不喜欢我妈参与生意，就更别提会让我妈参与决策了，但又因为是小买卖，需要节省人力成本才能有些盈利，所以根本不可能雇人，他还需要我妈参与进来。

"我妈表面上看像个女强人，她比男人干的活都重，工作时间也更长，感觉她好像是在以此给自己争取地位和尊严。我之所以这么说，是因为他们几乎每次吵架，我妈都会哭诉她付出了多少多少。但实际上我觉得她可能打心眼里是认同爸爸的观点的，不然她根本不需要这么努力去争取，她完全可以在什么都不做的情况下理直气壮地向爸爸要求尊重，要求参与决策，我完全看不到她有这种底气。"

她有些伤感，"在这个家里，唯一支持我的是姥姥。"她抬头看了我一眼接着说:"很惊讶吧？姥姥就是一个秉承最传统的相夫教子观念、一辈子没有出过远门的农村老太太。她去过最远的地方是我爸妈的这个家。他们接她过来继续照顾我们这些孩子，她也从无怨言，就是全心全意地照顾我们。

"但她也曾跟我说过，年轻的时候家里穷，她只能不停地干活，根本没有时间做自己想做的事情。她喜欢唱戏，嗓音也好，但没有任何机会发展为专业技能，她的父母也不允许她有任何'离经叛道'的想法，因为家里的每一个人都是不可缺少的劳动力，她对此很是遗憾。所以她会支持我的想法，认为女孩子不比男孩儿差，没有什么是不能做的，只要肯努力，又不是智力障碍者，总会做出点成绩的。"

她的声音变得轻柔，"姥姥一边鼓励我，一边又会真的心疼我，担心这样长大了会不会太辛苦，毕竟咱们这边的整体氛围还是比较偏男权社会的。所以，我跟姥姥之间，既会谈论像爸爸那样做大生意的人生，也会谈论一个回归家庭的女人可以获得的安逸和幸福。我们都认为，既然爸爸妈妈不能理解这些想法，那就不告诉他们，自己努力好了。

"当我爸对我说'女孩子家家的，做什么生意'时，我觉得这是对我的一种轻视和拒绝，那个时候我就认定自己将来要成为一个很厉害的女老板，做很大规模的生意。这个想法很多年都没有变过。"她再次掉下眼泪，"可是现在的我开始怀疑，这真的适合我吗？除此之外，我还能做些什么呢？然后我就想到，其实我也挺想有个孩子的。"她完全泣不成声，内心的矛盾情感在这一刻完全爆发。

等她情绪释放了一会儿后，我轻轻问道："关于想有个孩子，你能跟我再多说说这个想法吗？"

她带着点儿鼻音，慢慢地回应道："虽然我刚才有说一些关于家庭的问题，但客观来看，至少我既没挨过打，也没少过吃穿，就是那种普普通通的家庭，父母也在尽力为我们创造好一点的生活条件。

"现在我也已经结婚，有自己的小家了。之前我们俩人白天一起出门上班，下了班又都在一起，还不觉得有什么。最近我辞职在家，老公一走，就感觉这个家很冷清，很不完整。以前我忙着拼事业，忙着给自己立'女强人'的人设，结婚这么多年根本没想过要孩子，觉得会耽误我的事业发展。但是现在突然停下来，我才发现自己还是一无所有。就觉得好像是时候要个孩子了，我老公也已经等得够久了。"

看她还沉浸在回忆中，我没有急于打断，等了一会儿才开口确认道："听下来你之前一直觉得你的事业和家庭是存在冲突的，对吗？"

她很快摆手否定这个说法，"不是的，我并不觉得它们之间很矛盾。影响肯定会有一些，但只要我想，我有信心能够合理安排好这两部分。如果实在不能兼顾，为了家庭暂时推迟几年事业发展也没问题。所以核心问题不在这儿，是别的原因。"她不再看我，眼睑微垂看向虚空。

"是什么样的原因呢？"我追问道。

她深吸一口气说:"跟客户的问题我是有信心解决的,我也一直坚信我在工作上是有能力的。但是这段时间我反思很多,也许这些年'忙''事业不能中断''还没准备好''没有精力'等都是不想要孩子的借口,如果真心想要,这些是绝对可以被我解决的。我现在觉得,我可能是在逃避,逃避一些我一直不愿意面对的东西。"

"逃避不愿意面对的东西?"我重复道。

她又开始下意识地摩挲衣袖,衣袖拼接处的凸起成了她摆弄的重点,似乎想要把这个凸起抚到像旁边一样平整,这样就看不出来是拼接的,而是一整块布料,"我不知道该怎么面对一个孩子,我不知道该怎么养育他。我觉得如果要生一个孩子,就要对他负责,就要好好教育他,还要给他足够的爱。可我现在自己还是个'孩子'啊,我不甘心就这样当了妈妈,让孩子分走我老公的爱,而我自己也被'妈妈'这个身份困住。"

"是怎么困住的呢?"我问。

她更加用力地按压袖子的边缘,并且来回调整着身体的重心,好像坐不稳一样,"我之前从来没有和人好好谈过这个问题,跟我老公也没有。"

第7章 直面困境：突破不良防御群的桎梏

"听起来你面对这一部分很困难。"我理解道。

她的眼睛看向远方，短暂地停顿之后开始诉说："我一直是个要强的人，不允许自己失败，甚至于和朋友打个羽毛球输了我都会有些失落。我可以做爸爸在做的事情，或者说可以做大部分男人在做的事情。我从小一直剪短发，不是父母要求的，而是我自己决定的。我有很多事情想做，我还想积累足够多的财富，再到处游玩，生命在于折腾嘛。"她笑了一下，随即皱紧眉头，"可是一旦有了孩子，就要对他的后半生负责。再没有办法这么自由，再没有办法为自己而活。我那么努力工作，准备创业，无非是想要做出一些成绩，希望通过这种方式证明自己的价值，同时也可以掌控自己的人生，自己想做什么就做什么。"

她的表情放松了一些，但下意识的一些动作还没有停止，比如衣袖上的手，时不时晃动的膝盖。"所以问题就在这儿，在现实层面上我可以安排好时间。但是在精神层面上，我并不认为自己有了孩子之后，既可以做一个好妈妈，还可以轻松做自己、做我老公的妻子，毕竟一个人的精力是有限的，爱也是有限的，所以我在这个地方冲突很大。"她停止了动作，抬头看着我。

"有什么办法可以减轻这个冲突吗？"我问。

"我不知道,我想不到特别好的办法。好像这些事情都得靠我,我老公说生孩子是两个人的事情,他会帮我。但我从妈妈那里听到的完全是另外一套说辞:'从怀孕到生产,再到照料、教育都会变成一个人的事,那就是女人的事。'我相信我老公,但我也相信那些亲身经历过的女人们的真实感受。

"我想过请孩子奶奶或者保姆照顾,但一方面,这些年爆出来的坏保姆新闻让人害怕,而婆媳关系也是个令人避之不及的问题。"说到这里,她缩了缩脖子,"这方面我太深有体会了,我妈跟奶奶这么多年就没好好处过,不然我也不会在姥姥身边长大了。所以我认为请人代为照顾是很不靠谱的。但这些都是次要的,最关键的地方在于,这根本就不是我想要的做妈妈的方式,如果只是把孩子丢给保姆或者奶奶,那还不如不生,这对孩子来说太不公平了。"

与最开始谈论被"困住"时的痛苦和担心相比,她现在的状态看起来好了一些,"我结婚之前并没有这种被困住的感觉,我一直坚信自己会过上跟老一辈不一样的生活。有一句话是这样说的:'我不知道自己想要什么,但我知道自己不要什么。'当年我毕业的时候就是这种状态。我有一部分希望是能像我爸那样意气风发,从事一份充满挑战的事业，也有一部分希望是能像姥姥那样展开一种恬淡、宁静的家庭生活。

"但是当我爸跟我说女孩子家做什么生意，就应该好好学习，找一份稳定工作结婚生子时，我是很不爽的。不是因为结婚生子有什么不好，而是他那种表达方式让我觉得他看扁了我，就因为我是女孩儿，所以我不能去做他在做的事情。他越是这样说，我就越是想去做一些普通女人做不了的事情，而且我相信凭着我的能力是可以实现的。所以说，我之前从未想过自己有一天也会被家庭牵绊住，极度担心会被家庭和孩子耗尽精力是我结婚之后才开始感觉到的。"

"你刚才提到希望像姥姥那样恬淡、宁静地生活。"我聚焦于此处。

"是的，家里家外完全是两种感觉，但我觉得都很好。不过想要同时拥有它们确实不太现实，就我身边看到的女性而言，没有谁能够同时兼顾二者还做得很好的。我之所以提到姥姥，是因为在跟姥姥在一起的这些年，我所体验到的安宁感是非常美好的，是我记忆中最留恋的样子。"她脸上露出浅浅的微笑。

"其实如果没有'重男轻女',没有我爸和我妈的大男子主义,我想我可能就不会这么拼了。我就是不甘心被理所当然地安排'应该做什么',就好像每天围着锅台转、忙里忙外地照顾孩子是一个女人天经地义应该做的事情,凭什么?"她昂起下巴,一副不服气的样子。

在接下来的一段时间中,我们不断地在她的这两个问题上停留并进行摸索和探讨:面对大客户时的不能自控,担心被困在妈妈角色上的恐惧。

7.3 可怕的未来,安抚偏执者的恐惧

在之后的一次咨询中她告诉我:"我完全不能接受有些女人生完孩子,就把孩子丢给别人,自己可以毫无负担地回到职场上。我并不想评判是非对错,但至少我很难想象一个那么小的婴儿整天见不到妈妈该是多么恐惧。我不知道她们是怎么狠下心肠做到的,反正我绝对不允许自己这么做。我小时候也被送到过老家,那种感觉我完全清楚。我不可能再让自己的孩子经历这些!"这一刻的她看起来是那么坚决。

缓了口气,她接着说:"我在想,如果不是爸爸当时对

我说的那些话，如果不是妈妈一直以来的漠视，也许我就能甘心回归家庭，把事业的排序稍微往后放放，这一切就不会那么困难了。"

"哦？这个怎么说？"我追问道。

她微微垂了下头，变换了坐姿，一直没有再看我，"我相信爸妈肯定是爱我的，但我们那儿的大环境就是这样。在他们的期待中，女孩子就应该温顺、听话、乖乖的。当我安静地听他们的教诲而不发脾气、不发表看法，或者独自写作业、拿到好成绩的时候，他们就会很开心，认为他们的辛苦是值得的，终于给孩子们创造了一个不必吃苦、不必烦恼的环境。

"但这完全是他们的一厢情愿，我讨厌自己像个提线娃娃的样子。但是同时我也担心，如果我不这样做，爸妈是不是就不喜欢我了，会再次把我和姥姥送回老家。"她的眼眶蓄满泪水。

"父母给你传递的信息好像是女孩子不应该有野心，不应该有太多想法，只需要按照他们的规划一步一步地执行就好？"我问。

她用力地点头，"是的，挺可笑的吧。现在都什么年代了,男人又不是天生比女人聪明,大家都是一个脑袋一双手,谁也不比谁低一等。随着我长大,见识增多,看到一个个女性的成功崛起,渐渐地我坚信我的想法是对的。"她的嘴角微微用力,表情也变得坚定,就像在向男性发出宣言一样。

"我从小就不笨,又肯努力,所以学习成绩一直都不错,但我几乎没有因为成绩好而体会到太多的乐趣。有时候我真的不确定,我到底想要什么?我那么想要拥有一份事业,到底是因为我自己喜欢,还是因为我就想证明给爸爸看?我害怕回归家庭,不想当妈妈,到底是因为我真的不喜欢,还是因为这种生活方式恰巧跟父母给我安排的是一样的?"她抛出了一堆问题,有些不确定地看着我,似乎想从我这里得到一些答案。但是在我做出反应之前,她又接着讲下去了。

"现在想想,我那个时候就挺拧巴(别扭)的。我学习很好,这是我爸妈期望的,但我获取好成绩又是为了将来某一天能推翻他们的期望,还挺矛盾的吧。"她看着我狡黠地一笑。

"在学校的时候,我几乎很少说话,也没有什么朋友。因为那个时候觉得展示自己是不好的,是会让别人产生很多看法的，就像在家里一样。当我跟我爸妈说起学校里发生的事情时，他们几乎都懒得听。只有谈到成绩，他们才会表现出足够多的兴趣。我有时候会借用老师的评价来反击父母对我的安排，比如'老师会觉得我声音好听，建议我可以学学播音主持，说不定以后还可以走艺考之类的路线'，鉴于老师的权威，通常情况下，他们听到这种话，会皱紧眉头但绝对保持沉默，这个时候我就会有一种赢了的感觉。"她微笑着，看起来有些小得意。

"后来，弟弟的出生让情况变得更糟糕了。他们会用两套完全相反的标准来要求我和弟弟。在弟弟那里，未来是广阔的，目标是远大的，弟弟从小就被他们寄予厚望，甚至他们已经决定要把半生积累的财富留作弟弟将来做生意的本钱。在亲戚朋友面前，弟弟永远是焦点，而我的定位则是一个站在旁边照顾弟弟不能磕着碰着的'小保姆'，我只是一个听话的'小花瓶'。"她逐渐收敛了笑容，表情变得有些狰狞。

"小孩子总是敏感的，弟弟从小就知道我跟他是不同的，他会理直气壮地抢占我的东西，会命令我给他做事情。每当爸爸妈妈抱起他时，我总能在他们身后看到弟弟在对着我得意地笑，那是胜利的笑，也是示威的笑。小时候我会恨，恨他得到的这些，但是现在看来，也正是他得到的这些害了他。他都快30岁了，还没有一份稳定工作，打架斗殴、吃喝玩乐倒是精通，到现在还全靠我爸妈养活，俨然已经成了一个不学无术的社会小流氓。

"但是小时候，看着我爸妈和弟弟在一起亲热，而我则像个智力障碍者一样站在旁边，那种感觉真是……"她顿住了，似乎想不到一个合适的词语来形容这种感受，"真是……既嫉妒又难过又……反正很复杂就对了。我确信我这辈子都不想再体验那种感受了，可是越是这样反而越是记得清楚，越是摆脱不了。"

她苦笑着举例子，"比如我现在每次参加聚会、见朋友什么的都很费劲，一看到别人三五成群地愉快聊天，我就觉得自己很傻，觉得别人心里都在嘲笑我，我杵在这里干什么呢？我一秒钟都不想多待，就想赶紧找借口离开。"

"我那个时候可以倾诉的唯一对象就是姥姥了，她也是这个家里唯一愿意听我发表看法的人。记得我跟她描述我的真实感受时，姥姥会心疼地抱着我，还主动提出要去跟妈妈谈谈。但是没有用，他们还是不理解，反过来还觉得我在背后诋毁他们，不理解他们的苦心，他们还是跟以前一样对我，并没有任何改变。"她无奈地说道。

"你之前也多次提到过姥姥,你们是怎么相处的呢?"我问道。

她的面部变得柔和起来:"当我发现姥姥没能改变他们对我的态度时,我一方面有些失望,一方面又觉得这是意料之中的事情,所以并没有埋怨姥姥。相反,能够被她理解,我就已经很知足了。跟姥姥待在一起的时光已经弥补了很多我未能从爸妈那里得到的东西。"

她轻轻地靠在沙发上,身体呈打开姿势,继续讲述着:"小时候,姥姥经常坐在床头给我讲述她的经历以及她所知道的故事。我到现在也不知道那些故事的真假,但这并不重要。躺在温暖的被窝里,跟随姥姥的描述,我会进入一个完全不同的新世界,那里有神仙、有鬼怪、有姥姥的姥姥、有饥饿、有白胡子老头、有大英雄,等等,我总是又害怕又想听,姥姥就会轻轻地搂着我,温柔地抚摸我的头,这是我一生当中体验到的最美好的感觉了。"这一刻,她嘴角的微笑是恬静的,目光投向了窗外湛蓝的天空,一切就好像静止了一样。

她的声音再次轻轻地响起,仿佛已经跟天空融为一体,"她会给我做好吃的,听我讲我的理想,我们一起畅想未来,姥姥还开玩笑说以后就等着享我的福了。她会告诉我,她小时候是如何在晚上偷偷解开裹脚布以避免被她的妈妈缠成小脚的,她觉得小脚连走路都费劲,更别谈到外面的世界去了。"她在这里有些得意地看了我一眼,"我猜这些就连我妈都不知道,这是我跟姥姥的悄悄话,是我们之间的秘密。

"我看过一些跟原生家庭、跟婚姻有关的心理学书籍,我感觉不同的书都在传递同一个理念:'要接纳自己、爱自己、成长自己',我觉得有道理。但是同时我也很困惑,一个不断修正自己的人处在一群从不反思、骄傲自满的人群当中时,会不会也挺鹤立鸡群的?会不会被嘲笑不接地气、格格不入呢?这群傲慢自大的人总是把自己的想法强加到别人身上,想要控制别人。"她脸上的静谧消失了,取而代之的是不解和愤怒。

"他们甚至觉得别人应该对他们的控制感激涕零,因为他们称这种控制是'为你好'!"她讥讽地一笑,"我觉得他们知道这是一种操控术,否则他们为什么不接受别人也'为他好',反而觉得别人都是来争夺他们的权力呢?我周围有太多这样的人,真是烦不胜烦。"她摇着头,一副很抓狂的样子。

"算了,说回我的婚姻吧。除了孩子这一块儿,我和老公其实一直都挺好的。他完全不是我说的那种控制类型的人。大部分时候，他都能温柔地对待我，倾听我的想法，安抚我的情绪，跟我一起探讨问题，等等。但是说实话，我再也没有从任何人身上体验到跟姥姥在一起时的那种纯粹的幸福感了。"

在还是个孩子的时候，孙玥就已经有意识地发展出了一些防御机制来应对父母和弟弟贬低她女性身份时的愤怒和无助。那时候，带着点儿自恋的幻想让她积蓄了力量和自信来对抗痛苦的侵袭，而她的大脑时常呈现出的"忘记""突然宕机"行为则让她可以看起来更"女孩"一些，以避免感受到被歧视。

随着她长大成年，在工作中需要与客户交流合作时，她的这些过往的行为模式已经变成条件反射，且非常僵化，使得她在工作中举步维艰。当那些大客户表现得像她父母和弟弟一样时，孙玥与自己家人之间的痛苦回忆和悬而未决的内在冲突就会被自动激活，这会使得她在当时的场景中很难控制自己的情绪和言行。

改善这种状态的最大困难在于她总是习惯性地把原因归结到外部，希望从外部找到导致自身痛苦的原因。当客户的行为举止让孙玥觉得自己可以理所当然地生气时，她便立刻允许自己启动防御，采取行动抵制愤怒、失望等负面感受。

但现实是，我们总是没有办法改变他人的言行。她将引发自身情绪的责任合理化[①]为由外在因素导致，那就意味着她的冲突还没有被解决。虽然他人的行为可能确实让人不舒服，但是如果她硬要其他人为自己的愤怒、不愉快负责，那她就会陷入一个死胡同——"他让我很生气，但我又改变不了他"，这种状态表明她的问题还未被解决。

无论一个人多么努力地像孙玥对待大客户那样试图改善外部环境及其境地，也只是在延续童年时期形成的防御机制和行为模式而已。除非我们能够收回朝向外部的目光，为自己的情绪负责，并做出必要的努力改善这些防御机制和行为模式，才有可能打通这个死胡同。

在咨询初期，我们很快在防御的"指引下"找到了第一个要处理的方向——识别她的愤怒，这个情绪在最开始就表现得非常明显。她觉察到自己在试图通过一些犀利的语言和大脑的宕机等方式来处理这些愤怒，但结果却非常糟糕。她的愤怒不是每时每刻针对所有人的，而是针对特定的对象——那些自以

[①] 合理化，防御机制之一，一般是指人们不愿意承认自身的问题，总是去习惯性地寻找一些看似合理的理由来掩饰自身的缺点或者失败，下意识地把过错归结为外在因素，并且使自己相信事就是如此，从而获得内在的平静。详细解释见本书第 6 章 6.2 节中的 "6.2.3　合理化：我总有理由" 部分。

为是、高高在上的"大客户"。在这些人面前,她习惯用愤怒来应对被他们激起的羞耻和受伤感。

在之后的第二个阶段,我们通过了解这些防御产生的根本原因,来消除她的那些错误的情绪反应链。做到这些的重要一环是在咨询过程中重新体验她"不想面对"的那些感受。她的行为模式无时无刻不在被使用,那自然而然也会在咨询中出现,体现在咨访关系中。当她把我的提问和解释理解为是在对她指手画脚、居高临下时尤为明显。她在后来的咨询中曾告诉我,初次咨询时,我对她关于"大客户"看法的提问就曾让她头脑宕机,之后产生敌意。

"那一次,我最后问了你几个问题,"她看着我说,"'咨询到底是否真的能解决我的问题?你过往处理过跟我一样的人的问题吗?有效果吗?'实际上这些并不只是在表达疑问。在整个咨询的初期,我都在想,你和那些大客户一样可恶!你镇定地坐在这里看着我,就好像你觉得你自己应该什么都知道一样。我看过一些跟心理咨询师有关的电视剧,里边很多大师自己的生活都还是一团糟,情感什么的也是一地鸡毛,居然就敢坐在这里指导别人的人生。你们和骗子的唯一区别就是你们是合法的。说白了,我都不知道我坐在这里到底是不是在浪费时间?"她眼含敌意地盯着我。

"你刚才说,有一些心理大师在指导别人的人生,你能多跟我说说你看到的吗?"我问。

"看,你还在提问,我说的就是你现在的这个样子。对你来说,动动嘴皮子,貌似睿智地提问别人的感受,讨论别人的想法很容易。但是我天天被自己家里最亲的人瞧不上,他们还告诉我不要去做那些'大男人'可以做的事。但凡你能够对我感同身受一点点,你就不会一直追着我不停问这问那了。我不想对你有问必答了,我也没有办法跟你描述每当我看到你或者那些大客户,尤其是当你们表现出什么都比我强大、比我懂、比我厉害的样子时,我感受到的那种无所遁形的侮辱了!"她的声音因为愤怒而变得尖锐,面部的肌肉也在微微抽动。

"我要怎么样回答才能够配得上你的问题,才能够让你满意?用'自卑''无能''牝鸡司晨''垃圾'形容怎么样?这会让你满意吗?这种时候,我做什么都没有用,为什么总是这么对我!每次当我爸妈高高在上地说出那些让人无语的谬论时,这种恶心的感觉就总是出现!"

在这一刻，我感觉我说任何话都可能被她视作和"那类人"一样地在评判她，会影响她的感受和表达。于是，我只是默默地点点头以示回应。

她呼哧呼哧地喘了一会儿，情绪逐渐平复下来，然后活动了下僵硬的脖子，瞄了眼墙上的挂钟，对我说："不好意思，刚才失态了。今天没有时间跟你讨论这些了，但是能把这些说出来，我已经感到很轻松了，这是我这么多年来一直压抑在骨子里的感受。"

7.4 悲惨的人生，破解回避者的壁垒

下一次的咨询如期而至，她一坐下来就对我说："上次咨询之后，我对家人和那些大客户的感受要比先前轻松一些了。也许把这些情绪拿出来晒一晒，给它们一个发言的机会，允许它们自由地释放，再给它们找到对应的名字，我就真的了解了它们，而不是总觉得自己在洪水猛兽中四处逃窜了。"

我回应道："在过往，对你来说那些贬低和侮辱就是关系中的常态。但是现在，你能看到你父母的态度源于他们所在地域、文化和眼界的限制，或者是他们自身的局限造

成的。"

她点头表示认同。

在这次以及之后一个月的咨询中,我们继续整理这些情绪,直到某一天,她坐下来跟我说:"最近出去谈了一些项目,不知道怎么回事儿,有史以来第一次,跟那些'大人物'互动时感觉'受侮辱'的痛苦不再出现了,现在不管他们说了什么,我都可以很淡定地应对,没有那么愤怒和无助了。"说完后她沉默地看了我一会儿。

我并没有从她脸上看到发现一个改变时应有的惊喜,"但是那些关于我父母和弟弟的事情对我还有别的影响,而且我觉得比我之前咨询你的其他问题的影响更大。"

"哦?是什么别的影响呢?"我问。

"我几乎没有真正亲近的人,我觉得是因为我不敢。"她低头摩挲着衣袖。

"不敢?你在害怕什么?"我追问道。

"按说我老公应该是我最亲密的人了,我也确实很想跟他亲近,但是我不敢,所以实际表现出来的我是另外一个样子。我总觉得如果我按照自己的真实意愿做了,就会引

第7章 直面困境：突破不良防御群的桎梏

发一些很不好的结果。"她皱着眉头思考。

"关于'引发一些很不好的结果'，你有什么想法吗？"我问道。

她缓慢开口，"就好像我会在关系中失去自我。"

"失去自我？"我重复着问道。

她眼神不集中地看向虚空，沉默了一会儿才回答道，"我之前跟你说过我父母和弟弟是如何对我的，如果换作是你，像这样被家人撇在一旁，跟弟弟比较永远都是不重要的那一个，你会是什么感受呢？"

"我应该也会很不开心。"我回答道，"但是你刚刚跟我说起了一种新的感受：失去自我。这个在之前我们谈论你与父母、弟弟有关的感受时并没有出现，是什么其他的人或事让你产生了这样的感受吗？"

"失去自我……"她喃喃自语，"就好像我自己的能力、身体都没有了，跟别人融在一起，变成了别人的一部分。"

"还有呢？"我鼓励她说下去。

"我刚才也在想，在跟父母和弟弟相处时，我的感觉是非常明确和痛苦的，我很清楚我跟他们隔着很远的距离，跟我刚刚说的融合在一起不是一样的状态。"她说得很慢，听起来自己也还有些困惑。

"你是说你开始感觉到这一部分中有你之前从未仔细思考过的东西？"我问。

她低头想了一会儿，"刚刚我脑子里闪现了我和姥姥一起挖野菜的画面。"

"跟我多说说这个吧！"我鼓励道。

"我曾经跟你讲过我是如何躺在温暖的被窝里听姥姥讲过去的故事的。我们一起挖野菜的时候也是这种感觉，姥姥会给我配一个小锄头，一个小袋子，教我认识各种植物，每次在一片草地中发现了野菜，我都会高兴地叫她赶紧过来看。她会和我一起蹲在地上摘漂亮的花，还夸我厉害，眼神好。那些时候我感觉生活特别美好，会想象我们要一直在一起，我们可以融为一体，这样就能够每时每刻都这么开心了。后来，我刻意地不断尝试在其他关系中找到这种感觉，但是这种感觉再也没有重现过。当跟姥姥在一起时，我就想永远停留在那些时刻。到现在这些依然是我最珍贵的记忆，但是现在的我却又很害怕这种状态。"她下意识地咬着嘴唇。

第7章 直面困境：突破不良防御群的桎梏

"多说说这种害怕吧！"我回应道。

她沉浸在回忆的美好当中，随后眼眶泛红，"我喜欢这样的生活，但又害怕生活只是这样。我害怕自己一生都只是生活在乡下，跟一个老太太相伴一生。不对，如果只是生活在一起，我觉得会非常开心，我想表达的不是这个。"她先一边自我纠正，一边皱眉思考该如何表达，"我害怕的是我完全跟姥姥交融在一起，或者跟其他任何人在精神或者身体上完全交融在一起。那种感觉就像两个八爪鱼的触角分别伸进了对方的身体里，慢慢长在对方的身体里，逐渐融为一体。"

她在这个地方停了下来，完全沉浸在想象中，我吃惊于她对这种感觉的清晰程度，于是问道："能跟我多说说当你想到这种融合时，其中让你害怕的部分吗？"

她立刻回答了这个问题，就好像已经思考了很久一样："当我谈到这个问题的时候，我就已经在思考我到底为什么会害怕。而且我想告诉你，这种害怕在我们两个之间也曾经发生过。"她抬头看了我一眼，"咨询的这段时间里，我会很需要你，一方面是我需要倾诉，另一方面是因为你能明白我在说什么，也能知道我在想什么。但就是这种感觉也会伴随着害怕。这跟我们经常说的那种怕鬼呀、怕死亡呀，或者怕有杀伤力的动物之类的感觉完全不同，这种应该叫作恐慌，是有很具体的对象的。

"而我刚刚说的害怕是一种由内而外的挺特别的感受，跟那种突然在大马路上遇到一只大老虎，然后大脑嗡嗡作响、心跳变剧烈、想要撒腿就跑的害怕不一样。那是一种更深层的恐惧，而不是浅层的惊慌失措。我害怕跟其他人融合在一起的时候，是害怕我会被吞噬，再没有肉体，没有灵魂。这种感觉我从来没有跟人说过，也说不清楚。"她皱着眉头，有些茫然地看着我。

"这个地方很矛盾的一点在于，我害怕这种被融合掉的感觉，但我更害怕自己很向往这种融合。因为这么多年，再没有哪件事、哪个人能让我有跟姥姥待在一起的宁静感。我不知道用'飞蛾扑火'来形容这种矛盾的感觉是否恰当？"她眼神涣散了一会儿，又重新聚集回来，"我不明白这是怎么回事儿，但这真的很让我害怕，害怕我不再是我，或者我跟别人长在了一起。"

突然，她用一只手用力地捏住另一只手的手指头，手背上的青筋都凸显了出来。

"我看到你在用力捏自己的手，是在这之前你也产生了刚刚你谈到的那种害怕吗?"我问道。

她松开了被捏的手,轻轻活动了几下,"是的,就在刚刚那一会儿。"

"能跟我说说刚刚这种感觉是怎么出现的吗?"我问。

她歪头想了一会儿说:"当我给你描述这种感觉的时候,你很认真地在听,并陪着我一起感受和思考。这个时候一切都很安静,就仿佛这里的一切都是一个整体,包括你和我。这个时候我就有点儿感觉不到自己的边界了,所以我需要用力捏自己的手,疼痛会让我感觉到自己身体的存在。"

说到这里,她莞尔一笑,"我突然明白为什么我在选择咨询的时候,完全不考虑冥想催眠之类的方式,因为那只是躺在那里,把大脑交给别人,身体也任人宰割,这对我来说根本不可能。我有时候就连睡觉都费劲,因为梦里的场景是无边无际、无法控制的,我的精神在梦里,但身体还完全躺在现实里,想想都觉得害怕。"她缩着脖子,摇了摇头。

她在此时又开始无意识地捏手。

"这种感觉又出现了吗？"我问。

"还没有，"她摇摇头，"但是我觉得再这样下去会出现的，所以我先做出防范，以防止它出现。"她说完之后，又松开了手，面部表情也放松下来。

我再次聚焦于与"害怕"有关的主题上，"你小时候跟姥姥在一起的时候有过这种感觉，现在除了刚刚那会儿在我面前也有这种感觉，在目前的生活里，你还对谁有过这种感觉呢？"

"我之前没有这么清晰地描述过它。但是现在想想看，我发现当我跟任何一个人很亲近的时候都会有这种感觉。所以我因为害怕这种感觉，就会避免发展很多关系。就是跟现有的朋友、家人相处时，我也会故意表现出有些冷淡的样子，或者刻意远离他们，尤其是当他们对我表现出温暖的一面时，就比如你或者我老公这么做的时候，我就需要全身戒备，以防止这种感觉的产生。"我感受到她看我的表情也在逐渐趋于她所说的冷淡，就好像在试图抵御那种感觉。

"能跟我描述下你跟你老公在一起时，需要保持戒备以避免产生这种感觉的事情吗？"我问。

"这个还挺多的,我觉得就是这个戒备让我在婚姻中总是别别扭扭的。"她有些烦躁地说,"我老公总是说,每当他想跟我好好过二人世界的时候,我总会'兜头一盆冷水浇下来',让他觉得自己是在热脸贴冷屁股,甚至因此担心我是不是很讨厌他。"说到这里她开始流泪,"我不想这样的,就连我们过夫妻生活的时候,我都很难全然投入。我自己也很矛盾,让我老公产生那种不好的感受,我也很内疚。"

"你害怕因为关系的亲密而导致彼此的融合,就像小时候跟姥姥一样,这会让你感觉没有办法再继续保持边界感,就像失去了自我,不再是一个完整的个体。也正是这个原因导致了你没有办法跟你老公完全地亲近。你能想想看是从什么时候开始,你跟姥姥也产生了这样不敢完全亲近的感觉吗?"我问。

她擦了擦眼泪,张口道:"在我的记忆里,我从来不想跟她分开。我知道跟她待在一起的时候没有烦恼,会特别开心。这种感觉应该是在我回到父母身边后开始产生的。要是过往,我可能觉得是因为我长大了,或者是因为姥姥来到爸爸妈妈的家之后变得更忙了,但是咨询了这么多回,我知道这些都只是借口。但我现在也还说不清楚到底是怎么回事儿,只是隐隐有一种意识,和姥姥在一起,和她合为一体，会让我永远当一个孩子。我期待长大，期待有更强的能力去做很多事。我不想一直充当孩子，但也没有完全不想跟姥姥待在一起的想法。"

"嗯，发生了什么促使你把想要和姥姥待在一起的感觉演变成了想和她融为一体的强烈的愿望了呢？"我停留在这个转变上继续问。

她扬了扬脖子，似乎是在回忆，"我不记得有什么具体的事件。这种想法就是慢慢在头脑中出现的。我只是有时候会想，也许这样融合在一起姥姥就永远只是我一个人的姥姥了。我被送到老家和姥姥生活在一起的时候还很小，没什么记忆。只是听舅舅和姨妈们说过，我当时特别没有安全感，在跟姥姥熟悉之后就一直粘着姥姥，姥姥去打个纸牌，我都要坐在她的腿上。"她描述这些的时候脸上又洋溢起温暖的笑容。

"还有一些事情我是记得的。当时是我一个人先被接到县城的，姥姥还在老家待了一段时间，我也不知道她没有一起跟过来的原因，但我猜可能是姥姥觉得住到女儿家会不方便，或者担心会被别人指指点点之类的吧，你也知道，小地方的人都很传统。"她脸上的微笑开始减退。"我突然独自到了一个陌生的环境，虽然那里是我真正意义上的家，

第 7 章 直面困境：突破不良防御群的桎梏

但我还是很不适应的。更何况家里还有一个小霸王一样的弟弟，我被迫要充当一个照顾者的角色，可我自己还只是个孩子。

"那段时间，我爸妈觉得生意太忙，家里实在照顾不过来，就让奶奶过来照顾家里。虽然我妈妈极不情愿，但是奶奶住过来也是我们那边的传统，名正言顺的那种。我不记得太多跟奶奶相处的细节，但我感觉她不是一个坏人，对我和弟弟还是不错的，只是毕竟相处的时间短，没有那么亲密。而且因为住在一起矛盾难免被激化，我妈和奶奶的冲突就经常让家里的氛围变得很奇怪。我爸夹在中间不知道该怎么协调，就总是沉默不语。后来大人们都受不了了，我妈就极力邀请姥姥过来住。

"一听到这个消息，你无法想象在那一刻我有多开心。我好像一个在沙漠中咬牙前行的人，突然看见了希望。这次姥姥过来之后，我比以前更留恋她的气味、她的怀抱、她做的饭，总之她的一切。我害怕再次跟姥姥分开，可能就是那个时候开始有想要和她融为一体的想法吧。"她叹了口气说。

"我留意到我们今天的时间到了，我们得先停在这里。"我看了眼时钟后打断了她接下去的联想，"我想再次跟你核对一下这次聊到的内容，方便我们以后继续探讨。你说你曾经有段时间突然被从姥姥身边带离，这可能导致你很害怕失去她。因此失而复得之后，你会很紧张地跟紧她，生怕再次跟她分开，不知道我这样理解对吗？"我核对道。

她很快地点头，"是的，大体上是这样的。这次我也会回去再想想这种感觉到底是如何造成了我的问题的。下次我继续讲给你听。"说完这些，她微笑着离开。

在下次咨询开始时，她并没有准时出现。过了一会儿她才着急赶到，状态看起来不是特别好，"不好意思我迟到了，我想了好多这次要跟你聊的，但没想到的是，时间却被堵车给耽误了，我下次要早点儿出发。"

她摆好自己的提包，找了一个舒服的姿势坐好后才平静地开口："上次聊完之后，我一直在思考，我小时候的问题可能并没有那么复杂。不管是实际上待在一起，还是从内心融合在一起都无所谓，我就只是想要跟姥姥在一起而已，这让我很安全、很熟悉。但是渐渐地，长大一些后，我开始区分，不论是跟姥姥还是跟其他任何人融合在一起都是要以丧失自我为代价的，这样我就没有办法再是一个独立的人了。"

我想了一下回应道:"似乎'想要和别人变得亲近'和'丧失自我'被捆绑在了一起,这样反而导致你的亲密关系变得很困难。如果我们把这个地方区分一下,那么想要建立更多的关系并不是问题,你想要和你老公变得更加亲密也不是问题,而那个融合在一起的感觉才是问题所在,这个地方让你担心会失去自我。"

她听完之后看起来有些茫然,眼神微垂地思考着,过了一会儿才回应我:"我以前觉得这是一回事儿,但你刚刚这么问,给我提供了另外一个视角。"她边思考着边继续说,"这就是我人际关系里面的困扰。其实说实话,我并不排斥关系,甚至很喜欢。我特别想跟我老公足够亲密,也想结交一些朋友,和他们处成闺蜜、哥们儿,有事没事一起约着玩儿。甚至对那些大客户,我也愿意和他们像熟悉的人那样坐下来好好谈谈。虽然不是和每个人都能成为朋友,但至少大家的关系是舒服的、友好的。老实说,每当关系变好的时候,我都会感觉特别开心和真实。"

"上次我们结束谈话的时候,你说要回去思考'融合为一体'的感觉到底是如何造成你的问题的,不知道这段时间你有想到什么吗?"我问。

"哦,这也正是我要跟你说的,在这一周里我发现,我对于害怕失去自我的感觉没有那么强烈了,这可能跟我上次意识到我对突然离开姥姥的恐慌有关。但是这种恐慌还在,我还是不知道该怎么办。"她抬头看着我。

"其实你已经有了自己的小方法,比如通过捏自己的手指产生疼痛感来明确你的边界,并让自己时刻保持清醒。我们可以一起想想看还有没有其他方法可以产生类似的效果,让你能够在第一时间摆脱这种恐慌感。"我向她提议。

她想了一会儿,摇了摇头,"我想不到其他方法。我不知道还有什么好方法,捏手指会让我感觉到身体的边界,但是对于那种精神上的害怕……我也不知道该怎么提醒自己。"

我继续回应道:"我记得你刚才提过,当你和其他人的关系变好时,你会觉得非常开心和真实。这倒是提醒了我,你关系上的矛盾感可能只是表层的——渴望亲密,因为亲密让你真实;但又害怕亲密,因为亲密后的融为一体让你变得不真实。这是亲密关系身上的两部分,也许渴望亲密的前半部分就能够帮你克服害怕亲密的后半部分。"

她吐了口气以保持精神,然后双手交叉着说:"我记得之前跟你说过想要融为一体是因为担心失去自我。我跟我老公的关系里面就有这些,我们俩感觉很亲密时,一点儿风吹草动的小矛盾都会使我担心他会离开我，然后因为担心就想要和他融合，又因为害怕融合后会失去自我，我又会让自己疏远他，以保护这段关系。但就是这种疏远，总让他很不开心、很受伤，觉得我可能根本不爱他，一段时间内，他自己也就冷淡了。换句话说，我会在这段时间里'真的'失去他。最后的结果就是怕什么来什么。"她苦笑道。

她看了看挂钟，感觉有些扫兴地说："时间又到了，来不及说更多，只能下次再继续了。"

我点头跟她告别。

下次咨询时，孙玥准时出现在咨询室，看起来兴致不错，"上次聊完之后，我不断地在思考，可能因为注意力一直都在这些事情上，我就发现了一些变化。这跟你上次帮我区分亲密关系中'真实感'和'融为一体，失去自我'的两部分有关。可能没有那么神奇，我觉得我还没能完全掌控局面，但我确实发现当我跟老公亲密的时候，如果我一直让自己保持在真实感里面，就没有那么强的会失去他的恐惧了。这让我很心安，也就没有那么迫切的想要和他融为一体的愿望了。"她讲得很慢，似乎在一边描述一边帮自己整理思绪，"不对，我应该这样说，在我们比较亲密的时候，我还是会担心任何的小矛盾都会让他离开我，但我不再因为这种担心而试图和他融为一体,而是让自己留在这种亲密关系的真实感中,我就没有了那种害怕失去自我的感觉了。"

她让自己放松地靠在沙发上,整个背部都交给了靠枕来支撑,"我还感觉到老公也是有一些变化的。虽然我知道这还不是理想状态,但是我发现自己现在可以忍受可能失去老公的恐惧了,毕竟老公不是姥姥,我也不再是那个无能为力的小姑娘了。我一直都知道这不同,但我之前没有这么明确地意识到。"她感觉这种说法很好玩,自己笑了起来。

之后的一段时间里,我们继续探索她的模式。渐渐地,她可以举一反三地将这些新的认识运用到和她老公的亲密关系中,也能够拓展自己的朋友圈,参与交际,对大人物、大客户也没有像之前那么草木皆兵了。

她开心地告诉我:"我觉得我现在跟老公'真'的亲密了。我不再总是患得患失,不再担心我们一产生小矛盾他就会离开我的生活。我已经不再是过往那个无能为力的小姑娘了,不再是只靠融为一体这一种方式留住关系了。

"我现在也开始觉得,我和我父母之间的问题也和这个模式有关。"她继续分享她的思考。

第 7 章　直面困境：突破不良防御群的桎梏

"这个怎么说？"我问。

"这个和我们之前讨论的关于我和姥姥的亲密关系的模式不同。"她解释道："但我却由这个模式受到启发，我发现当我爸妈推翻我的愿望，让我感觉到受伤和被贬低时，我会恐慌，恐慌他们会不要我，毕竟他们曾经真的这么'干'过。虽然我跟姥姥在情感上更亲近，但他们毕竟是我爸妈，哪个孩子不想跟爸妈亲近呢？我在这种恐慌之下，虽然内心不认同他们，但是行为上却在服从他们，让自己假装乖乖的，假装低调，试图通过这种方式留住他们。"

"爸妈把你送回老家这件事情对你的打击以及你中途离开姥姥的绝望，这两件事情都曾让你感到深深的恐惧，这也变成你之后对可能失去任何人的情景的条件反射，不管那个人是谁，我理解得对吗？"我确认道。

"是的。我父母伤过我两次，第二次看似无足轻重，但对我来说却是致命的。他们的否认和长时间的拒绝态度让我很难跟他们融为一体，那种赤裸裸的下一秒就可能被抛弃的恐慌更恐怖。公正地讲，他们也不是没有关心过我，但这很难抵消他们对我造成的这种打击。我过去总会感到受伤，但我也说不清楚到底是害怕失去姥姥的恐慌多一些，还是我爸妈一直以来的拒绝态度让我更受伤一些。"

咨询的结尾阶段,她在总结中告诉我:"我都不知道过往为什么那么傻,要浪费这么多精力和时间跟我的'财主'们做无谓的斗争。我也不记得为什么那么害怕我和我老公、姥姥那么亲密了,我现在已经不再回避各种关系了。当我跟我老公过夫妻生活的时候,我也不再压抑自己,不再担心因为失去边界进而失去自我。"她眼睛亮亮地看着我,有些兴奋地继续说:"我跟我老公的关系改善了很多,他觉得我现在不再冰冷,我也不再担心会失去他。在其他人际关系中,我能够更轻松地跟他人交往,不再因为担心被评判、被拒绝就防患于未然地回避关系了。"

孙玥终于接受她已经与过去不同的现实了,过往以保护为目的的防御机制早已不再适用现在的生活。经历世事后的孙玥已经可以同时追求事业上的价值和亲密关系中的幸福了。尤其是在跟老公的关系中,她意识到自己的首要目标是有一个更幸福的家。她很快怀上了宝宝,于是决定暂缓创业,直至宝宝出生,她不断地进行自我提升和资源积累,为之后的创业做准备,同时她充分享受了为人母、为人妻的幸福。

第 8 章

定位资源,打破社交恐惧

> 我们所害怕的,正是我们渴望的,焦虑于是使人动弹不得。
>
> ——罗洛·梅

8.1 谨慎些,鱼目混珠的敌友

8.1.1 防御机制的依附性

每个人身上的防御机制都是因需求而生的,依附性极强,并不会因为它们被意识到就消失。因为长时间条件反射式的被使用,防御机制已经成为很多人的一种思维习惯,深深刻印在人的内心和行为之中。所以一个人的防御机制越是根深蒂固，行为习惯层面就越难更改。如果将防御机制比作我们使用计算机时的操作习惯，那么，当我们面对一个更新、更优化的操作系统时，第一反应通常是很不习惯的，即使旧版本操作系统存在很多 Bug，我们也常会有想要装回旧版本操作系统的冲动。这也就是说我们会倾向于使用过往的防御机制，就像旧版本操作系统总会成为永恒的经典那样。

若要丢弃旧版本操作系统，我们就必须打破舒适圈，坚持使用新的操作系统，直至成为新的习惯。但即使我们掌握了新的操作系统，原来的操作习惯也还会一直影响我们，因为新版本操作系统通常是在旧版本操作系统的基础上升级而来的，长期以来的操作习惯已经深深印在了我们的心里，这是一个很难被完全颠覆的操作基础。

我们基本不可能完全脱离过往操作习惯的影响。就如我在讨论防御机制形成的过程时提到的，如果婴幼儿早期的成长环境过于恶劣，婴幼儿就会形成一些非常顽固及僵化的不成熟防御机制，那么他们的性格和防御风格一生都会掺杂那些早期经历的阴影。我们不可能通过所谓的理性调节或者神奇医药来治愈这种创伤，因为心理结构已经被永远改变；我们也无法通过自我暗示或认知行为疗法去完全克服它，尽管这些方式有可能给我们带来部分解脱。

但这并不意味着我们陷入了僵局且完全没有改变的可能。在我接受心理学的训练时，就曾有老师不断地提醒我们：每个人都无法完全摆脱心灵深处的"幽灵"，这只能通过发展自身的其他方面进行调节。通过不断深入地觉察和发展，可以形成新的心理结构，至少部分弥补那些已经形成的创伤。人们心灵的包容和转化能力远远超过我们的想象。

在社交恐惧的人群中，有些人的身体和内心释放出的痛苦感受足以提醒他们意识到此处出了问题；另外一些人则要靠外部环境来"叫醒"他们，不断让他们意识到他们的行为不符合职场要求，不符合社交文化，甚至已经严重影响了他们的日常生活。他们的内部资源非但没有支持自己变得更加强大，反而站在对立面不断地攻击自己，导致内部资源的匮乏和耗竭。

想要真正而持久地发生一些变化，我们需要做的第一件事情就是在情感上接受：我们不可能得到完全的治愈或者百分之百的转变。只有当我们不断地觉察，对自己有了充分的了解，可以清晰感受到自身的冲突后，我们才踏上了成长之路。也唯有如此，我们才能发展出帮助自身管理情感、改善生活的"新系统"。

8.1.2 "方法"终会奏效

本书前几章已经对一些基础心理防御机制做了详细的阐释，你也可以大概评估出自己习惯使用的防御机制类型，但是当压力来临、情绪爆发时，你极可能还是会不知所措。在不断探索自我的过程中，你原有的一些自主想法和感受都会受到很大冲击。希望从本章开始，你能够保持看待自己与他人的新视角——从防御机制的角度理解自己与他人，一旦你习惯了这种方式，你将看到一个完全不同的世界。也许你会发现，人的心理和关系是如此复杂，但同时也是如此丰富和有趣。

本书与一些常见的自助手册的主要区别在于，自助手册会给你提供解决问题的技巧，缓解你当下"我该怎么做"的焦虑，这有时是有效的，但是有时很有可能使你落入理智化[①]的陷阱。也许努力尝试很多次之后，你会沮丧地发现自己依然还在某个错误模式中循环，如图 4 所示。

[①] 理智化，防御机制之一，详细解释见本书第 6 章 6.3 节的"6.3.4 理智化：保持理性才能解决'问题'"部分。

第8章 定位资源，打破社交恐惧

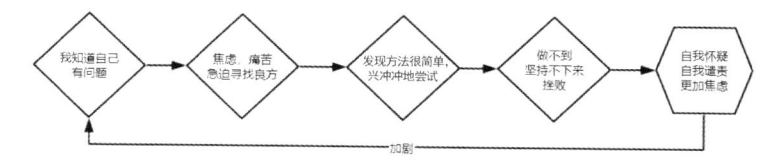

```
我知道自己 → 焦虑、痛苦 → 发现方法很简单 → 做不到 → 自我怀疑
有问题      急迫寻找良方   兴冲冲地尝试    坚持不下来  自我谴责
                                          挫败       更加焦虑
   ↑←←←←←←←←←←←←←←←加剧←←←←←←←←←←←←←←←←←←
```

图 4　常见的解决问题的错误模式

本书尝试结合心理咨询的原理，从拓宽你的意识范围的角度入手，帮助你成为自己的"心理咨询师"。在开始这一步之前，我必须澄清很多人对心理咨询的一个误解：认为心理咨询就是给建议、出主意。甚至于一些经过较少训练的新手咨询师，在未完全了解心理咨询的真正意义之前，也可能简单粗暴地指出来访者的"问题"，给出一些看似正确的指导，但这其实无法真正帮助来访者解决问题。虽然理性地看待问题、理解情绪是必要的，但是这些远远不够，仅靠这些是无法协助来访者找到真正的力量以解决他们的矛盾的。心理咨询不是一场简单的智力活动，也不是一场"你听，我说"的教学。

来访者：老师，我没办法正常社交，这让我非常痛苦。我已经详细跟你说了我的问题，你觉得我到底是怎么回事呢？

咨询师：嗯，这个很明显跟你的原生家庭有关。受原生家庭的影响，你已经形成了一些固定的防御机制，你用它来防止引发被嘲笑的恐惧，这是自卑的表现，这严重影响了你现在的生活。

> 来访者：好的，明白了，所以我该怎么办呢？
>
> 咨询师：额……你要放下这些防御。
>
> 来访者：老师，你说得很对，我也想放下，可是我该如何放下呢？
>
> 咨询师：这……

给自己空间来感受恐惧，并不意味着你应该根据自己的感受来见诸行动①，因为判断某个行动是否恰当的"检察官"应该是你的判断力，而不是感受。在事件发生过程中以及咨询中不断地体验恐惧，是为了让自己觉察，通过这种觉察帮你更加清晰地看到自身的内在冲突。这是一个艰难的过程，因为如果让一个人完全放下防御，充分体验这些恐惧，那他可能害怕伤到别人或自己，会担心做出违背社会道德的行为，或者令自己感到难堪。正如心理大师曾奇峰老师所说："让你最快地从最哀伤状态走出来的最好办法，也许是别逼着自己太快从这种状

---

① 见诸行动，防御机制之一，详细解释见本书第 6 章 6.1 节 "6.1.3 见诸行动：冲动是魔鬼"部分。

态下出来。"

通过这些来了解防御，意味着你最终要学会掌控它们，而不是反被其奴役。这场控制与反控制的斗争在本书第 7 章孙玥的案例中得到生动呈现，她愿意跟随感受的指引，重建自己的判断力勇敢地不断意识化自己内在的冲突和防御，进而成功掌控和化解了关系中担心被贬低、被融合的痛苦。

8.1.3 "防御手术"三步法

医学上的手术主要用来治疗身体上的病症，简单来说可以划分为三个步骤：第一步，医生通过各种检查结合临床经验确定病人的症状及病因；第二步，医生开展手术为病人清理病灶，并为进一步确定病症提供可被分析的资料；第三步，完全解除病灶后，病人依靠自身的调节系统，长出新的组织，逐渐自行愈合。在医学手术中，诊断和评估、治疗和分析、逐渐康复，这三步是有先后顺序并且界限分明的。

防御手术则是指人们通过痛苦的情感和行为的指引来克服有缺陷、不适宜的防御结构的过程，这个过程是心理咨询中的重要环节，并不神秘和玄幻，它只是心理学意义上的手术，原理和医学手术基本相同，其流程也可参考医学手术划分为三个步骤：第一步，找出目前无法被正常处理的情绪和行为，如社交中的恐惧、焦虑以及不断惩罚、否定自己的自我挫败类行为，并尝试识别对应的防御机制；第二步，通过直面情绪与行为背后的防御机制，搞清楚防御被启动的原因，以及所要防御的更深层次的情感或想法，并进行力所能及的整理；第三步，放弃旧防御或采用新的高级防御取代已不具适应性的旧防御。

完成防御手术的核心技巧是：不断体验相关情绪，同时对体验中的情感或想法进行观察，了解自身防御的工作模式。这就像在你的意识中分配一部分精力进行体验，体验的时候会自然启动过往的防御机制；同时分配意识中的另外一部分精力对这些体验进行观察研究，搞清楚防御的内容、意义、用途、形成原因、发展历程等，并通过这些观察研究最终判断目前的防御机制是否已经失去效用，如果确实已经不具备适应性，那就去除它。

防御手术在两个关键点上有别于医学手术：首先，医学手术中的重要步骤均由主治医生决定和操作，而防御手术中的每一步都完全由来访者自行决定何时开始以及是否要继续；其次，医学手术中的每一步操作都是界限分明、流程明晰的，但是防御手术各个步骤之间会相互重叠、相互影响，甚至可能多次倒回或重复其中的某些步骤，但每一个点位上的进步，都会促进其他步骤的进一步改善。

8.1.4 心理上的准备

接受防御手术就意味着你要面对人际交往困难中的诸多真相，逐渐培养出一些新的思维模式和应对策略。其中，第一个要承认的真相就是：了解问题并不等于解决问题，问题不会仅仅因为被你看见了它就消失不见，它会是你持续攻坚的对象。为了完成这场战斗，你要尽可能屏蔽来自外界的声音："这有什么呢？""你想太多了""亲戚们都是关心你才想见见你，可是你看你的态度！""你应该参加这次宴会"……目前阶段你的首要任务是发展联结内在心灵与外在身体的能力。

改变这一切需要你持续保持觉知精神，并融入耐心与勇气。对你能力范围之内的努力保持严格的监督，但对你能力范围之外的期望保持足够的宽容。你既需要接纳那些让自己苦不堪言的焦虑和恐惧，同时还要对固若金汤的防御式情感反应保持觉知与怀疑，不要轻易相信这种情感反应。你要让自己变成对心灵世界充满好奇的心理咨询师，做好不带评判、不带指责地接受一切的准备。

一旦靠近了真相——即当你识别出了自身的防御机制，并且感受到了躲在防御机制背后的痛苦情感，你一定要开始采取行动！单纯的觉知和反思并不能治愈痛苦、改变现状。

8.2 意识化，认识你的敌友

8.2.1 启动防御手术第一步：关注自身

我在本书第 4 章曾解读过，人类内心的所有情感反应[①]都包含两个部分：想法和感受，二者结合形成了一个人的心理结构，所有的防御均是针对这两部分的，所以你要将尽可能多的目光聚集在自己身上。

无论如何使用防御，如何将目光投向外部，你都不太可能做得到"跳出三界外，不在五行中"，以此来漠视那些对你而言最困难的情感挑战。你也永远无法打败羞耻感，将其从自身剥离。当一些熟悉的情感反应找上门时，你的本能反应还是会以最熟悉的方式处理它们。

你需要对此保持足够的关注才不会一直受困于过往，这也是开启"防御手术"第一步的关键。保持关注的方式是持续联结自己，关注自身那些明显偏离常态的情感和行为，并据此不断觉察自己习惯使用的防御机制，然后尽可能地让自己站在第三方的角度去探索，这样才能尽量挣脱旧的防御机制的束缚。只有当你开始做出不同的选择，并且一遍又一遍地努力尝试和

[①] 注意下文中提到的情感反应均同时指代一个人的想法和感受两个部分。

练习时，你才能发展出新的防御机制。

正如你在前文心理咨询案例中不断感受到的：觉察力是必要的，当然只有觉察力还是远远不够的。在心理咨询中会有很多个"开悟"时刻，这可以拓宽人们的意识范围，加深人们对自我和环境的了解，但这本身并不能给人们带来改变。真正的改变最终还是要源于人们生活中一次又一次的抉择和坚持。与学会其他成长技能一样，培养自身持久的关注力也是需要耐心的。给自己一些时间进行磨炼，而不寄希望于一蹴而就的成功更能完成这个成长过程。

倘若你将关注点不断地放在外部环境而非自身，那你就无法快速辨别自身的防御机制。人们现在的生活中充斥着太多的干扰因素，大家看起来都是忙忙碌碌的样子，根本没有太多时间关注自己的内心。虽然生活中琐事繁多，会部分地消耗你的精力，但更常见的是，生活中总有一堆其他的"正事"阻挡着你进行更深入的自我探索，比如工作、邮件、手机、游戏、音乐、新闻、广告、自媒体……

每个人都需要时间进行工作和娱乐，你也会依赖某些固定的形式消遣时光，以缓和每天感受到的压力。你需要做的是区分哪些是必要的娱乐活动，哪些是为了逃避与联结自身而刻意为之的。从某种角度上来说，让自身的注意力不能集中在自己身上,这本身就是一种防御——通过工作、音乐、自媒体等,将自身的注意力从那些不愿了解更不愿面对的事情上转移开,使用大量的感官刺激来掩盖内在的痛苦。关注自身就意味着要在内心开辟出一片安静的空间,为之后调节情感所用。

8.2.2 关注自身的小技巧

关注、觉察自身其实就是要启用你的"第三只眼",对这一刻的身体机能、感官、想法、情绪等保持一份觉知,观察自身到底发生了什么,所有当下的表现到底在表达什么。当这一刻的自身"真的"被看见后,头脑中不断翻腾的"情感怪兽"才会逐渐安定下来。近些年的大热词汇"活在当下"一词中就包含着些许此内涵。

随着人们对心理学兴趣的增加,催眠、冥想、正念等联结自身的方式也逐渐为人们熟知和接纳。其中冥想和正念可以自行练习,不必一定要在咨询室中由心理咨询师辅助才能实现。在寻找和启用"第三只眼"的过程中恰恰可以借助冥想来进行很好的练习。

这个练习的核心要点是:把自身的意识集中在某些特定的身体体验上,比如呼吸、肌肉的紧张与放松等,然后这个意识会习惯性地开始游离,不自觉间飘到身体之外的其他人或事件上。试着意识到这一"飘走"的现象,并慢慢地再次将注意力收回来,逐渐将那些纷乱的、不断影响自己的情绪、念头清晰化。冥想中的重要环节如图 5 所示。

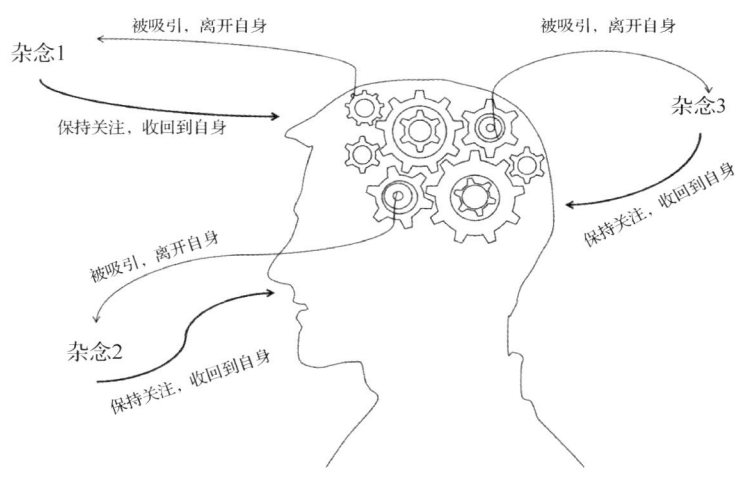

图 5　冥想中的重要环节

在这个过程中"不做评判"很重要,很多人的练习坚持不下去的原因就在于当自己的念头飘走且这一点被意识到时,他们就误以为自己的冥想已经失败了,进而开始指责、怀疑自己,并产生烦躁、挫败、焦虑等情绪。殊不知,这个念头不断飘走再被收回的过程就是冥想的精髓,是练习开启"第三只眼"的很好方法。你不必要求自己在冥想中化解愤怒、仇恨、嫉妒等诸多负面感受,它们是人们生而有之的普遍情感,认为既然选择了冥想,就要在冥想中化解它们的行为是对冥想功能的过度理想化①。

对于以压抑感受、突出想法为主要防御倾向的人（如合理化、理智化②等），或者较多依赖指责别人以回避自身羞耻感和内疚感的人，会很容易沉浸在头脑的思考中不能自拔。他们甚至很难意识到自己已经完全陷在思考当中了。如果能够每天尝试着将注意力停留在这个过程上，帮助自己开启"第三只眼"，你就可以逐渐搞清楚这些声音究竟想给自己传递些什么信息，而不再被其操控，也避免过快行动化③。

阅读了这一部分，你不妨尝试一下：合上书本，将你的注意力完全放在呼吸上，感受呼吸道中气流的流动。吸气时，留意带着丝丝凉爽的空气进入你的鼻腔；呼气时，感受带着肺部

---

① 理想化，以分裂为基础的低级防御机制之一，是指将某一人或工具过度美化，放到一个极其重要的位置上。例如，有些来访者在某个阶段会认为咨询师是自己的唯一救星，是完全可以理解自己的大师。一般理想化和贬低化会同时或交替出现，这是分裂的两端。例如，刚刚理想化咨询师的来访者同时认为自己的父母是非常自私的坏人，完全不顾及自己的感受。一个月之后，情况完全反转，咨询师和父母在该来访者心目中交换了位置。

② 合理化、理智化均为防御机制，详细解释见本书第 6 章的 "6.2.3　合理化：我总有理由""6.3.4　理智化：保持理性才能解决'问题'"等部分。

③ 行动化，也被称为见诸行动，防御机制之一，详细解释见本书第 6 章 6.1 节的"6.1.3　见诸行动：冲动是魔鬼"部分。

温度的二氧化碳呼出你的鼻腔。再逐渐将你的注意力扩展到身体的其他部位，专注此刻的感受。如果你是坐在凳子上的，你或许能够感受到臀部与椅子的接触感，以及身体的重量对臀部产生的挤压感。如果有阳光，你还可以注意此刻阳光照射皮肤表面的感觉。

记录你在注意力被杂念带走之前，能保持这种全然的专注状态多长时间。很多初始练习者一般只能保持几个呼吸，这是正常的，同时也证明这个练习并不轻松；然后，你会进入一个又一个的思维、想法、感受当中，这同样是正常的；最后，当你发现自己的注意力被带走这一现象时，不要自我评判，温和地将自己带回对呼吸和鼻腔的觉知上即可。最后一步是开启"第三只眼"的钥匙，是非常重要的练习环节。

由此也可以看出，冥想的目的不是把自己每时每刻地钉在当下，而是拓宽自己对自身的感知和意识程度。这也可以被理解为与自身保持一些距离，尤其是与那些总是控制你的想法和感受保持一些距离，让自己时不时地从这些想法和感受中抽离出来，就像站在高楼上俯瞰心中发生的一切。观察一个接一个的想法从大脑中走过的过程。要求自己每时每刻都保持专注显然过于苛刻，但是每天哪怕只有几分钟开启了"第三只眼"，对你进入防御手术的第二步也是十分有益的。

这里并不要求你要把这种冥想当成作业,而是建议你逐渐把开启"第三只眼"变成一种习惯融入日常生活。对于很多不清楚内心感受的人来说,这会是一个帮助他们开始认识自己的情绪的不错的方法,他们不再只是通过理性的陈述来认识自身了。

8.2.3 明晰情感反应

所谓的微表情学、潜意识开发等热门学科其实都在传递一种理念:你的情感反应与意识存在脱节,导致你没能及时意识到自身的真实想法与感受。实际上可以说是情感反应而非意识更靠近你核心的自我。

而你的身体是与情感反应直接呼应的,身体是一个很好的情感反应的媒介——开心了会笑、生气了会皱眉头、害怕了会发抖、害羞了会脸红……身体通常会跟随情感反应做出对应的表现,所以身体就为你搭建了一座了解自身情感反应的桥梁。比如你可能毫无意识地耸了下肩,意识层面并未留意这一细节,但是身体却帮你显示了内心的某种无奈。

如果你较少能觉察自身情感,那么通过锻炼关注自己身体反应的能力,更多地捕捉身体语言,识别其指代的特定情感反应,就可以帮助你学会意识化自己的内心,觉醒自我意识。情感反应、身体反应与自我意识的关系如图 6 所示。或许每个身体表达同一感受的方式并不一样，但同一感受大致反应在一些类似的身体部位，比如当一个人感到生气的时候，他可能下巴紧绷、太阳穴微胀、背部和肩膀感到紧张、心跳加速、上半身感到燥热，等等。你也能够从这些身体部位的变化中捕捉到自己可能是在生气的线索。

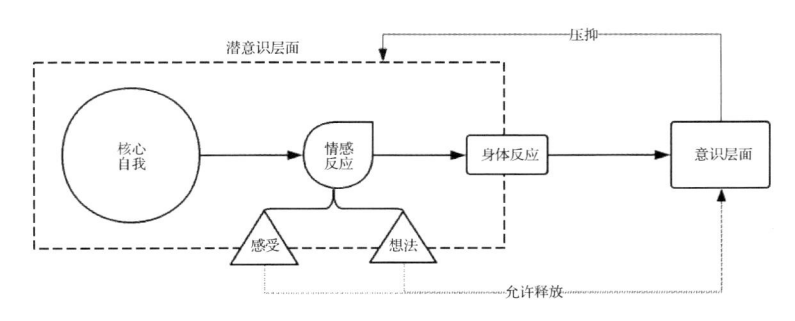

图 6　情感反应、身体反应与自我意识的关系

8.2.4　不要以此刻的情感反应为准

前文中我提到你要去关注并且明晰自身的情感反应，因为这是控制你实际行动的主要因素。同时也请你不要因为一时的情感反应就误以为它是自己采取行动的可靠依据。无论你是在理想化一个新朋友，认为对方是这个世界上最理解你的人，还是对饭局上同事的谄媚感到蔑视与愤怒，或者是对自己的平庸现状感到焦虑，你都不必完全认为这就是当时的你的全部。

这个说法可能让你感觉很奇怪，因为我前一秒还在提醒大家要搞清楚自身的情感反应。其实这二者之间并不矛盾。虽然心理咨询与自我成长的长期目标之一都是更多地联结自己的内心，但是同时你也需要对这部分保持"第三只眼"。在情绪一股脑喷涌而出时，强烈感受与惯性想法会让你的体验变得有失偏颇，倘若你以此决定自己接下来的行动方式，很有可能产生损人不利己的结果。

明晰但不依据此刻的情感反应意味着你既需要与那些异常的想法和感受保持联结，同时也需要明白这些情感反应本质上很有可能也是一种防御，这部分我会在接下来的有关防御手术第二步的内容中进行详细探讨。

8.3 勇敢点，直面你的敌人

8.3.1 攻坚防御手术第二步：直面并改变旧防御

当你通过关注自身，终于识别出自己为逃避痛苦所使用的防御机制时，你会面临两个选择，一个选择是继续保持现状，内心充满冲突但还在可承受范围内，且这种状况将无尽地持续下去。另一个选择是采取行动，开始改变。只是这个改变需要你做出很漫长的坚持，需要你付出很大的精力。就像在悬崖边行走的探险者，你要高度警惕，避免自己再一次跌入过往的深渊中。

在这个试图改变的过程中,你可能给自己找到无数看似合理的理由和借口让自己回到过往的防御中去。每当你让自己相信改变也并没有很好时,你都在即将跌入深渊的边缘,毕竟硬着头皮坚持改变不是一件容易的事。一个质的变化需要一系列小的抉择的量变,尤其是那些会影响到你心绪和意志的抉择。

在这里我想用一个大部分人可能体验过的场景来呈现坚持改变的困难之处:减肥!当你看到自己臃肿的身材和偏高的各种生理指标后下定决心想要减肥时,这场攻坚战就开始了。

第一天是兴奋而精神饱满的,节食计划被严格执行,你感到很满意,并对接下来的计划充满信心。第三天,熬过了清晨和中午,你感觉零星的一点儿食物完全没办法满足身体的机能,节食已经让胃里空空如也。你觉得自己就和贫民窟的难民一样饥饿难耐,并且有些烦躁为何要如此对待自己。面对没有变化的体重,你开始怀疑这种方式是否有用,你所受的苦是否有意义。但你还是决定再坚持一下。

到了晚上,当你好不容易忍住口水穿过热闹的夜市回到家中,朋友一个电话打过来约你出去聚餐。这是一个艰难的时刻,之前都是你约朋友出去,这次是朋友约你,拒绝的话会不会太不给朋友面子了?可是如果接受的话,吃多了怎么办?你纠结了一会儿,只能这样对自己说:"好吧,自己到时候以聊天为主,稍微吃点儿，就当是对自己这几天坚持的一种奖赏吧。"

来到一家餐厅，你们开始了惬意的聚餐。朋友点了一大盘红彤彤的麻辣小龙虾以及五颜六色的配菜，摆了满满一桌。看着朋友们大快朵颐，你只是郁闷地夹着配菜中的黄瓜条吃，朋友以为菜不合你的胃口，嚷嚷着要再加菜，被你连忙制止，你解释了自己的节食减肥计划。朋友听后哈哈一笑，夹了只小龙虾放到你的盘子里说："吃饱了才有力气减肥，这顿就当是给你加油，明天开始减肥吧。"

看着朋友殷切的目光和盘子中红彤彤的诱人小龙虾，你的决心开始动摇，你觉得在这种情况下剥夺自己品尝美食的权利完全没有人道主义精神，这样活着还有什么劲儿呢，减肥本意也是让自己活得更好，可是现在自己感觉一点儿都不好，是不是本末倒置了呢？你越想越觉得自己的减肥计划哪里不对，你觉得需要先吃饱饭才能思考到底是哪里不对。况且小龙虾其实没有多少肉，应该也不会怎么样。所以你抓起小龙虾吸了一口鲜香的汤汁，麻辣的味道刺激着味蕾，让你整个人都愉悦起来，一扫这几天饥饿的阴霾，于是你三下五除二地剥开虾壳，满足地吃到了这几天的第一口肉，配着冰镇扎啤，这一刻你仿佛置身天堂。此时再提减肥显然很不合时宜，于是你让自己忘却了这件事，专注当下，开始享受跟朋友聚餐的快乐。

让我们来复盘当时到底发生了什么事，你给自己找的理由又都有哪些。你一开始"帮"自己打破节食减肥计划的方式就很巧妙：你并没有直接完全放弃节食减肥计划，而是选择稍微削弱一点控制力——答应邀约是为了维持朋友关系，少吃一些是对自己坚持减肥的一种奖赏。

然后你将自己置身于一个充满诱惑的饮食环境里，却告诉自己只吃黄瓜条就可以了，但这显然连你自己都不相信。在你的朋友邀请你吃一些小龙虾的时候，你终于找到了一个可以分摊责任的对象，在你将来后悔的时刻，你可以告诉自己是朋友诱惑自己吃的，以此来逃过悔恨的惩罚。而且这个过程中内心的挣扎显然已经没有意义，因为你选择相信了那一刻你的心中冒出的所有想法和感受，比如对节食意义的质疑，对减肥目标的偷换概念等。其实你心里清楚，在你将手伸向小龙虾的时候，你的减肥计划已经宣告失败了，只是你还不愿意面对而已。

8.3.2　改变中的挑战

了解自身的防御机制，并尝试打破过往的思维及行为模式，这个过程跟减肥并无两样。虽然你从小就朗朗上口的励志名言"只要有恒心，铁杵磨成针""世上无难事，只怕有心人"众人皆知，但是事实上，付诸行动并不如背诵名言那样轻松，人的惯性会让你比较习惯依赖自身的旧有行为，即使不舒服，也"不愿"改变现实状况。让你放弃旧防御就像让你放下武器，人的第一感觉会是挫败、没有安全感，好比减肥中的饥饿感。更麻烦的是，你会再次受到防御机制曾经为你挡开的那些痛苦的冲击。

所以，和很多前来咨询的人一样，人们是想要改变的，但内心深处又抗拒真的这么做。所以，你会寻找一切理由来打破自己定下的承诺，重新捡起过往使用的防御机制。这跟减肥的例子类似，人们会不断地被"停止这个痛苦的计划，好好享用美食"的念头占据。就是这些防御让你免受社交焦虑背后的痛苦的折磨，所以一般人都不太能突然接受这份实实在在的变化。

在防御手术中，你面对的不再是自己熟悉的感觉和熟悉的思维，你的体验是全新的，甚至可能是更痛苦的，你会感到社交焦虑以外的恐惧。改变本来是一件让人紧张的事情，因为你要面对熟悉而又陌生的内在潜意识，而潜意识中存在着很多被你好不容易关进去的各种痛苦。在努力解除旧防御的过程中，你会不断地面临抉择——停下来，回到熟悉的小窝，像过去一样平静且孤独着；或者持刀剑迈步，直面痛苦。你害怕面对痛苦的那一部分自我会不断地干扰你的意志，怂恿你做出错误的抉择，并且为你找好合理的谎言以应对悔恨的侵袭。

你选择改变到什么程度，更多地取决于你能多诚实地面对自己、你能多熟练地甄别包装精美的谎言以做出这种虽暂时痛苦但正确的选择——大家都在朝向一个共同的目标努力：渴望拥有更自由的生活和更充实的人际关系，而不只是被动地接受失败，承认无能。

8.3.3 旧防御的狡辩

本书前文中列举了很多咨询案例，当你用心留意来访者在咨询过程中的思维方式时，就能分辨出很多防御机制。他们每个人最初都在内心说服自己相信防御机制下的观点的正确性，比如：错过咨询只是因为睡过头了、排斥咨询是因为咨询师让我感到讨厌、咨询没有用，所以坚持下去没有意义……类似行为在咨询中会反复出现。如果来访者想要深入了解并尝试改变，就会感受到烦躁和抵触，甚至在某些时刻，虽然咨询师并没有质疑他们的想法和感受，他们依然会为了证明自己的正确性而据理力争，此时他们就处于防御状态。

"我就是不喜欢社交""谁规定社交一定是有必要的呢？""独处带给我内心的平静，我喜欢这样""既然痛苦，何必强求社交""我就是天生性格内向，我能怎么办呢？"……这种反复辩解的过程会直接引发你的其他情绪，让你相信这些辩解都是发自内心的、真实的。尤其是当你一个人陷入指责的防御中时，你会将自己化身为大法官，义愤填膺地指责"别人总是在要求你社交，同时又不断地评判嘲笑你"，或者指责"自己如此胆怯懦弱，连光明正大地出现在别人面前都做不到"，此时的这种狡辩的感觉很有说服力，所以当你沉浸在这些感觉之中，假装一切都解释得通、就是没有办法改变现实时，你不妨停下来，细细地品味这背后到底在掩盖什么。

8.3.4 时刻保持怀疑

防御狡辩的过程中，想法是如此确定，感觉又是如此真实。所以你要时刻保持怀疑，甚至怀疑怀疑本身。愤怒、压力、焦虑有可能都是防御机制故意为之的。所以，你要对改变过程中的各种情绪保留一份怀疑之心。

我在前文中提到的呼吸冥想方法在此刻同样有用，特别是当你陷入这种狡辩的状态时，开启"第三只眼"保持觉知，避免做出情绪化的失控举动尤为重要。专注呼吸，放松肌肉，关注思绪不断地飘走、拉回的过程，并关注这个过程中的强烈感受，用"第三只眼"判断这些感受与想法的合理性。

这个方法适用于所有情感反应过于强烈的情境，当你的情感反应模式被"启动"时，你会因为感到羞耻、尴尬而暴怒（用愤怒来防御羞耻感）；你也可能焦虑泛滥，因为恐惧而逃跑（用回避来防御焦虑）。在这些情境中，慢一点儿、平复情绪要比应激反应更能帮助你做出真正符合内心需求的决定。

这些情境下的狂风暴雨远比我在书中描述的猛烈得多，因为就我个人的亲身体验而言，这是一个巨大的挑战。内在翻天覆地，却要不为所动，这绝非易事。而"随心所欲"则容易得多。被启动的情感反应模式最难以应对，但你还是可以坚持用最简单的道理破除——熟能生巧、坚持就是胜利！当改变后的某一时刻，你发现自己能够驾驭内在的感受，同时搞清楚了这个被启动的情感反应模式的源头时，你会平静地拈花微笑，这才是自由的感觉！

8.4 合作化，构建成熟的防御系统

8.4.1 完成防御手术第三步：革新防御结构

到此刻为止，我想本书已经非常清晰地解释了人们与防御机制的和解将会是人们的一次又一次的内在革新，意义非凡。如果坚持下去，你会不断地成长并发生改变，逐渐靠近马斯洛[①]的"自我实现需要"层次，尽管你没有办法变得完美，但是你至少不再受类似问题的操控，或者不会再在同一个轮回中打转。

[①] 亚伯拉罕·马斯洛（Abraham Harold Maslow，1908—1970），美国著名社会心理学家，主要成就包括提出了人本主义心理学、马斯洛需求层次理论等。其中马斯洛在需求层次理论中把人类的需要分成了生理需要、安全需要、感情需要（爱和归属感）、尊重需要、自我实现需要五类，依次由较低层次到较高层次排列。

很多人哪怕在经历数十年的心理咨询之后，也依然要每天反复面对和抉择某些相似的感受。所以无论你是否寻求了专业咨询师的帮助，你终究要回到这里，革新防御结构，以正向地面对"负向"情绪，给自己做防御手术，定期练习其中的技巧，并保持持之以恒的决心。你终将活成自己喜欢的样子。

从某种角度看这个过程，它类似于你报名的健身房，如果坚持一段时间后终止练习，那么你之前投入的时间和精力将变得一文不值，且你可能永远不再踏足这个健身房，由此可以看出匀速且恒久坚持的重要性。在每一次接受挑战时，你都会面临是回到过去还是革新防御结构的抉择，虽然这个时候可能离你理想中的没有冲突和焦虑的美好人际交往画面还相去甚远，但是你已经拥有了意识和选择的空间，这本身就是弥足珍贵的自由和自主。无论如何你的行为模式将不再受限于过往的防御机制。

直接放弃旧防御是一个不错的方向；革新防御结构，使用新的成熟防御替代不成熟的旧防御同样是一个不错的方向。结合布莱克曼[①]在"*101 Defenses*"（中文译本《心灵的面具——101

[①] 杰瑞姆·S.布莱克曼（Jerome S.Blackman），美国精神分析师协会主席，"*101 Defenses*"是其著作。

种心理防御》）中的推荐，你可以选择尝试以下这些新的防御。

- 压制：有意识地将某些思想或者情感推出脑海。
- 情感隔离：压抑部分情感，保留全部想法。
- 理智化：利用思考来替代痛苦和不适的情感。
- 合理化：为自身的情感和困境找到合理的理由来回避难以接受的情感。
- 幽默：利用幽默来化解令人不适的思想和情感。
- 最小化（并非否认）：有意识地轻视某些会让人痛苦的现实。
- 与榜样认同：仿效自己认可的人，像他一样思考和行动。
- 以言语表达来驱逐投射性攻击：因自身的问题而不公正地攻击他人，但这种攻击只用言语的形式来表达。
- 回避：远离那些导致冲突的情境。
- 置换到社会和政治议题中：将对某一个人或事的强烈感受转移到别处，如置换到政治和社会议题中，以缓解关系中的张力。

可以考虑用以上较为成熟的防御来替代不成熟的旧防御，但需要特别注意的一点是，无论哪种防御都要避免过度使用，同时一定是我们有意识地来操控防御，而非被防御操控。

8.4.2 "我想"与"我应该"

回顾你的成长经历，总有人会跳出来告诉你该如何与他人和平共处。从父母跟你讲的第一个道理开始，再到整个读书时光直至大学毕业进入社会，周围的每个人都在告诉你应该善良、大方、感恩、包容、尊重、多谅解以及少否定，等等，总之所有符合主流价值观的意识形态都会被输送到你的脑子里。你一直被教育着去接受如何做才是"正常"的，以及拥有哪些感受才是"正常"的。

如果每个人都能够做到对他人无条件地友善和关心，那这个社会真的会变得无比和谐，即使这可能导致人生乐趣的丧失。但现实是复杂的。人们很多时候处在各种不被社会和自己接受的情感冲突之中，如前文提到的嫉妒、恨、生气、恐惧、自责等，它们同样是人们情感体系的重要组成部分，是人生而有之的原始反应。所谓关注自身，不是要求你完全消解那些让你感到痛苦又无法逃避的感受，而是建议你尝试接纳。你努力的最好方向是学会如何应对它们，而不是任由防御将其掩盖和变形。

你最好不要给自己设定"一定要战胜或摆脱那些痛苦情感反应"的目标，你不是要让自己成为无悲无喜的神仙，羽化飞升彻底摆脱这些问题的束缚，而是要在冲突、痛苦涌现出来时，尝试用更具适应性的方式应对它们。如果非要坚持完全摒弃自身的恨或嫉妒，那不过是自欺欺人罢了。总而言之，你要认清并承认那些"负面"感受就是存在着的，而不是过度执着于"我想"与"我应该"。

8.4.3 再多坚持一分钟

当你面对恋人心生欢喜、心跳加速时，当你面对亲人离世，悲痛不已时，这些强烈的感受都会让你产生错觉，让你误以为自己将一直处在这些状态中。强烈的感受会让你失去对时间、空间的准确把握。在那一刻，你的全部身心都被填满，瞬间即永恒。你没有办法思考，只能任由情感塞满你对未来想象的空间，或者利用幻想将痛苦延续到未来从而分担这一刻的巨大压力。

当松动了由防御机制启动的自动化反应时，那些你一直在逃避的痛苦感受就会蔓延开来，你会恐慌自己将永远浸泡在这些痛苦之中。生活对你的训练使你在遭遇痛苦时的本能反应都是逃避，逃到你一贯的应对这份痛苦的防御机制中去；实在无力招架时,你甚至会退行到最原始的婴儿状态中①。虽然防御是你惯用的回应方式,但就像前文提到的你的注意力在冥想时会被杂念带跑一样,一旦你意识到自己这一刻在做什么,你就有了重新选择的可能和机会。想要使这一结果发生,你就必须暂时地忍耐痛苦,直至这股浪潮退去,或者其他感受占据主导。

"一切都终将成为过去"的道理同样适用于你现在在努力的事。热烈的激情会消减,人们终究会回归柴米油盐的生活;完成哀悼,多数人都能从痛失亲人的悲痛中振作起来;苦难也总会有尽头!然而,处在情绪的暴风眼之中时,人们却很难坚信这一点。当一直以来使用防御机制阻挡的痛苦出现时,我们总会像最初那样担心它会吞噬自己。

你可以尝试回忆上一次情绪崩溃的时刻,你被某种痛苦淹没,并确信自己没有未来了。几乎每个人都有过这种经历,在那些时刻,你不知道这种煎熬要持续多久,会很害怕自己将永远如此。很多人在那一刻都不能相信感受是转瞬即逝的。

冥想和关注自身可以缓解因防御性狡辩产生的情绪,也能锻炼你对"绝望"的耐受力。痛苦会扰乱心神,让你想要快速

---

① 退行,防御机制之一,详细解释见本书第 6 章 6.2 节的 "6.2.1 退行:我还只是个'孩子'"部分。

地从痛苦中逃离。冥想可以使你找到一个锚定点，比如关注此时此刻的呼吸，你的意识每次从呼吸上离开，"第三只眼"便会帮你将其拉回，以此整理心绪，最终回归身体，专注在一吸一呼之间，体验心神合一的感觉。长久练习，你就能熟练掌控自身的专注力和耐受力，甚至可以从这种体验中寻找到真正的宁静。

在此，我无意给大家讲一个众所周知的道理，而是希望如此详尽的介绍能够让大家在经历试图摆脱社交恐惧的过程中产生的痛苦时有所慰藉，并且保持希望和耐心，能够在不依靠旧防御的情况下，更好地应对痛苦，而不是听信旧防御的狡辩，退步回到从前。

8.4.4　耐心与勇气

防御机制可以被视作你为了避免痛苦而匆忙给自己穿上的铠甲，至于铠甲是否合身有待商榷。当你不知道一种痛苦将会持续多久、释放出来会有多强烈时，你自然会恐惧，为了逃避这种恐惧的折磨，你会拼命抓住任何一棵救命稻草，这种应对模式就像是持续处在高压中的你总是在手忙脚乱地应对危机。从长远看，这么做付出的代价是巨大的。若想要寻找真正适合自己的应对模式，你始终绕不开痛苦本身，而直面痛苦是需要莫大的耐心和勇气的。

成长自己意味着你要鼓足勇气面对问题，同时也要尊重自己可以耐受的极限，不要指责、逼迫自己去承受那些能力之外的压力。例如，你已经忍受着极大的焦虑在这个人际场合中待了近 10 分钟，但是距离聚会结束还很早，事实上你已经尽了最大努力，请不要再责怪自己胆小懦弱，也不要再要求自己继续忍受了。像你偶尔期盼的理想父母那样对自己慈爱和耐心一些，你需要平衡你对你自己的期望与宽容。

一方面，不要让自己轻易放弃对关系的追求和对情感反应的挑战；另一方面，也不要过于为难自己。毕竟你试图发展关系，是为了更加幸福快乐。当恐惧、焦虑出现时，勇敢一些，但要保持耐心，不要要求自己一蹴而就，一定要量力而行。同多年来发展自身其他能力的原理一样，消解社交中的恐惧和焦虑需要时间、耐心与勇气，你需要一点一点地完成这个防御手术。